人物叢書

新装版

森　有礼
もり　ありのり

犬塚孝明

日本歴史学会編集

吉川弘文館

森 有 礼 肖 像（写真）

吉田清成宛書簡（明治12年9月24日付）

自警

文部省ハ全國ノ教育学問ニ関スル行政ノ
大権ヲ有シテ其任スル所ノ責随テ至重ナ
リ然レハ省務ヲ掌ル者ハ須ラク専心鋭
意各其責ヲ盡クシテ以テ学政官吏タルノ
任ヲ全フセサル可カラス而テ之ヲ為スニハ明ニ
学政官吏ハ何モノタルヲ辨ヘ決シテ
他職官吏ノ務方ヲ顧ミ之ニ比準
シ取ルカ如キコト無ク一向ニ省務ノ整
理ニ進ミ謀リ苟モ其進ミニ之レヲ拘ラス之
レニ安セス益謀リ益進ミ終ニ以テ
其職ニ死スルノ精神覚悟アルヲ
要ス

明治十九年一月　有禮自記

「自　　警」（明治19年1月）

はしがき

「冬嶺孤松」。最初の伝記作者海門山人が森に附した言葉である。そこからは冒し難いほど峻厳で孤独な一人の人間の姿が浮かびあがってくる。

森有礼は、日本の近代教育の創始者として、また優れた文政家として、青史にその名を留めている。だが、何故か彼は歴史の中でひどく孤独である。世人が彼を理解しようとしなかったからか、それとも森にどこか世俗から超然としたところがあったからなのか、それはわからない。ただ、森は、当時の人民の理解をはるかに超えた次元を、独り歩んでいたような気がする。

海門は、また、こうも言っている。

「孤往独帰廿年、後ち一国の相となり一時天下の耳目を聳動（しょうどう）せしもの、彼の行為の人として立ちしに依らずんばあらざるなり」と。

森が「行為の人」、すなわち決断力に富む、果敢な行動家であったことも、遍（あまね）く世に知れ渡っている。「行為の人」なるが故に孤独であったのか、孤独であるが故に行動家たらんとしたのか。その「孤独」と「行為」の深く意味するところを、われわれは森の波瀾に富む生涯の内から探り出して行かねばならない。

森は多様な側面を持つ政治家である。これまでの多くの伝記や研究書が試みたように、文政家あるいは啓蒙家としてだけの側面から、森を捉えることは危険である。それは、複合的な彼の思想や行動を、一面からしか理解していないことになるからである。森は、きわめてリアリスティックな政治家であると同時に、理想主義的な啓蒙思想家であり、また実務経験豊かな国際的外交官でもあった。彼の行動の基準は、常に国際社会で認められる祖国の再建に置かれていた。彼は、生涯を通じて、国際的視野の中に日本を置いて、国家再建を考えてきた。その意味で、森は日本最初の本格的な国際人であったかもしれない。彼がめざしたのは、自立的市民を土台にした近代的な国民国家、文化国家に日本を創り変えることであった。だが、それは、あまりに早急にすぎた理想国家観であった。そこに、森の孤独と悲劇の原因があった、と私は考える。

国際人としての森に視点を据えながら、彼の描く国家像が如何なるものであったかを、その多様な思想と行動の中から、本書で究明してみたいと思った。とりわけ、それが政治家としての森の実像に迫り、誤解されてきたその国家主義思想の解明や謎とされた悲劇の究明にもつながる、と考えたからである。紙数の関係で、私人としての森にまで筆が及ばなかったが、できるだけ森の人となりを描き出すことに注意を払ったつもりである。筆者の力量不足で、意図するような人物像は描ききれなかったかもしれない。読者諸賢の御批判を仰ぐしだいである。

本書執筆に際して、数々の有益な御助言と励ましの御言葉を下さった大久保利謙先生、貴重な写真をこころよくお貸し下さり、御教示を賜った上野景福先生をはじめ、諸先生並びに多くの学友諸兄から受けた学恩に対し、この場を借りて、心からお礼を申し上げたい。そうした方々のお力ぞえがなかったならば、本書を書き上げることもできなかったであろう。

最後に、本書の挿図のために、貴重な写真を提供して下さった鹿児島テレビ放送、石黒コレクション保存会、その他関係各位に対し、深甚の謝意を表するしだいである。

昭和六十一年四月

犬塚孝明

目次

口絵

森有礼肖像
吉田清成宛書簡
「自警」

挿図

第一　洋学立志

一　生いたち

錦江湾。薩摩の人々がそう呼ぶ薩南の深い入江の向こうには、果てしなく広く碧い大海原が続く。彼らが異国を近くに感じるのは、いつもその海を見ていたからだという。

森有礼（ありのり）も、無論その海を見て育った。しかも、彼の生家は入江に近かった。鹿児島市春日町、それが森の生家のあった場所である。今は、「森有礼子生誕地記念碑」の石碑だけがぽつんと建っている。

春日町に誕生

森有礼子生誕地記念碑

弘化四年（一八四七）七月十三日、森はそこで生まれた。森家の末子、すなわち五番目の男子であった。幼名を助五郎と言い、長じて金之丞を通称とした。有礼を称したのは明治になってからである。

森家の出自

　森家の出自ははっきりしない。系図によると、源義家の子義隆を祖とし、その子頼隆が森ノ冠者と称したのが、森の姓の始まりだという。その後、頼隆の庶子が戦乱で薩摩に遁(のが)れ、島津家に仕えた。それが薩摩森家の始祖である。

父有恕

　有礼の直系の先祖は、森喜右衛門有長(ありなが)という。家格は「小番(こばん)」、他藩で言う馬廻り役である。一時期藩主の側近にあって側役を勤め、禅道家であった。江戸深川の僧某に禅学の教えを受け、四十歳で隠棲して、藩内浄光明(じょうこうみょう)寺の境内花野村福泉寺に小庵を結び、残る余生を送ったといわれる。七代の後が、有礼の父、喜右衛門有恕(ありひろ)である。文化三年（一八〇六）十一月の生まれであるから、この時すでに四十一歳。温厚実直な善良の士であったが、「稍々(やや)仙骨の傾」を帯びていたというから、どことなく俗人離れのした風格があったのであろう。鶴陰(かくいん)と号し、和歌、詩文をよくし、晩年には歌集『漫吟百首』を私刊している。はじめ大山氏の娘を妻としたが、一女コトを遺して死んだ。コトは後に伊集院新六に嫁し、兼良を生む。伊集院兼良は森の薫陶を受け、後年外交官となった人物である。

母阿里

後妻は隈崎氏から娶(めと)り、名を阿里(おさと)と言った。すなわち有礼の母である。文化五年（一八〇八）十二月の生まれで、有礼を生んだ時は三十九歳である。有礼はかなり晩年の子であった

城ヶ谷へ転居

父有恕

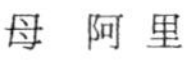
母阿里

ことになる。阿里は情熱家であるとともに、「厳粛にして剛強の意志」を持った、男まさりで気性の激しい女であったという。

後年森は、父が「厳しく威厳」があり、母が「強い精神力」の持ち主であったことを、自ら語っている。「偏癖」、「威厳」、「剛毅」といった森の性格を形づくる気質の大半は、この両親から受け継いだものとみて差し支えあるまい。

有礼が生まれて間もなく、森の家は次本(つぎもと)村城ヶ谷に移る。春日町から西方に十町ほど行った山陰の村落である。その名の通り、城山の北裏にあたり、西郷隆盛終焉の地として名高い岩崎谷とは、一丘陵を隔てて表裏をなしている。往時は、戸数わずか百にも満たない崎嶇(きく)たる山間の一寒村であったという。当時のようすがを知るものは、無論何ひとつ遺っていない。屋敷地は明治になってから長田町百拾壱番戸（現在は長田町二十一番地三十三）となり、森の本籍地となった。

両親の教育

森家の財政はあまり豊かでなかった。人一倍熱心な教育家であった父有恕は、その資力のほとんどを五人の息子たちの教育に注ぎ込んだと伝えられる。家庭での父は、彼らに対し放任主義的であり、かつ実践的な学問の道を教え、母は厳粛とも言えるストイックな精神教育を施したようである。阿里は非常な信心家で、決断力にも富み、信念を曲げることを極端に嫌った人だといわれる。その母の感化を最も強く受けたのが有礼であった。

長兄森有秀

森はすぐれた兄を多く持った。

長兄を喜藤太有秀（ありひで）と言い、森より九歳年長である。資性篤実にして、郷中に聞こえた才覚ある有為の士であり、畏怖すべき兄であった。ある時、兄の使いで隣家へ手紙を届けに行かされたことがあった。森はそれを途中で紛失してしまう。泣く泣く家へ帰った幼い森は、兄に言えずに母を介してそのことを謝した。それが兄の怒りを買う。幼くとも男子たるもの何故自分から謝りに来ないか、というのがその理由であった。兄から「軟弱」と叱責されたこの時の記憶は、いつまでも森の脳裏を離れなかったという。喜藤太は、のち若くして幕末の戦乱で横死を遂げる。

次兄青山良顕

次兄喜八郎も秀才であったらしい。青山家の養子となり、青山良顕と称した。二十二、三歳の頃、江戸に出て昌平黌（しょうへいこう）に学び、頗る漢学の素養高かったが、病を得て帰郷、一時藩校造士館に教鞭を執ったりした。喜八郎が帰郷した時、森はすでに十六、七歳であったが、温泉で療養中の兄に付ききりで看護にあたった。その際、兄が語って聞かせたワシントン大統領の逸事が、森を洋学研究へと向かわせるひとつのきっかけを作ったとも言われる。不幸にしてこの兄も短命で終わり、文久三年（一八六三）十一月病没した。二十六歳であった。

四兄横山安武

三兄の三熊は十二歳で早世、四兄を喜三次、または元四郎と言う。喜三次は天保十四年（一八四三）生まれで、森とは最も年齢が近く、それだけ骨肉の情が深かった。安政二年（一八五五）、同郷の藩儒横山安容の後嗣となり、横山姓を冒し、正太郎安武と名のった。慷慨気節の士で、憂国の情に厚く、島津久光の子悦之助（忠経）の傅役（もり）を長く勤めた。漢籍、詩文に秀で、すぐれた才能の持ち主であったことは、他の兄たちと同様であった。森に関する兄弟の情愛に満ちた詩文を多く遺している。明治三年七月、時弊を憂えて割腹諫死して果てた。衝撃的なこの兄の死は、のちに森の性格にある陰をおとすことになる。

四傑箱の逸話

「四傑箱」の逸話がある。四人の兄弟が、食事の時に使う箸を一つの箱に入れ、切磋琢磨し合って、お互いの知徳、胆力を養ったというのである。「四傑箱」とは、その箸箱に付した名である。それほど彼ら兄弟の情は深く、仲が良かった。

森が生まれた頃、薩摩藩は大きな転機にさしかかっていた。

琉球異船渡来事件

「琉球異船渡来」――弘化元年から同三年にかけ、前後数回にわたって琉球に来航した英仏艦隊のことを、薩摩の人々はそう呼んで恐れた。これら異国船は、ともに資本主義市場の拡大をめざしてアジア経略を推し進める、欧米列強諸国のいわば尖兵（せんぺい）として派遣されたものであった。琉球が藩政上重要な位置を占めていたことは、言うまでもない。人心は動揺し、藩内は困惑の色を深めた。「飛報」が江戸に届く。当時世子（藩主後継者）であった島津斉彬（なりあきら）は、事件の顛末を幕府に上申するとともに、身をもってその対策にあたる。

島津斉彬の登場

琉球が列強による対日侵略の前哨基地になるとの危惧を抱いた斉彬は、事件そのものを薩摩一藩の問題としてではなく、深く日本国全体の安危に係わる外交問題として捉えたのである。こうした全国的視野に立った斉彬の危機意識が、斉彬自身の藩政参加のきっかけを作ることになった。弘化三年（一八四六）六月、時の老中阿部正弘は、斉彬にかなり広汎な自由裁量権を与えて帰藩せしめ、事件処理にあたらせたのである。斉彬がきわめて海外事情に通じ、自然科学知識にも富む進取英邁な君主であったことはよく知られている。軍備の充実、近代化をはかるため、翌年から藩内で実施された軍制改革にも積極的に協力した。しかし、家老調所広郷（ずしょひろさと）一派が藩政を主導していたため、斉彬は協力の域にとどまらざるを得ず、思うような改革は断行できなかった。

嘉永朋党事件

ここに、一藩的視野に立って「お家」大事を第一主義とする調所一派と、全国的視野に立って対外危機に対処しようとする斉彬一派との間に、藩政主導権をめぐって一大抗争が展開されることになる。「嘉永朋党（ほうとう）事件」、俗に言う「お由羅（ゆら）騒動」である。一時調所派が優勢であったが、結局老中阿部正弘と黒田斉溥（なりひろ）ら雄藩藩主の画策が奏効し、島津斉興（なりおき）を隠居に追い込み、斉彬の藩主就任が実現する。嘉永四年（一八五一）二月、斉彬時に四十三歳であった。

琉球異船渡来と嘉永朋党の二つの事件は、薩摩藩の藩政方針を大きく転換したことで画期的な意義をもった。二年後の日本が遭遇することになる危機を先取りした形で体験した薩摩藩は、この時以来、藩政そのものを日本全体の政治動向と密接な関連をもって動かして行くことになる。

祖父森有直

当時、森の祖父母はまだ健在であった。祖父の自安森有直（ありなお）は、末川流銃法の使い手で、八十歳を越えた高齢ながら、老軀なお砲術に長じ、斉彬入部祝の武技披露の際には、矍（かく）鑠（しゃく）たる銃捌（さば）きを見せ衆目を驚かせたという。同じ年の八月二十八日、藩内高齢者の表彰を受け、斉彬から拝領物を下賜される栄誉を担っている。老いてなお壮健、一日たりとも身体の鍛錬を怠らない祖父の元気な姿を、森はその幼い目でしっかりと見ながら育ったはずである。そのいささか無骨者の祖父が八十四歳で大往生を遂げたのは、それから二年後の嘉永六年八月、森が七歳の時であった。

ペリーの浦賀来航

この年、六月、日本にとって衝撃的な大事件がおこる。アメリカ合衆国の水師提督ペリーが、四隻の「黒船」を率いて、突如浦賀沖に姿を現わしたのである。ペリーは、日本に開国を要求するアメリカ合衆国大統領の国書を無理やり押しつけると、来春早々再び来航することを告げて、さっさと引き揚げてしまった。幕府は言うに及ばず、日本国中が開国か鎖国かをめぐって、大騒動を演じることになる。

薩摩藩多年の野望である中央進出の好機到来である。琉球異船渡来の際の貴重な体験と豊富な海外知識とを持つ島津斉彬は、事態を冷静に受けとめると、直ちに行動を開始する。七月の老中諮問で攘夷実行の不可、対外防備の充実と開国進取の方針採用を答申した斉彬は、翌八月には幕府を説得して、鎖国以来厳禁されていた大船建造を解禁させ、自ら軍艦および蒸気船十五隻の建造計画に着手している。ついで、十一月幕府への建造伺書提出の際、船印に日章旗を使用することを願い許可されている。安政元年(一八五四)、日章旗は日本国総船印となり、明治三年(一八七〇)日本の国旗となる。

斉彬の藩政改革

一方、斉彬は藩内産業の近代化と軍備強化にも意を注ぐ。それは薩摩藩が動揺する幕藩体制の中で、再編のイニシアティブを握る最大の要件であった。なかでも、近代工業の振興は、洋式調練や砲台整備など軍備強化の土台となるものであり、斉彬が特に力を入れた政策である。後に開物館と改称された理化学研究所の花園製煉所では、火薬、地雷水雷、電信、写真などの実験研究が行われたほか、嘉永五年、磯邸内に反射炉を建設、ついで熔鉱炉と鑽開台を設けて鋼鉄、大小銃砲、弾丸などの鋳造事業を開始した。さらに、同地に火薬、アルコール、ガラス、陶磁器、農具、刀剣などの製造工場をつくり、これら諸事業を総括して、後に「集成館」と呼んだ。盛時には、諸工場で働く職工人夫の総数一日千二百人をこえたという。幕末に薩摩の地を訪れ、集成館を見学したオランダ人医師ポンペは、このような近代工業が実施されれば、日本の政策も自ら変更を来たし、早晩鎖国主義から解放されるに違いないと、驚きの目を見張った。事実、こうした斉彬の開明事業を基盤に、多くのすぐれた人材が輩出することになる。

二　立志の途

郷中教育

薩摩には、郷中教育という独特の武士道教育があった。城下の武士団を、その居住地域に従って「方限」に分け、各方限ごとに青少年の教育的集団を設けた。これが「郷中」である。青少年は、六、七歳から十三、四歳までの稚児と、十四、五歳から二十三、四歳までの二歳に大別され、稚児のうち十一、二歳以下を小稚児、以上を長稚児といい、それぞれ年長の郷中頭の監督指導の下に、学問武芸の鍛錬習熟に励んだ。忠孝仁義、質実剛健を目標に文武の練磨と胆力の養成につとめる一方、郷中組員の交わり親密なことあたかも兄弟のごとくであった。青少年の集団訓練を目的とした一種の自治的鍛錬組織と考えてよい。英国のボーイ・スカウトのモデルともなったと伝えられる所以である。

城ヶ谷の郷中仲間

森が属したのは、上方限の内にある城ヶ谷の郷中であった。郷中仲間には、五代徳夫、友厚の兄弟をはじめ、安田定則、折田内内、安藤則命ら、維新後に活躍した人々も少なくない。

郷中での詮議

郷中での森の逸話がいくつか残っている。郷中に「詮議」と称して、組員の判断と行動とを問う討論の場があった。ある時、詮議の席上で、「君侯の用務で大変火急を要する場合、早駕籠でも間に合わぬときはどうするか」という問題が出された。年長の長稚児たちが評議を凝らしていると、森がチョコチョコと前に進み出て、「そんな事はわけないです。馬に乗って行って、その馬をチクチク針で刺せば、馬が痛がって苦しまぎれに駆けるでしょう。さらに刺せばもっと早く駆ける。そうすればどれほど早く行けるかわかりません」と自信ありげに答えたので、一同は爆笑したという。奇論を吐いても、一分の理屈がそこにはあった。森はそういう少年であった。

同じ頃の話である。曽我兄弟の仇討についての詮議があった。森は「国には大法があるのに、いくら親だからといって自分で仇を討つべきでない」と、兄弟の行為を法の前に否定し、頑強に抵抗した。長稚児たちに詰(なじ)られた森は、決して自分の意をまげずに席を蹴って帰ったという。また、一般に忠臣義士と喧伝(けんでん)されていた赤穂義士を、国法を破った犯罪人として非難したのもこの頃であった。

郷中における人間関係の絆は強い。同時に長幼の序という封建的道徳律は厳しく守らねばならない。先輩の命令は絶対であり、彼らの厳格な指導を受けつつ、後輩の稚児たちは日常座臥(ざが)の躾(しつけ)を身に着け、自ら文武両道の向上に励むのである。この時の人間関係は、彼らの一生を支配するといっても過言ではない。森が最も強い感化を受けた先輩は、五代友厚であった。この頃は才助と称して、森より十二歳年長の二歳(にせ)である。才助と命名されるほど藩中に聞こえた秀才で、父が斉彬から預かった世界地図を、またたく間に二枚模写し、その一枚を参考に直径二尺余の大地球儀を作りあげてしまう怪童でもあった。すぐれた判断力を有し、気魄に富む雄弁家であった。

五代友厚との交友

森は、この五代から世界の広さというものを教えられたはずである。時折、父や兄から聞く江戸湾頭を遊弋(ゆうよく)する異国船の威容の話がそれに重なって、子供心にも西洋というものの正体を確かめたい気持ちに駆られたに違いない。こうして、森と西洋とを結ぶ最初のきっかけがつくられることになった。

藩校造士館に入学

安政五年(一八五八)、十二歳になった森は、他の少年と同じように藩校造士館に入学する。安政五カ国条約調印の年である。開国後、はじめて幕府は米国、英国、フランス、オランダ、ロシアの西欧諸列強と通商関係を結び、いやが上にも複雑な国際関係の渦の中に巻き込まれていく。

藩校では、斉彬主導の下に「造士」(人物養成)に重点をおいた実学的教育が行われていたが、その斉彬がこの年七月に急逝する。真夏の炎天下、城下諸隊の操練を閲兵中に倒れ、一週間後に没した。死因は赤痢であったと伝えられる。斉彬の突然の死で、中央政局、藩政ともに大旋回を遂げる。中央では大老井伊直弼の独裁体制が進み、尊攘派志士への弾圧が開始された。藩内でも旧藩主斉興らを中心に守旧派が再び勢力をもり返し、斉彬の進歩的開明的な政策路線が中止されて、数々の事業が縮小あるいは廃止の憂目にあい、藩内開明派や尊攘派の反感を買っていた。

藩主斉彬の急逝

漢学と武術の修業

実学と武術を中心とする実践的学芸重視の風潮の高まりの中で、森は天真流武術を川上八郎左衛門に学び、漢学の手ほどきを長兄の喜藤太に受けた。漢学の学習にあたっては、内容を記憶するまで座を起たず、また惰眠を貪らぬため腕大の竹筒を枕にして寝たという。枕が堅ければ眠りから醒めやすく、起きて読書するのに都合が良いというのがその理由であった。

林子平『海国兵談』との出会い

漢学修業の途次、森はふとしたきっかけで仙台藩の兵学者林子平（しへい）の著した『海国兵談』を手にする。万延元年（一八六〇）、森十四歳の時であった。兄横山安武の義父にあたる向井新兵衛が所持していたものであった。向井は、斉彬の養女で、のちに十三代将軍徳川家定の御台所となった篤姫付の御側御用人を勤めていた関係で江戸藩邸詰が多かった。向井が帰藩した折には、森も江戸の情況を彼から親しく聞いたに違いない。そうした際に向井が読むように勧めたのが、林の『海国兵談』であった。同書は、寛政四年(一七九二)、寛政異学の禁令で毀板(きばん)の憂目にあった著名な海防書であり、海国たる日本の全国的な沿岸防備の必要と、その兵器や戦術を説いた画期的な書物であった。この『海国兵談』を向井から借りて読破した森は、海外事情に通暁する必要を痛感し、奮然として洋学を勉学することを志したという。翌年、藩用で日向都之城に出張していた父のもとに赴き、洋学修業の意志を述べてこれを許してもらった。『海国兵談』は、森を洋学へ導く機縁の書となったわけである。

洋学を志す

英学者上野敬介の門弟となる

尊王攘夷の嵐が吹きすさむ中、密かに洋学を志した森は、三歳年長の英学者上野敬介(景範(かげのり))の門を叩く。文久元年(一八六一)のことである。上野は後年外交官として活躍する。英学者としての上野の力量を知っていた森は、彼に峻厳な師の礼をもって接した。郊外塩屋町にあった師の家に、森は一日として遅れることなく通い、門が開くのを待ったという。門が開くと、家の中に入り、甲斐甲斐しく蒲団の片付けや掃除をして、それから英学の勉強にとりかかるのが常であった。数カ月を経て、上野は長崎に去る。だが、師を失っても、森の英学への志は変わらなかった。

森の志とは裏腹に、尊攘運動は過激の度を加えて行く。異人斬りと幕府要人襲撃が相次いだ。万延元年三月の桜田門外における大老井伊直弼の暗殺に続いて、文久二年正月には老中安藤信正が水戸浪士に襲われ負傷した。坂下門外の変である。幕府主導による時局収拾はもはや困難となった。

島津久光の登場

雄藩による国事周旋がはじまる。薩摩藩では、斉彬の異母弟久光の子忠義（茂久）が藩主となっていたが、実権は父の久光が握っていた。久光は、兄斉彬の遺志を継いで、藩の実力を背景に公武合体を実現させようと画策する。藩内尊攘派（精忠組）との妥協に成功した久光は、文久二年三月、率兵東上の決意を固め、藩兵千余人を率いて鹿児島を出発、京都に向かった。

寺田屋の変

この途次、寺田屋の変がおこる。挙兵討幕を策して、京都伏見の船宿寺田屋に屯集していた尊攘激派（精忠組左派）の連中を、久光は自分の運動の邪魔になるとして、上意打ちで処断する。後顧の憂いを断ったその足で、久光は朝廷に赴き念願の勅諚を手にすることができた。五月、東海道を東下、六月、江戸に到着、そして七月、久光のかねての計画通り、一橋慶喜は将軍後見職に、松平慶永は大老格の政事総裁職に任ぜられた。

生麦事件

生麦事件がおきたのは、その帰途である。久光の行列を騎馬のまま横切ろうとした英人四名を、無礼であるとして供侍が殺傷した事件である。事件後の交渉は難航、薩摩藩は犯人逮捕、慰藉料支払いなど英国側の要求

薩英戦争

を決して呑もうとしなかった。業を煮やした英国側は、ついに艦隊派遣を決意、文久三年（一八六三）六月、司令長官キューパー提督の率いる英国艦隊七隻は横浜を出帆、一路鹿児島に向かった。薩英戦争の幕開けである。七月二日、三日の両日にわたって、錦江湾を舞台に激しい戦闘が展開された。この戦争で、薩摩藩は旗艦ユーリアラス号以下の艦船に損傷を与え、艦長らを戦死させたが、薩摩側の被害はもっと大きかった。死傷者こそ十数名と少なかったが、洋式汽船三隻と琉球貿易船五隻を失ったほか、ほとんどの砲台が破壊され、集成館や鋳銭場、それに市街地のかなりの部分が焼失した。実質的な敗北であった。

戦後の藩論転換

この小さな戦闘が薩摩藩に及ぼした影響は大きかった。この無謀とも思える体験を通して、西洋文明の威力と攘夷の愚かさを改めて認識した薩摩藩では、戦後の藩の政策路線を、富国強兵を第一主義とする「一藩割拠」体制へと大幅に修正するに至った。すなわち、近代兵器の洗礼を受けて、藩内に残存していた排外的風潮は悉く一掃され、全藩的な規模で実質的開国への道を歩み始めたのである。

和議成立後、薩英関係は急速に親密の度を増して行く。英国もその善戦ぶりを見て、薩摩の力量を知ったからである。

『妙薬集秘伝』を著す

こうした尊攘運動や薩英戦争など、藩内の慌しい動きの中で、森の身辺は比較的静かである。『妙薬集秘伝』と誌された森自筆の薬法書が残されている。日付は「壬戌（じんじゅつ）仲冬」、すなわち文久二年である。各種薬の調合、漢方療法などを二百六十処方にわたって詳細に記したもので、森自ら筆写作成した体力保持、病気治療のための秘伝書である。表紙に、「猥（みだり）ニ他見無用」の文字がそえられているのがひときわ目をひく。同じ年頃の少年たちが、尊攘運動や薩英戦争の話にうつつをぬかし、斬り合いや戦闘の模様に聞き惚れ、血をたぎらせている頃、森はひとり静かに薬法書の作成に打ち込んでいた。それは一種若者らしからぬ印象さえ与える。だが、これは、森特有の合理的思考によるものであり、健康保持への周到な配慮によって、自己を厳しく律しようという意図から出たものにほかならない。そこには、他の人間と区別された森独

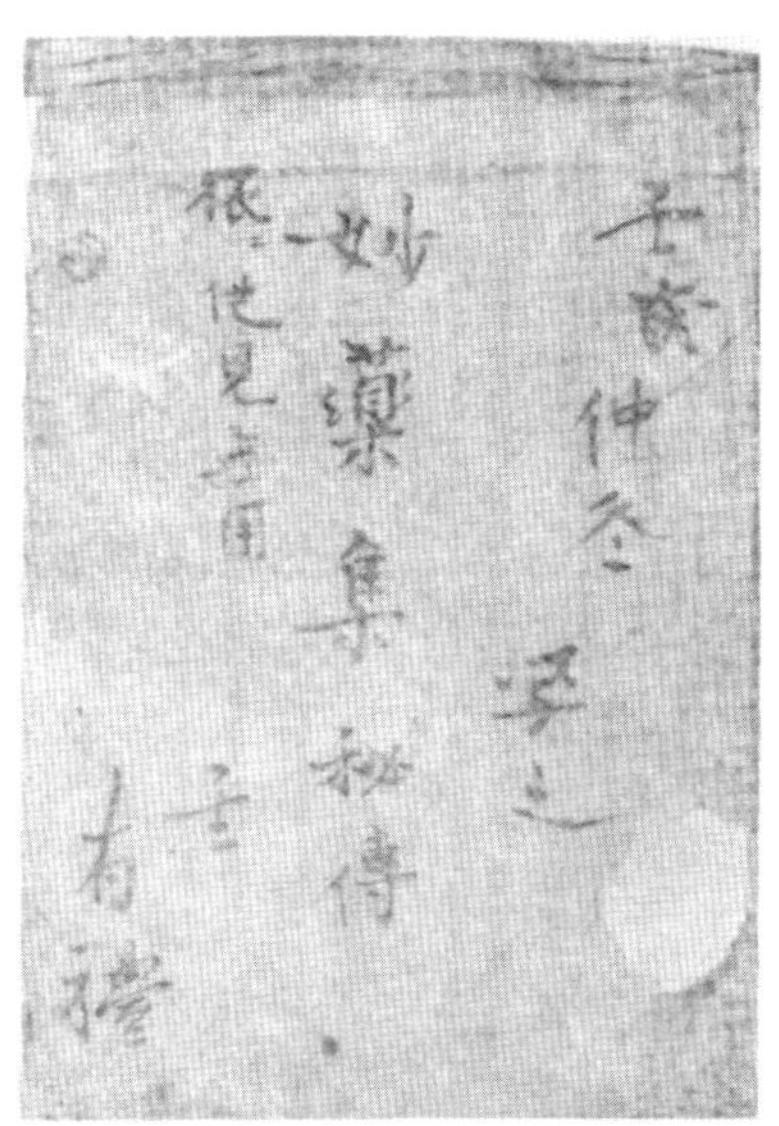

『妙薬集秘伝』表紙

特の気質がうかがえる。

薩英戦争の影響

薩英戦争は、森にとっても充分に貴重な体験であった。兄喜藤太は新波戸台場の什長（じゅうちょう）として活躍し、戦後褒賞を受けた。英国のアームストロング砲の威力は、兄の話を聞くまでもなく、森に強烈な印象を与えた。西洋文明の力の根源に横たわるものの正体を見究めたい、と森が思うようになるのも、おそらくこの戦争を体験してからであったろう。

造士館句読師助

この頃、森は造士館教授職階十二番中の七番目にあたる「造士館句読師助」の地位にあり、すでに藩中に知られた俊秀の一人であった。深い漢学的素養と旺盛な洋学への知識欲を有し、敢為の気を内に秘めた怜悧な秀才、それが十七歳当時の森の姿であった。

三　開成所諸生

藩立洋学校「開成所」

元治元年（一八六四）六月、薩摩藩に最初の藩立洋学校「開成所」が創設された。薩英戦後の一藩割拠主義的な富国強兵策の一環として設けられたもので、洋式による軍制拡充と軍事強化のための人材育成が目的であった。開成所の名称は、幕府との「離別」を意識した薩摩藩が、江戸の幕府開成所に模して故意に付けたものといわれる（大久保利謙「幕末の薩摩藩立開成所に関する新史料」『政治経済史学』第一五〇号）。教授科目は海陸軍砲術、兵法、操練、築城などの専門学を中心に、天文、地理、数学、測量、航海、器械、造船、物理、分析、医学の諸科があり、大目付町田民部（久成）が開成所掛（学頭）として全般を統轄、教授職には蘭学者の石河確太郎、八木称平をはじめとして、英学者の上野敬介、中浜万次郎、巻退蔵（前島密）など、斯道の大家が紹聘された。

「開成所」に入学

森は、この年夏に、造士館から開成所に移る。地位は英学専修の第二等諸生である。生徒は、能力に応じて第一等から第三等まで三段階に分けられ、専攻語学により英学専修生と蘭学専修生の両者に区別された。当時はまだ蘭学の全盛期でもあり、英学専修生は森を含めて、わずか八、九人の少数にすぎなかったという。藩内に英書が少なかったところから、教科書の類も、教官の上野たちが苦心して編纂したらしい。だが、数少ない英学を専攻したことが、森の前途を開くことにもなる。

「士可嗜条々」を記す

開成所に入って半年ほど経た十一月七日、森は「士可嗜条々」（士嗜（たしな）む可き条々）と題する自戒の句を達筆に書き記している。自己の規律を目的としたものである。次の八カ条からなっている。

士可嗜条々

第一義を可守事

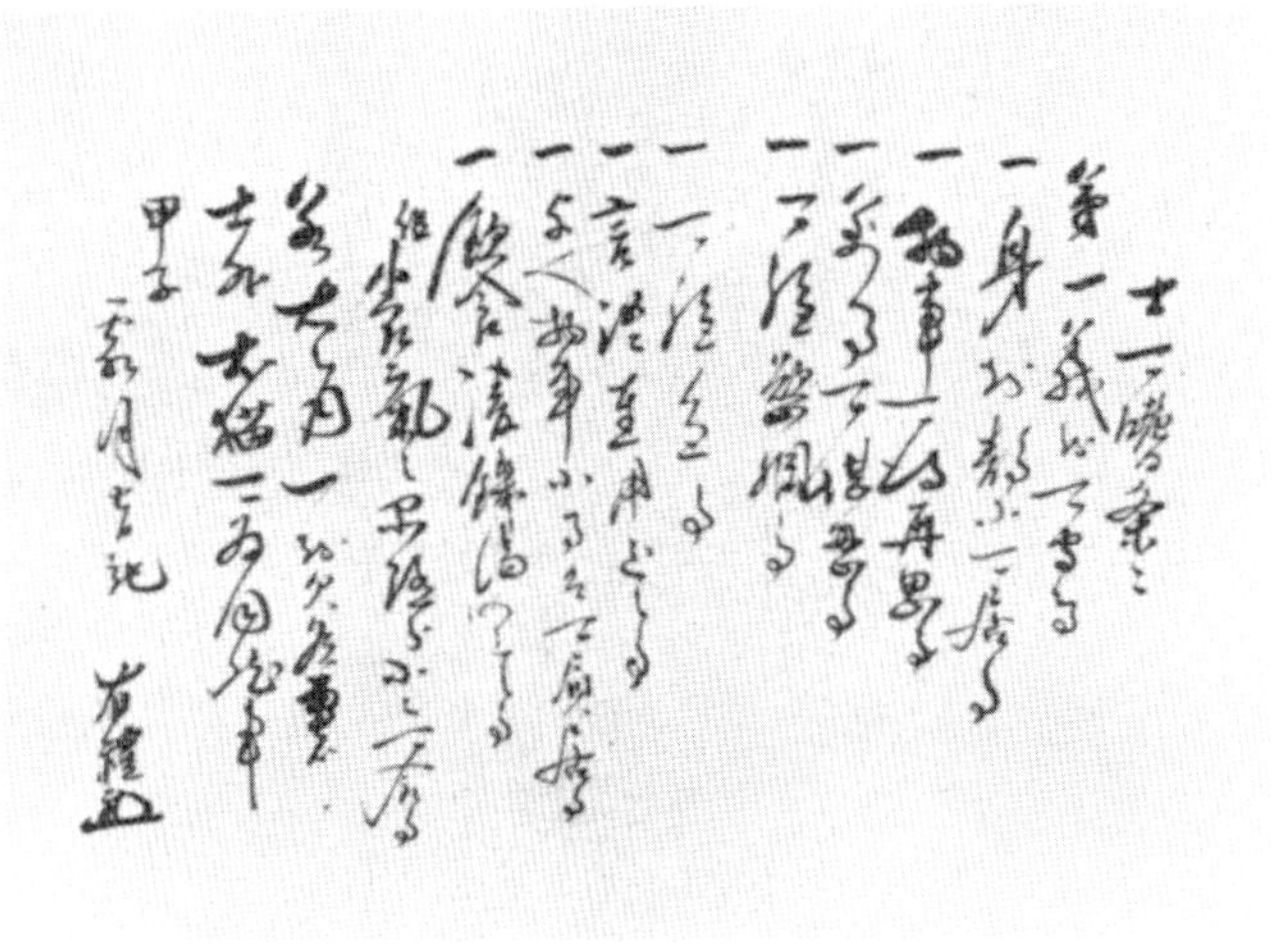

「士可嗜条々」

一　身を静に可居事

一　物事可得再思事

一　万事可堪忍事

一　可絶欲綱事

一　可絶色事

一　言語達用迄之事

一　与人物争ふ事は可負居事

一　飲食凌饑渇のミ之事

　　但養気之品随分と可食事

若右之内一を欠候而は士外犬猫可為同然事

　甲子霜月七日記　　有礼（花押）

文書類を保存することをあまり好まなかった森が、この「条々」だけは生涯自戒の句として身辺に置いていた。題目の示す通り、武士として心がけるべき道を、自戒の形で説いたものである。一見して、青年らしい潔癖さと武士道的な自律精神がよく現われている。儒教における観念的、規範主義的な徳目である「禁欲」を基調に、「堪忍」、「静思」あるいは「寡黙」といった自己修練的な精神が美徳としてとりあげられている点が注目される。最後の箇条で、飲食は、「饑渇を凌ぐ」必要量だけとればよいと言っておきながら、但書で「養気の品」は十分食べねばならないと述べている点に、多少矛盾を感じるかもしれないが、それは事にあたって、武士は「気」を養う必要上、平常から体力健康の保持には十全の注意を払わねばならないのだという、あくまでも武士道的かつ合理主義的な発想に基づいたものであった。とりわけ、「絶欲」、「絶色」の文字は、森の生涯を貫くことになる厳しい禁欲精神を、そのまま物語っているようで興味深い。

禁欲と自律の精神

森がこの「条々」を書き記した元治元年という年は、さまざまな意味での転換点でもあった。薩摩藩では、元治元年三月の京都における参予会議解体後、反幕開明派の小松帯刀(たてわき)（清廉）、大久保一蔵（利通）、西郷吉之助（隆盛）らが要路に立って藩政を主導するようになり、反幕的色彩が一段と強まって行った。それは薩摩一藩のみならず幕藩体制そのものにとっても、再編を迫られるべき重要な転機となるはずであった。開明路線を歩む

海外留学生の派遣

薩摩藩が、幕府に対抗して大量の海外留学生派遣を思い立ったのも、この同じ年の十一月であった。欧米先進諸国への留学生派遣は、前藩主斉彬の「遺志」であり、富国強兵による割拠体制を推し進める薩摩藩にとって、どうしても挙行しなければならない大事業の一つであった。

「五代才助上申書」

実現のきっかけは、五代才助がつくった。薩英戦争の際、英国文明の実際を知るために、同僚の松木弘安（後の寺島宗則）と共に自発的に英国側の捕虜となった五代は、彼らの行動を誤解した藩当局や幕吏から命をつけ狙われる破目に陥り、江戸、熊谷等を転々としていた。元治元年正月、ようやくの思いで長崎に潜入し、グラヴァー邸に匿まわれる。英商トーマス＝グラヴァーとはかねてから知り合いであったが、この潜伏中に昵懇の間柄となる。彼から仕入れた国際情報を基に、五代は一篇の建言書を草する。「五代才助上申書」と称されるものである。上申書の冒頭で、五代は攘夷論を「蒙昧愚鈍」の危険論として排斥批判する一方、国際社会における権力政治の実態を踏まえて、開国貿易を基礎とした富国強兵策の強力な推進を説く。本論はその具体案であり、全国市場の統制を背景にした上海貿易論と、人材養成を目的とする海外留学生派遣論の二つが主軸となっている。すなわち、上海貿易の利潤の上に、西欧先進資本主義諸国の文化技術の移植を図り、上からの近代化を試みようという五代独自の広汎な開明的国策論が展開されるのである。一藩的規模による「割拠主義」的富国強兵論ながらも、そこには、民族的危機の克服と藩権力をバックに統一権力の実現をめざすという、ナショナルな視点が潜んでいることも否めない。

この建言書が、薩摩藩の藩論転換に与えた影響は大きい。これによって、藩の将来の方向づけがなされたと言っても過言ではない。ともかく、五代の意見は、即座に藩当局に採用されるところとなったのである。

石河確太郎の建議

五代の上申書が提出されたのは、元治元年五月頃であったが、この海外留学生派遣計画を、さらに開成所を母胎にした具体論として展開したのは、開成所教授の石河確太郎であった。石河は大和の人、長崎で蘭学を学び、のち斉彬に仕えて集成館の事業に参画した。紡績、火薬の権威で、土製七輪の発明者としても知られている。石河は、この年十月、久光側近の御側役大久保一蔵に対し上申書を提出、「志と勉」(意志と努力)に秀でた人物を、開成所諸生中から選抜し、英国に留学させるよう建言している(大久保利謙「幕末の薩摩藩立開成所に関する新史料」)。

こうして、五代と石河の建策に基づいて、英国への大量の留学生派遣が実現したのは、翌元治二年(一八六五)の正月であった。留学生派遣の目的は、西欧の文化技術、とりわけ海軍学の習得と対英親善にあったが、藩の真意はむしろ後者の方におかれていた。つまり、それは対幕府的に英国との親善を増強せしむる特派使節としての要素が強かったといえるのである。

薩摩藩英国留学生

前年の暮頃から留学生の人選は始まっていた。石河の意見をいれて、開成所諸生中から適材を選ぶ。詮衡はかなり難航したようである。結果的には、家柄、年齢、思想面などの点で、各層から幅広い人選がなされている。まず、藩の支配階級である門閥派から五名、開成所諸生中からは、土佐人一人を含む、十三歳から三十一歳までの生徒十二名がそれぞれ厳選せられた。それに発案者たる五代と、藩唯一の渡欧経験者である洋学者松木弘安の両名が、視察随員として同行参加することが決定された。

留学生氏名

各選抜諸生ならびに随員の氏名は次の通りである。

〈役職〉	〈氏名〉	〈変名〉	〈年齢〉
大目付	新納刑部	石垣鋭之助	33
大目付・開成所掛	町田民部	上野良太郎	27
船奉行	松木弘安	出水泉蔵	33

船奉行副役　五代才助　関　研蔵　30
当番頭　畠山丈之助　杉浦弘蔵　23
当番頭　名越平馬　三笠政之介　21
御小姓組番頭　村橋直衛　橋　直輔　23
開成所句読師　田中静洲　朝倉省吾　23
開成所訓導師　鮫島誠蔵　野田仲平　20
開成所第一等諸生　市来勘十郎　松村淳蔵　23
開成所第二等諸生　森　金之丞　沢井鉄馬　18
開成所第二等諸生　高見弥一　松元誠一　31
開成所第三等諸生　東郷愛之進　岩屋虎之助　23
開成所第三等諸生　吉田巳二　永井五百助　20
開成所第三等諸生　磯永彦輔　長沢　鼎　13
開成所諸生　町田申四郎　塩田権之丞　18
開成所諸生　町田清蔵　清水兼次郎　14
開成所諸生　町田猛彦　山本幾馬　21

医　師　　中村宗見　　吉野清左衛門　22

留学生たちの反応

森が留学の藩命に接したのは、元治二年正月十八日である。辞令には、「甑嶋其外大嶋諸所へ御手許御用」のため渡海せよとだけ書かれてあった。「英吉利」の文字はない。無論、他の選抜諸生も同様である。理由は幕府の目を晦ますためである。海外渡航は依然として国禁であり、露顕すれば厳罰に処せられる。藩当局は、周到にも彼らのために変名まで用意している。だが、選抜諸生たちには、辞令交付以前に、すでにそれが「大嶋渡海」ではなく、「渡英」であることは知らされていたはずである。とすれば、形式がどうであれ、この一書が彼らに与えた動揺は大きかったに違いない。これを受けとった時の彼らの気持ちには、言いようのない複雑なものがあったであろう。一旦辞令を受けながらも、自ら辞退した島津織之助（久直）と高橋要人（種秀）の場合などは、万が一公儀に事が露顕した時、何と返答すればよいか、その対処の方法を教えてほしい、と藩当局に問い質したところ、何の沙汰もないので不安になり、ついに渡航を拒絶したという（『忠義公史料』第三巻）。また、十四歳になる町田清蔵は、訳も解らず家老から辞令をもらって帰り、父に見せ、大島は流人の島だから行くのはいやだと言った。すると、真実を知っていた父久長は、今度大島に蘭人を雇い洋学校を建てることになり、お前はその書生として行くのだから何も心配するな、と言ってしきりに慰めたと伝えられる。渡英の事実は親族にも知らされなかったという（「町田清蔵の回顧談」『温知会講演速記録』第六輯）。

森が選抜された理由

ところで、この時森を留学生に推挙したのは、多分五代か上野あたりであったろう。先の石河確太郎の大久保宛上申書にも、派遣候補生徒名中に「毛利（森）金之進」の名前が見える。森を指すものとすれば、かなり早い時期から候補に挙がっていたと考えられる。彼の人格識見と相俟って、開成所での篤志勉励ぶりが認められたのであろう。それに数少ない英学専攻者であったことも、彼にとって幸いした。英学専修で選に入ったのは、森のほかに市来、鮫島、磯永の三人である。

森の反応

辞令を手にした時の森の気持ちを知ることはできない。しかし、永く英学に親しんできた彼のことである。おそらく率直な喜びを感じたに違いない。国禁を犯しての海外渡航に対する不安感などは、微塵もなかったはずである。森が留学生に選ばれた事実を知

家族の反応

って、母の阿里は狂喜したという。父の有恕は、「和児有礼羽島偶成」の七絶を詠じて、皇国のために身命を抛（なげう）って勉学に励めと叱咤し、ただ一人の兄横山安武は、未知の異域に渡り貴重な体験を踏もうとしている賢弟に、「送別」の漢詩を送ってその心事を託した。すでに三人の兄を失っていた森は、家名を継ぐ重い責務と、一族の期待と栄誉を総

身に担って、未知の世界に向けて旅立とうとしていたのである。留学生としての森に課せられた研究題目は、その英学の知識を駆使して英国の「海軍運用測量及び機関術」を、留学期間中に確実に習得し、帰藩後藩の海軍力を担うべき一員として、富国強兵策に寄与参画することであった。したがって、他の留学生たちと同様、森にとって「海軍学術」の習得は、遵守すべき藩の至上命令であったのであり、事実、彼はそうあるべき自己を信じて故郷をあとにしたのである。

森の英国における研究課題

鹿児島城下を出発

辞令を受けて二日後の正月二十日払暁、森は一行十九人とともに、鹿児島の城下を旅立った。よく晴れた爽やかな朝であった。出水街道を北上し、途中苗代川の部落で一泊、翌日市来湊から船に乗り、串木野郷羽島浦に着いたのは、その日の午後であった。羽島浦は、北と東に山を負い、西は遙かに甑(こしき)島(じま)を望むことのできる景勝の地で、冬季の北西季節風を避けるという地の利も得て、自然の良港を形づくっていた。小さな漁師町ではあったが、その地理的特異性により、しばしば密貿易などに利用されたりした。留学生たちがこの地を利用したのも、彼らの乗る便船が、幕吏の目につきやすい長崎を避けて、羽島沖に回航される予定であったからである。羽島到着後、留学生たちは同地浜部落にある網元の藤崎隆助、同川口成右衛門両家に分宿することになる。ここで便船が来るま

串木野郷羽島浦に滞留

での約二カ月間を、彼らは中村宗見や田中静洲について、英会話の初歩を習ったりして過ごしたという。森は、この時、町田兄弟、磯永らとともに川口家に滞在していたようである（川口成右衛門の孫成二氏談）。この間、彼らは勉強の合間に、散歩をしたり、近くの温泉場に湯治に行ったりして時を過ごしたが、滞在半ばの二月十七日頃、留学生の一人である町田猛彦が病気となり、やむを得ず国許へ帰るという出来事が起った。極度の緊張のため、精神異常を来たしたとの噂も伝わっているが、詳しい病名はわからない。側役蓑田伝兵衛が大久保一蔵に宛てた書簡中にも、次の文句が見える。

留学生町田猛彦の病気

然処町田猛彦殿、去十七日比ヨリ病気ニテ、迚モ遠航之体無レ之、被二罷帰一御断相成申候、実ニ残多（念カ）事ニ御座候、病中付テハ不レ及二是非一次第ニ御座候、又一人相欠候得共、モハヤ乗船ニモ差掛申候間、夫形代ハ不レ被レ付賦ニ御座候、一統遣居回船ヲ只管相待、皆々大元気之由ニ御座候、（元治二年二月二十四日付書簡、『忠義公史料』第四巻）

これは、留学生たちの羽島での動静を知る上で興味深い史料である。町田猛彦は帰藩後病死したらしいが、乗船間際でもあり、代わりの人間は補充しないということ、全員が大元気で、ひたすら便船が来るのを待ち望んでいることなど、この間の消息をよく伝えている。町田の事件は、病死として片付けるには、あまりに悲愴感の強い出来事であった。

蒸気船「オースタライエン号」の羽島来航

船が羽島の沖合に姿をあらわしたのは、三月二十一日の午後であった。船名を「オースタライエン号」という。グラヴァー商会所有の外輪蒸気船である。五代がグラヴァーと数回の折衝を重ねて、ようやく手配に成功したものであった。グラヴァー商会からは、番頭格のライル=ホーム (Ryle Holme) が一行の世話役として乗り組んでいた。ホームは、リンガーやスミスらとともに、グラヴァーの右腕と言われた男である。五代と松木、それに通弁役として雇われた長崎人堀壮十郎（孝之、変名は高木政二）の三人は、二日前の三月十九日、薩摩藩の蒸気船「雲行丸」で、一足先に羽島に到着していた。

乗船の時を迎える

その日の夕刻、一行は各々野羽織に立揚（たてあげ）（半袴に似た短い袴）、脚絆（きゃはん）姿の出立ちで、大小の刀を腰に差し、いよいよ乗船の時を迎えた。宿の亭主藤崎隆助の求めに応じて、彼らはそれぞれの感懐を歌に託した。畠山、市来、吉田のそれとともに、森の歌も一首遺っている。ごく短いものである。ただ一句、

記隆翁亭　　森　浮雲

宇宙周遊一笑中

本船に着いた時の逸話

出航の図

とだけある。「浮雲」とは、この時森が即興につくった雅号である。「宇宙」とは世界のことである。世界など一笑する間にかけ回ってみせよう、という心意気を歌ったものであろう。明快な表現を好む森らしい剛毅な歌である。

留学生たちをのせた艀舟が、本船に着いた時の逸話が残っている。

森は、今まで着ていた野羽織をふと脱ぐと、傍の坂元某なる船頭に、「おじどん、記念にお前にこれをやっちょいで、元気にしちょいやんせ」と、優しくいたわりの声をかけ、それを渡してやったという。宿の亭主川口成右衛門の孫にあたる川口成二老が、幼き日に祖母から親しく聞いた話である。

その野羽織は、最近まで船頭の子孫の家に遺っていたが、大火の折に焼けてしまったということである。

英国に向け出帆

元治二年三月二十二日の早朝、オースタライエン号は、一路英国に向け、羽島沖を出帆して行った。

この年四月、年号は「慶応」と改められた。時勢は「倒幕」という波に押し流され、やがてそれは怒涛のような力となって、幕藩体制そのものを根底から突き崩して行くことになる。

第二　密航留学

一　西洋の衝撃

英国到着

　薩摩藩の留学生一行は、慶応元年五月二十八日(新暦六月二十一日)の明け方、英国の古い港町サウサンプトンに到着した。羽島沖を出帆以来、約二カ月にわたる長い航海であった。航海途上における様々な異国文明との出会いは、彼らに大きな衝撃をもたらした。彼らは西洋諸文明のすぐれた先進性に驚嘆しただけでなく、アジアの諸々の港で見聞した植民地の惨状や文明度の低さにも、改めて慨嘆せざるを得なかった。とりわけ、日本の文明的な立ち遅れは、留学生の誰もが身にしみて痛感した。森や鮫島、それに市来、中村といった開明派の連中は言うに及ばず、吉田、村橋、高見ら攘夷派の面々でさえ、航海途中で自らの愚昧さを開悟して、次第に実質的な開国論へと傾斜して行く。目的地に到着する前に、ほとんどの者が異国文明によって洗脳されかけていたのである。

異国文明との出会い

　彼らがロンドンに到着したのは、夜の八時過ぎである。宿舎は、サウスケンジントン

サウスケンジントン・ホテルに泊まる

ベースウォーター街のアパートに移る

読書師バーフ

のクィーンズ・ゲイト・テラス（Queens Gate Terrace）十九番地にあるサウスケンジントン・ホテル（Southkensington Hotel）であった。ホテルの建物は、現在でも往時の姿をとどめて遺っている。ケンジントン公園の南側に位置した宏壮なホテルで、留学生の一人である市来勘十郎も、日記に、「此旅宿は甚美麗なる処にて、吾部屋は七階目の七十二番の部屋にて、右番付を見て漸く我部屋を尋出し候。此宿は一日一ポンドつつ賃、吾日本の二両壱部(ママ)つつに当る」（『松村淳蔵洋行日記』）と、その印象を記している。だが、豪勢なホテル暮らしも束の間で、翌日には留学生全員が、ベースウォーター街（Bayswater Road）の一画にあるアパートに引移る。理由は、家庭教師を雇って、全員に語学特訓を行うためである。アパートは、眺望のよくきく角地にでも建っていたのであろうか、「家造も初めの旅宿より悪敷、乍レ然日本の家の類に非す、吾部屋は六階目にて窗の障子は硝子張にて候。然而窗の向は都鄙の辺遙に見へ、眺望明媚に有レ之候」と、市来も同じ日記の末尾で感慨深げにその様子を語っている。

彼らが雇い入れた語学教師は、バーフ（Barff）という男で、ホームとジェイムズ＝グラヴァー（James Lindley Glover　トーマス＝グラヴァーの実兄）の両人の周旋による。この人物の経歴はよくわからないが、市内で私塾でも開いていたのかもしれない。彼らは、この男のことを、「読書師」と呼んでいる。バーフは、留学生たちと同じアパートに住みながら、徹底して彼らに英語を叩き込んだ。畠山の日記にも、「今日は早朝ヨリバーフも十時比ヨリ一行読書ハ勿論、字書抔稽古ニテ候。バーフも今日より混て止宿ニテ一向言葉ヲ教へ候」（『畠山義成洋行日記』閏五月四日の項）とある通り、きわめて厳しい授業内容であったらしい。毎朝七時前に起床し、九時に朝食、十時から午後五時まで会話と読本を中心に学習、というのがその日課であった。こうした忙しい学習の合間にも、彼らは暇を見つけては、

ロンドン見物

読書師バーフ

造船所、ロンドン塔、兵器博物館など市内名所を見物したり、郊外ベッドフォードに鉄工場見学に出かけたりして、なかなか知識欲も旺盛である。また、この間四人の日本人の訪問も受けている。日本人は自分たちしか居ないと信じていた彼らにとって、それはまことに驚くべき出

来事であった。その内三人は長州藩士で、山尾庸三（ようぞう）、野村弥吉（やきち）、遠藤謹助（きんすけ）の各人である。

長州藩士との邂逅

この三人は、伊藤俊輔（博文）、井上聞多（馨）らと、二年前の文久三年五月、英国に密航留学し、この時はロンドン大学ユニヴァーシティ・カレッジの学生である。伊藤と井上の両名は、四国連合艦隊の下関砲撃事件を知り、これを阻止せんとして、一年ほど前にすでに帰国していた。この後も、たびたび彼らは薩摩藩の留学生たちを訪ねているし、留学生の方でもこの三人には大学での勉強法を教えてもらったり、諸所に見物に連れて行ってもらうなど、何かと世話になっている。祖国での薩長融和提携の動きに呼応するかのような、ロンドンにおけるこの両藩人士の交歓図は、ひときわ興味を惹く。武力倒幕を目的とした薩長同盟が、事実上成立するのは、半年後の慶応二年（一八六六）正月である。

斎藤健次郎

他の一人は、斎藤健次郎という男である。武州熊谷の医者の弟で、村上英俊門下として横浜でフランス語を習得、文久元年フランスの貴族モンブラン伯爵に連れられて渡仏し、パリの同伯爵邸に滞在していた。日本の政治的変革に関心を持つモンブランの命を受け、薩摩藩に近づくためにロンドンにやって来たものである。変名を白川健次郎といい、ジェラール・ケンというフランス名も持つ。帰国後スパイの嫌疑をかけられ、薩摩藩士の手で謀殺される。

市内七カ所に分宿

新しい文明の利器や近代的な都市の景観、思いがけない人々との出会い、そうした事物に心を奪われている間に、最初の二カ月はまたたく間に過ぎて行った。そして再び、彼らは転宿する。七月初旬（新暦八月下旬）のことであった。寄寓した先は、ロンドン大学の教官宅をはじめとする一般家庭であり、彼らは二名ずつ、市内七カ所に分散居住させられた。それは、留学生たちに十月（新暦）に予定されているロンドン大学入学のための予備教育を受けさせる目的で、同大学化学教授のウィリアムソン博士がすべて配慮したものであった。

ウィリアムソン博士

斎藤健次郎

ウィリアムソン（Alexander William Williamson）は、当時、英国学士院会員並びにロンドン化学協会会長の要職にあり、英国化学学界の元老的存在としてその名を知られていた。高名な学者には珍しく、偏見にとらわれない世界主義的見解の持ち主で、愛情深く、度量の広い人物であったと伝えられる。彼らを含めて、博士の恩恵

理学師グレーム

に浴した日本人留学生は数多い。博士を一行に紹介したのは、おそらくグラヴァーであろう。博士は北スコットランドの出身で、グラヴァーとは同郷であった。

この時、森は、高見弥一と化学教師「ドクトル・グレイン」の家に寄宿している(『松村淳蔵洋行談』)。木村匡も伝記の中で、「教授グレーン氏と同居す」と語っている。グレインがいかなる人物であったのか、興味深いところであるが、これもよくわからない。ただ、森の旧蔵アルバムの中に、それと思われる人物の写真が一枚残っている。裏には森の自筆で、

「理学師グレーム　同居仍呼為父」と書き込みがある。森はこのグレインとは、「父」と呼ぶほど深い交わりを結び、彼から強い知的影響を受けたものと思われる。森はロンドンを離れるまでの約二年間を、このグレインの家で起居し、勉学に励み、ガワー街のロンドン大学に通っていたことになる。したがって、グレイン家での生活は、森にとって西洋文明の実際を知る上で、恰好の場を提供してくれたはずである。

　このグレイン家に転居して間もなく、森は国許の兄横山安武に手紙を書く。日付は慶応元年とのみあるが、内容から推して多分七月初旬頃のものと思われる。転宿のこと、仲間の動向、新聞記事から第二次長州征伐の事実を知ったこと、それに幕府遣仏使節の柴田剛中一行がパリに到着したことなどを報じたあと、次のように書き記す。

> 此西洋ニおひてハ只今何処も平安にて太平を唱へ候砌、我国右之次第誠ニ大歎息之至御深慮如何被レ為レ在候哉、何時か御互ニ垢姿を灑濯する之月日到来せん、中々昼夜難レ堪御座候、併得と熟思　仕候処、男夫節を尽し業を述へ寸志を報するハ此時に候半、（『森有礼全集』第二巻、以下、特に断りのない限り書簡はすべて『全集』より引用）

憂国の情が行間に滲み出ている文面である。西洋の平安に対比させて日本の騒擾を慨嘆するとともに、自らも早く封建的な旧習にまみれた身体を洗い流して、西洋の芸技に熟達した開明的人間となって祖国の危急を救いたいと切望している。森の生涯をかけての課題である自己変革の作業は、こうした封建的、因襲的な文明の「垢（あか）」を「灑濯（さいたく）」（そそぎあらう）することから始められたのである。

また、はからずもこうした時運に遭遇した自分は、思う存分志を遂げられるだけでも幸運であるとも言っている。そこには、「志士」としての森の心情を読み取ることもできる。森にとって、「節を尽し、業を述へ、寸志を報する」という志士的理念は、形を変えつつ生涯彼の内部にとどまり続けることになる。

続けて、追伸で、先の四人の日本人の人物評を書き送っている。斎藤健次郎は「随分面白き人」であるが、どうも薩摩藩に仕官したい様子が見えること、長州人も山尾は誠実な人柄で立派な男であるが、他の二人はあまり魅力ある人物とも思えない。だが、三人とも薩摩に傾心しているようだから、いずれ時世も西国中心に動き面白くなるだろう、となかなか穿った見方をしている。

森の言う「垢姿の灑濯」の意味するところを、もう少し詳しく見て行くことにしよう。

一カ月後の書簡に次の一節がある。

私愚考仕（つかまつり）候処いつれ文武は武士の基本と定り居候得共、当時の世体深慮に可レ及（およぶべき）

区々の小武

場合に御座候はんか、武も武に依り剣戟の武は区々の小武に御座候はんか、実に剣は一人の敵にて一身の守戒と愚存仕候、自ら深き御遠略の処は奉察候得共、非常の時節は非常の大見定を据(すえ)すんは男児の仕業仕遂け難く御座候はんか、（八月七日付、横山宛書簡）

ここで森は、「武士の基本」たるべき文武に対して、鋭い批判の眼を向けている。それは儒学の「文」であり、剣戟の「武」であり、封建制の担い手である武士が、生涯をかけて錬磨すべき条目でもあった。その「武」に対する考えを深く改めろ、と森は言うのである。何故か。剣の道としての「武」は、その限りにおいては一人の敵に対して、一身を守戒する「小武」にすぎず、それでは到底現在の危機的状況を乗り切ることはできないと考えるからである。

非常の大見定

では、どうしたらよいのか。「非常の大見定」を持つことである。この「大見定」の内容を理解することは難しい。おそらく森は、情勢を見極めるだけの大きな視野と的確な判断力を持て、と言いたかったのであろう。日本の武士はすべて、因循で姑息な「小武」の観念を捨てて、国防というナショナルな視点から「武」を捉える必要がある。

廃刀論の伏線

すなわち、日本の危機を救う唯一の道として、武士自身による「武」に対する価値観の大幅な転換が要求されているわけである。これは、のちの「廃刀論」

の伏線となる要因として注目しておきたい。

これからさらに一カ月が経過した時点で、森の「灑濯」は、その精神の深層にまでおよび始める。森は言う。

何（いず）れ人間一度は宇宙を遊観せすんは十分の大業遂け難しと愚存仕居申候、私にも了簡未た頓と据え不レ申候得共、此度（このたび）渡海以来魂魄（こんぱく）大に変化して自分なから驚く位に御座候、私に於て第一学問する所人物を研究するにありと考ひ（ママ）付始終心を用ひ汚魂（おこん）を洗濯仕居申候、（九月朔日付、横山宛書簡）

人間たるもの一度は世界を周遊しなければ、大事業を達成できるものではない。なぜなら、世界の人情風俗を詳らかに観察研究して初めて、人間には大局を見極める視野と判断力とが備わるからである。自分は、まだまだそうした「了簡」を持つまでには至っていないが、精神的な変化には驚くばかりである、と森は吐露している。ここで森は自己の東洋的「魂魄」の一層の変化を期待する。それには、まず第一に「人物を研究」しなければならない。そうすることで、森は自らの「汚魂」の洗濯をするのだという。森の言う「汚魂」とは、封建的、儒教的な因習にまみれた卑屈な精神のことである。その「汚魂」が奇麗に洗浄された暁には、おそらく自分にも「了簡」が備わるに違いない。森はそう考えたのである。森がこの時、自らの学問として選んだ「人物研究」の意味は重い。それは、自己を含めた人間そのものへの深い探究を意味していた。

人物研究

そして、急激な環境変化に耐えつつ、国事につくす強靱な精神力を養うため、毎朝冷水をかぶったり、一定時間綱のぼりや散歩・力仕事などをして、森が自らの体力健康保持に心がけ始めたのも、この頃であった。精神と肉体双方の厳しい鍛錬を通じて、森は自己変革を試みようとしていたのである。

体力の保持

二　ロンドン大学

十月の新学期を迎えて、森たち留学生は、ロンドン大学のユニヴァーシティ・カレッジに聴講生(student not matriculated)として通うことになる。学部は法文学部(Faculty of Arts & Laws)である。学籍簿にはいずれも変名で登録されている。一八二八年創立のロンドン大学は、彼らの入校当時、ユニヴァーシティ・カレッジとキングス・カレッジの二つのカレッジから成り立っていた。そのうち、ユニヴァーシティ・カレッジは法文学部と医学部の二学部で構成され、学生総数は両学部合わせて約四百五十名、それに予科 (Junior School) が付属していた。

ユニヴァーシティ・カレッジへ入学

カレッジ選択の理由

　彼らが特にユニヴァーシティ・カレッジをその入学校として選んだわけは、ウィリアムソン博士の存在とロンドンという地理的理由のほかに、宗教上ならびに教育上の大きな理由があったからである。無宗教性を特色とする大学であったため、異教徒でも自由に入学できたこと、それに十九世紀の科学的風潮と当時の中産階級の教育要求に即応して、実践的な科学教育を施すことで定評があったことである。西洋の科学技術を習得しようとする「東洋の異教徒」たちにとって、まさに恰好の修学場所であったわけである。

法文学部の教授たち

　一八六六年度において、彼らと同じ聴講生の資格で在籍した学生は、全部で百三十名、日本人は無論、彼らと長州人のみである。当時の便覧によると、学部長のチャールズ＝キャセル教授以下、経済学のケアンズ、歴史学のシーリー、物理学のフォスターなど、錚々たるメンバーが教授陣に顔を揃えている（Calender of University College, London: Session MDCCCLXVI-LXVII）。

森の学んだ科目

この大学で森が学んだ科目は、歴史、化学、物理、数学等、自然科学系を中心にした普通学であり、特に数学の力は抜群で、在学二年の間に、球面三角法なども習得したと伝えられる（海門山人『森有礼』）。

　国立国会図書館所蔵の「畠山文庫」中に、留学生の一人であった畠山義成が、ロンドン大学時代に使用したと思われる教科書若干が含まれている。畠山の専攻は陸軍学であ

大学で使用した教科書

ったが、森もおそらく同じものを使用したであろう。ダンキンの『天文学便覧』(*Handbook of astronomy*, 1867)、フォスターの『自然哲学便覧』(*Handbook of natural philosophy*, 1866)、スノーボールの『平面及び球面三角法の要綱』(*The elements of plane and spherical trigonometry*, 1863)、ドロルムの『英国憲法論』(*The constitution of England*, 1853) などが、その目ぼしいものである。森も畠山も、こうした書物の内容を理解するために、人一倍必死の努力をしたに違いない。現に、畠山の書物には、彼の手でアンダーラインやメモが随所に書き込まれており、必死で勉学した様子が偲ばれる。

当時の英国

当時の英国は、ヴィクトリア朝の最盛期にあたり、まさに「イギリスの平和(パクス・ブリタニカ)」を謳歌した時代であった。時代の象徴的存在であり、「オールド・パム」の愛称を持つ首相パーマストン卿が病没したのは、彼らが入学したその月であった。それは、とりもなおさず本来的な貴族政治の終焉と、古い秩序の解体とを意味していた。積極的な海外発展により、世界の工場としての地位を独占し、経済的繁栄をほしいままにしてきた英国であったが、その平和と繁栄にもいつしか翳(かげ)りが見え始めていた。アメリカやプロシアの新興資本主義諸国の世界市場進出や、国内での労働階級の台頭がそれに拍車をかけた。亡命ドイツ人のカール＝マルクスらの提唱で結成された第一インターナショナル(国際労働者

ロンドン大学での勉学

薩摩藩英国留学生

（慶応元年6月，ロンドンで撮影．前列左から森，松村淳蔵，中村博愛，後列左から畠山義成，高見弥一，村橋久成，東郷実古，名越時成）

協会）は、一八六五年九月、ロンドンで第一回大会の準備会議を開き、ロンドンの社会主義者や共和主義者たちが多くの社会主義者や共和主義者たちがロンドンに集まった。一方、自然科学の発展という時代の流れの中にあって、人々は人間の知識の進歩、社会の進歩に対して絶対的な信頼を抱き、濃厚な唯物主義の傾向が強まって行った。

こうした新しい時代の息吹きを鋭敏に感じ取りつつ、森たち留学生はロンドン大学での勉学に励んだ。カレッジを取り巻く科学的、実証的な雰囲気の中で、森は多くの新しい事実を発見して行く。彼が実証主義的な教育を受ける上で、数多くの有能な指導者を得ていたことは前に見た通りである。中でもウィリアムソン博士は、公私にわたって大きな影響を受けた人物であった。博士は当時、医学部の副部長であり、法文学部では応用化学を講じていた。ウィリアムソンは、思想的にはジョン＝スチュアート＝ミルの功利主義やオーギュスト＝コントの実証哲学の信奉者であり、カレッジではコスモポリタン的な見地から、普遍的な大学教育の実践をめざしていた。

ウィリアムソンの影響

カレッジに入学して一カ月後（旧暦十月初旬）に認（したた）めたと思われる兄宛ての書簡の中で、藩校造士館の伝統的旧風を批判し、人物養成を主体にした合理的教育への改善を求めているのも、すべてこうしたカレッジでの実証主義的教育の経験を踏まえてのことであった。

国際政治への関心

また、カレッジの国際色豊かな学風は、森に国際政治への関心を植えつけた。それは、新納刑部、五代才助、堀壮十郎らの視察組が、三カ月にわたるヨーロッパ大陸の巡遊を終えて、ロンドンに帰着した頃でもあった。彼らはベルギーの首府ブリュッセルで、モンブラン伯爵と「商社設立仮条約」を調印し、プロシア、オランダと巡って、フランスのパリでは万国博覧会参加への予備折衝を行い、十一月三日（新暦十二月二十日）にはロンド

五代たちの動向

ンに戻っていた。五代は、すでに大陸視察の半ばで、「天下列藩志を一にして国政の大変革を起し、普く緩急の別を立、富国強兵の基本を相守、国政を振起せば、拾余年の功を待たず、亜細亜に闊歩すべし」（十月十二日付、桂久武宛書簡）と国許へ書き送り、富国強兵を基本にした挙国一致の国政変革を唱えていたが、帰着の時点で「富国を知らずして強兵は出来ず」との見解は一層確固たるものとなっていた。そして、西洋文明をその根軸で支えている盛大な産業力の正体を、五代は次のように指摘する。

「インヂストレード」と「コンメンシアール」

欧羅巴に於て国家の基本たるもの二あり。「インヂストレード」、「コンメンシアール」と云ふ。「インヂストレード」は、種々の機械を開ひて、万物を随意に製作して、蓄財の基とすることなり。又「コンメンシアール」とは貿易なり。此二を以て国力を充たし、強兵に及ぼすことなり。（十一月十一日付、野村盛秀宛書簡。『五代友厚伝記資料』第四巻）

すなわち、ヨーロッパ列強の国力の基本は工業と貿易だと言うのである。日本の場合、この内、工業が最も開けておらず、今後日本が採るべき富国強兵の具体策としては、早急な「インジストレード」の開発（殖産興業）以外にはないと断言する。そこで、「人質強慢」にして地球上の広さを知らない頑愚な公家・大名たちの多くを、どんどんヨーロッ

五代の富国論

パに送り込み、西欧文明社会における富国の実態を知らしめ、「皇国の全力」を尽くして「国体政務の得失」を論じなければ、現在の日本の危機的状況は到底救えない、と結論づけるのであった。

フランスへ渡る

西周との邂逅

森も、こうした五代の遠大な抱負を聞き、その少なからぬ影響を受けたであろうことは想像に難くない。しかも、五代たちがパリに滞在中、森はおそらく自らの見聞を広め、その国際感覚を磨くためにも、フランスに渡ったに違いない。その地で、滞仏中の幕府理事官柴田剛中一行の噂を聞き、オランダから帰国途中の幕府留学生西周助（周）や津田真一郎（真道）とも会っているはずである。西はその回顧談の中で、帰国途次の慶応元年十月、パリで寺島、五代、新納らとともに、森にも出会ったことを語り、「其次ハ森有礼君ナリ、余此時ヨリ知ヲ辱ウシタリ」（「和蘭より帰路紀行」『西周全集』第三巻）と記している。

危機意識を持つ

カレッジの校風、フランスへの旅、五代や西との談論など、様々な人と環境が織り成す新しい生活変化の中で、森は日本に対する鋭い危機意識を持つ。

社稷を重んし君を軽くする

謹て惟るに即今日本の情形恐多くも天歩殆んと艱難にして皇地已に外夷の咽を過んと欲す、就ては臣子の情御互に愁嘆の至如何して寸志を報せん、恐多くも伏して万慮仕候にいつれ此上は社稷を重んし君を軽くするの機予め着眼仕処に候はん

人情風俗の観察

か、（中略）仍て勘考仕候に諸共に生死を論せす一度滄浪の濁波を鎮静して国家の綱維を伸張し皇威四洋万国に及すの大義、人臣時に当て力を尽すの当然此事に候半か、（中略）いつれ其力を求めすんは万事施し難く其力如何して之を得ん、実に世界を周遊し其国体は勿論人情風俗を観察仕候儀第一と奉レ存候、外に二三芸の学を学ひ伝習し及ひ厳父母の志をも伝受し、次には両亡兄の御遺趣を貫き終に青史の上にも名を汚さん事を偏に注意仕候。（十二月三日付、横山宛書簡）

人力の養成

「一君万民」論的な発想

ここで語られているナショナルな視点を持つ危機感は、まさに五代のそれと同じである。国際社会における権力政治の実態を知った森は、日本の危急を救うには、西洋の軍事や科学技術の摂取による国力充実だけでは不充分であり、その基礎ともなるべき「人力」の養成が不可欠だと痛感する。森は、「皇威四洋万国に及すの大義」のためには、「人臣」が一体となって力を尽くす必要があると言っている。彼の眼中にすでに「藩」はない。それが森に「社稷を重んし君を軽くする」とのラディカルな言葉を吐かしめる。ここで森は、個々人の忠誠行為としての忠君観念を完全に否定し去り、人臣が直接国家（朝廷）に対して忠誠を尽くすべきだとの「一君万民」論的な発想を持つに至る。では、いかにしてその「人力」を養成しうるか。すなわち、人々がまず第一に世界を周遊し、各国の国体、人情、風俗を観察研究することが基本であり、技芸の習得はそのあとだ、というのが森の意見であった。

ローレンス＝オリファント

これ以後、森の日本への危機感、国際社会に対する関心は、統一国家への模索と絡み合いつつ、次第に高まって行く。この時期、そうした森の政治社会への関心を呼び起こし、世界の現実政治への眼を開かせてくれたのは、当時英国下院議員の要職にあったローレンス＝オリファント (Laurence Oliphant) であった。オリファントは、外交官として来日経験もあり、親日家として評判の高かった人物である。小説家、紀行家としても著名であると同時に、そのすぐれた政治的才覚によって自由党の若手議員として将来を嘱望されていた。スコットランドの旧家の出身で、トーマス＝グラヴァーとは同郷の誼で親しい間柄にあった。彼に留学生のことを紹介したのは、無論グラヴァーである。

ローレンス＝オリファント

寺島の外交活動

松木弘安（寺島宗則）の外交活動を援助し、英国外務省当局との間に周旋の労をとってくれたのも、このオリファントであった。この頃、松木は、幕府による貿易独占権の排除と各大名領内における貿易の自由化とをめざして、英国側の援助を求めるべく積極的な外交活動を展開していた。松木の「対英外交工作」として幕末外交史上名高いものである。松木の究極に意図したところが、通商条約批准権の移動による幕府権力の奪取であり、朝廷を中心にした雄藩連合政権の樹立であったことは言うまでもない。

「国の在り方」への模索

具体的な世界観

こうした松木の対英折衝を身近に眺め、オリファントの論説に耳を傾けながら、森の国際感覚は徐々に磨かれ鋭くなって行く。そして、先の書簡から半年が経過した時、森の世界観はある結論に到達しているのである。それは、鋭い危機意識に導かれつつ、日本が今後とるべき「国の在り方」を模索していた森にとって、弱肉強食的な権力政治に彩られた国際社会から、自ら努力のすえに見出した具体的な世界観であった。慶応二年六月三日付の兄宛ての書簡で、森は次のように言っている。

ロシアは「真の強」にあらず

世人の多くはロシアを「強国」と言うが、それは見せかけだけであって、「真の強」ではない。英米仏三国などとは、とても比べものにならない。寒冷という地理的環境をうまく利用して、敵を防いでいるにすぎない。では、あれほど広大な領土と最強の軍備を持ちながら、「真の強」と言えないのは、地理的特異性からだけなのか。否、である。問題はもっと根本のところにある。近年のポーランド、スウェーデン、そしてわが対馬における「不義不法」の侵略的行為を見てもわかる通り、第一にその国際的道義の欠如である。そして、第二は、「国政皆国論にあらず一切帝より出つ」というツァーリズムの弊害である。しかも、その「帝」をもって、国人は「神」と見なしている。その「愚」かつ「不義」の甚しいこと類を見ない。

国際的道義の欠如
ツァーリズムの批判

それに引替え、米国は新興国家ではあるが、「国家の政大小」を問わず、ことごとく「万民と謀」り、「公平正大」の政治を行っている。西洋人も多く、後世力を持つ国は米国であろうと推察しているほどである。重要なのは、この米国がロシアのように「外国に念を掛け」る侵略的所業がいまだ一度もない、ということである。自分も、日本が将来において親交を結ぶ国は、この米国をおいて他にないと判断し、一年後には渡米するつもりである。

米国の国政讃美

以上の森の言葉からもわかるように、彼は国際的道義の有無と民主的政体の是非によって、国家の優劣を判別し、世界の大勢を見極めようとする。ここに見られるロシアに対する強い不信感と米国への讃美は、明らかにオリファントの影響によるものと考えられる。だが、そこには、専制政治の弊と共和政治の長所という識別以外に、弱肉強食的な力関係のみではなく、「正道」に基づいた信頼関係によって国際秩序が維持されるべきだとする、ある新しい意識が働いているようである。それを国家平等の観念の萌芽であるとみるならば、国際観の上でも森は明らかに儒教的な華夷観を克服し、近代的なそれへ一歩近づいていたことになる。いわば、対外的危機を克服するにあたって、武備の充実のみならず「人力」の養成による国内体制の変革が必要不可欠だとする、人間を基本に据えた森の政治意識が、彼にこのような国際的な相互性に対する認識を深めさせる結果となったのではなかろうか。

国家平等の観念の萌芽

国際的な相互性への認識

いずれにしても、森はこの時、国家の在り方を模索する問題意識の中で、人間の果たすべき役割を深く考え、自分たちがそれにどのように対処して生きるべきかを鋭く追究しようとしていた。国家と人民を結ぶ絆をどこに見出すか。それが森の生涯をかけた課題となって行くのである。

三　ロシアへの旅

留学仲間の帰国

森は二年目の夏を迎えた。すでに数人の留学仲間が帰国しており、英国に残って勉学を続けていたのは、森を含めて七名しかいなかった。督学の町田民部以下、畠山丈之助、市来勘十郎、森金之丞、鮫島誠蔵、吉田巳二、それにスコットランドにいる磯永彦輔である。この時期、仲間の半数近くが帰国したのは、神経を病んだ村橋直衛の場合を除いて、おもに経済的理由からであった。大世帯による留学生活には多額の経費を必要とした上、藩からの送金も途絶えがちとなり、彼らの勉学にも支障をきたし始めていた。それに、この頃藩地では、さらに数名の第二次留学生の派遣が計画されており、彼らのために英国留学生の人員を削減する必要にも迫られていたのである。

夏期休暇の大旅行

こうした厳しい状況の中にあって、一八六六年のこの夏、町田と磯永を除いた全員が、あえて夏期休暇の大旅行を敢行することになった。英国以外の地を訪れることで、彼らの世界観を広げ、大いに国際感覚を磨こうというのがそのねらいであった。旅行先は彼らの自由意志に任せられた。鮫島と吉田は英国各地に遊んだ後、オリファント議員と一緒に米国へ行くことになり、畠山は独りフランスへの旅路を選んだ。そして、森は市来とともにロシア行きを決意したのである。森がロシア行きを決めたのは、三つの理由か

ロシア行きを決意

らであった。第一は以前から国政批判の対象として関心を持つロシアの実態を、自らの目で確かめたかったこと、第二に航海術の実地訓練を試みたかったこと、そして第三にペテルブルグに滞在中の幕府留学生たちに会って、お互いの心事を語り合いたかったこ

と、以上である。

『航魯紀行』

松村淳蔵（市来）の回顧談によると、この時両人にロシア旅行を勧めたのは、ロンドン大学のウィリアムソン博士であったという。『航魯紀行』と題するこの時の森の日記が遺っている。一カ月に渡る旅の印象と、折々の森の心情が流麗な雅文体を以て克明に綴られている。冒頭の一節を引用してみよう。

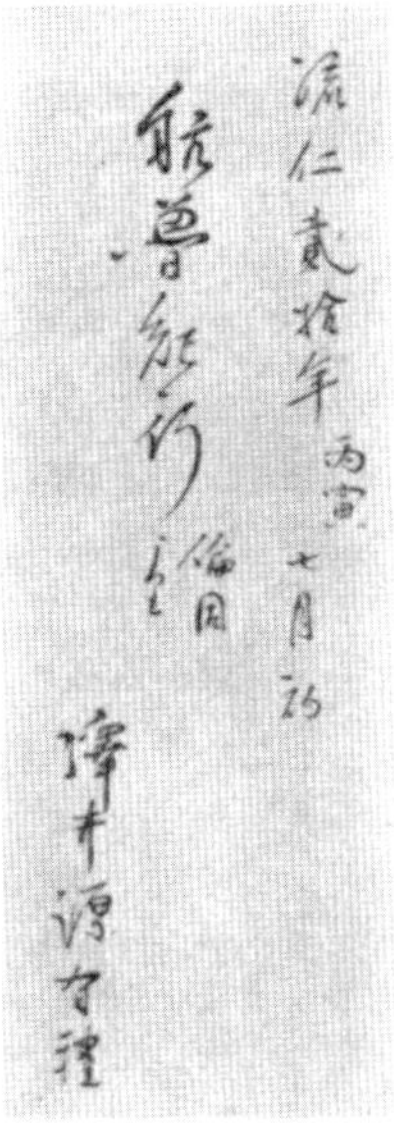

『航魯紀行』表紙

松村氏ハおのれとハもとより船子の仕事をむねとするなれば、いざやこたびハよき折なれば諸共ニ海辺ニおもむき棹させど底ひも知らんわたつミの沖辺遥ニ乗出し、わが学ひの一をも得はやと契れり、

海軍修業の道を捨てず

森は、松村と同じくロシアへ旅立つ直前まで、藩命による海軍修業の道を捨てていなかったことがわかる。「おのれはもとより船子の仕事をむねとする」という言葉には、自己に課せられた責務を忠実に果たそうとする、森の真摯な姿を認めることができる。

オリファント議員が書いてくれた駐露英国公使ビュカナン（Andrew Buchanan）宛ての紹介状を携えて、森と松村の二人は、八月一日（旧暦六月二十一日）の夕刻六時頃、ロンドンを

ニューキャッスルに到着

出発した。翌日夜にイングランド北部の工業都市ニューキャッスル・オン・タイン(Newcastle-on-Tyne)に到着、便船の都合によりここで一週間を過す。市の高台にあるピクトンプレイス五番地の小さな宿屋に旅装を解いた森たちは、そこの女主人から非常に親切なもてなしを受ける。名をミリー(Millie)と言い、五十年配の女であったが、持病があるらしくたいそう大儀そうに働いていた。その不自由な身体を厭わずに、女主人は見ず知らずの異邦人である彼らに対し、実に親切に世話をしてくれるのであった。森は感激のあまり、「感動するに余りあれり」と書き記す。しかも彼女が、「世間の人間の交わりというのは、お互いに助け合って他人も自分も別け隔てなくするのが、人間を他の動物と区別してお造りになった神の御意志である」と語った時、森は初めて、西洋の人倫観の中に、儒教的な名分秩序とは全く異なる、人間が人間として、その世俗的価値の如何を問わずに尊重されるエトスが存在していることに気づかせられる。だが、そのエトスを根底で支えているものがキリスト教信仰であることに、森は気づかない。この時点では、キリスト教は森の理解の外に置かれていた。したがって、正直者であるはずの女主人が、キリスト教を信仰し、「鬼神の説」を説いて、彼らに礼拝に行くことを勧めるのを、甚だ訝(いぶか)しく思うのであった。

宿の女主人の親切

西洋文明のエトス

人間性の尊厳への理解

この「人間性の尊厳」という事実に対する森の理解は、聾唖院と盲院を見学した際の記述からもうかがえる。両施設ともに夏期休暇で生徒は一人もいなかったが、教師の説明から、唖者や盲人が手話や点字という方法によって、彼らの意志を表現できるよう教育され、しかも生業を得せしめるための職業訓練まで行われている事実を知って、森は驚きの色を隠せなかった。西洋の「開盛」の根源にあるものが、人間性の尊厳という普遍的な精神であり、そこに文明と非文明とを分つ基準があることを、森はこの時はっきりと感じとったのである。

タインマウスを出帆

八月八日の昼過ぎ、森と松村は、石炭運搬を主とする三本檣のバーク型帆船ジョージ・アンド・エミリー号（George and Emily）に乗って、タインマウス（Tynemouth）の港を出帆した。途中大時化に遭い肝を冷やしたり、檣上に登り地球が円いことを初めて実見して感激したり、測量運用術の訓練に苦労したりしながら、二人は楽しく貴重な二週間の船旅を体験した。船が目的地であるロシアのクロンシュタット（Kronshtadt）に到着したのは、八月二十三日（旧暦七月十四日）の午前九時半であった。

クロンシュタットに到着

港内には、軍艦のみならず、商船も多数碇泊して、大混雑を呈していた。当日の日記で、森はロシアの軍備状況や産業事情を詳しく記したあと、ツァーリズムの弊害を次のように批判する。

ツァーリズムの弊害

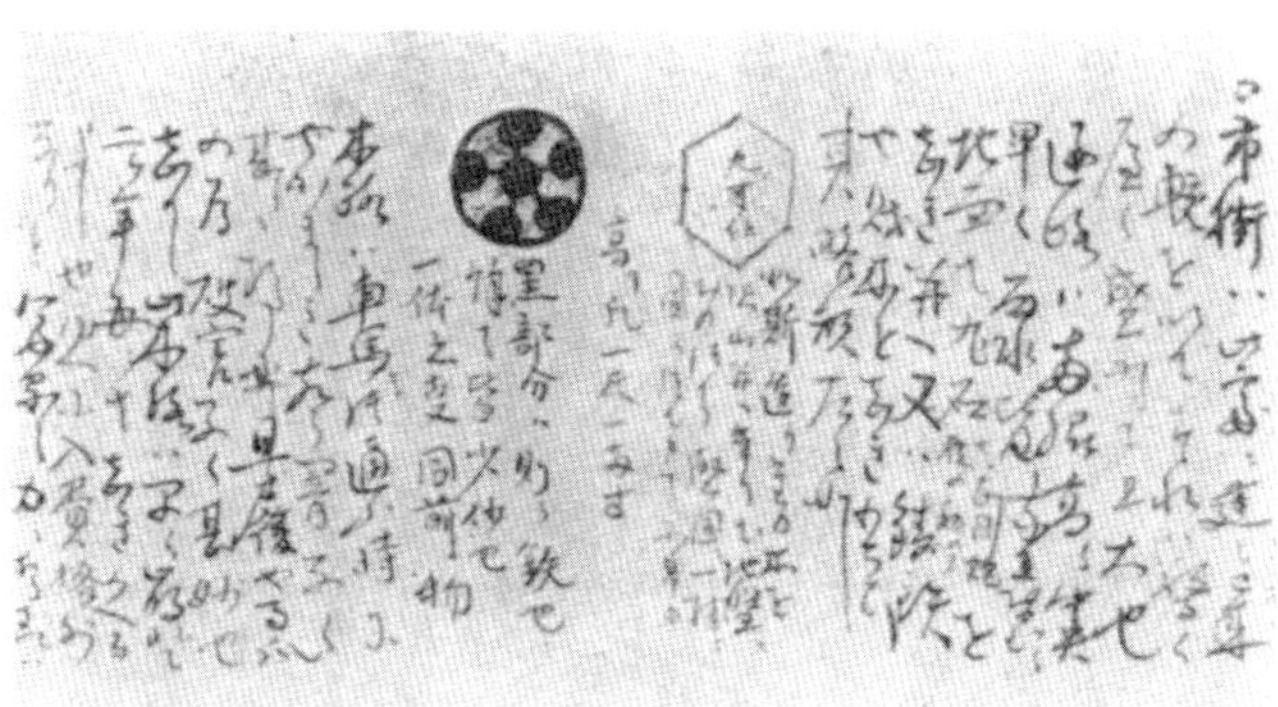

『航魯紀行』部分

> 此国ハ政法両ながら酷にて、且奇也、米英等と同日の論ニあらす、初め此国ニ入る哉、国の大禁を問ふに政事の談論を切ニ禁すと、其他許多あり記シ難シ、此国でハ事々物々皆帝の意ニまかす。人民また帝を尊ふ事神仏の如く、殆と和漢の風習とひとし、国の開けさる事知るへし。

新しい国家の在り方を追究する森が、ロシアの専制政治を米英との比較の上で、「酷」かつ「奇」として批判するのは、しごく当然であった。国王そのものを神格化するツァーリズムの国体を、「和漢の風習」と同一視することで、未開なるものとして否定する。だが、近年の「農奴解放」など、アレクサンドル二世による一連の内政改革によって、従来の「奇政」は変革されて、ようやくロシアは「リバチー」なる政体に向かおうとしている。森はそうも付け加

「リバチー」の訳語

えている。彼は、ここに「寛政」と添え書きして、リバティーの訳語にあてている。自由という訳語が定着していなかった当時にあって、森が苦心のすえに訳出した言葉であったろう。いわゆる「寛裕な政体」に対する森の積極的な共感の姿勢がうかがわれて興味深い。

ペテルブルグに赴く

幕府ロシア留学生

翌日、森と松村は、船長同伴でペテルブルグに赴く。英国商人のモルガン(Edward John Morgan)なる人物の世話で、市内中心部に位置したフランス系ホテル「ホテル・ド・フランス」に宿をとった両人は、早速その日の晩方、幕府留学生一行を訪ねている。山内作左衛門を筆頭に、緒方城次郎、市川文吉、大築彦五郎、小沢清次郎、田中二郎等六人の留学生たちは、慶応元年七月に箱館を出帆し、翌年二月にペテルブルグに到着、元箱館領事ゴシュケヴィッチの斡旋で一家を借りて、共同生活を営みながらロシア語の勉学に励んでいた。二人の突然の来訪には、彼らもおそらく肝をつぶすほど驚いたであろう。

山内作左衛門と意気投合

森は、年長者で学識もある山内とはかなり気が合ったらしく、大いに国事を論じたようである。幕臣の山内が勤王論を吐き、挙国一致、一君万民論的な所論を語ったことは、森にとって意外であると同時に、心強くもあり嬉しくもあった。「国事を談するいたってハ可二嘉喜一矣、此人々等幸ニ関東魂を不二持抱(もちいだかず)一、頻(しきり)ニ京師を護する之志操あれり」と、森は楽し気に書き記す。

幕府留学生たちとの歓談のひとときを過したあと、二人はもう一人の日本人、橘耕斎と会っている。遠州掛川藩の出身で、本名を立花久米蔵と言い、安政二年にロシアに密航、この時は外務省アジア局の日本語通訳官の身分であった。森はこの男から、ロシアの国勢、人情、風俗など多くの情報を得て、そのロシア観を確かなものとしている。

森は概してロシアを文化的に後進国と見ている。三つの理由からである。一つは、ロシアが軍事、医学など科学技術の多くをヨーロッパの先進諸国から移入する外来文化依存の国であって、ロシア語は国際語としては全く通用しないこと、もう一つは、国民性は実直朴訥、いわば「田舎風」であるが、その背後には隙あらば他国を侵略しようという野心が常に働いていること、第三に、蛮習とも言うべき「遺物争い」と「夫婦の不別」の問題が現然として存在していること、である。この内、特に「夫婦の不別」については、かなりの語数を使って、その不義不実を慨嘆している。この場合の「別」とは、無論差別の意ではない。夫婦間に存在する人倫秩序のことである。人倫の大本たる「夫婦の別」の操守観念の根本的欠如が、現今のロシア社会における姦通と私生児問題を引き起していると見る森は、「色欲」を人間自然の本能として肯定しつつも、夫婦間の倫理を

橘耕斎との出会い

ロシアを後進国と見る

「夫婦の不別」を慨嘆

人間の「色欲」肯定

それとは別種のものと捉える。それは、日記からは詳らかにし得ないが、おそらく森は、夫婦それぞれの家庭的、社会的役割と責務の分担のことを言おうとしたのではなかったろうか。「夫婦を別にするは人の大倫ゆるがせにすへからす」と、森は激しい語調で記す。従来の儒教的人倫観とは相容れない新しい倫理秩序としての「夫婦の別」の大切さを声高に唱え、それが徹底されねば文明は進歩しないとまで考える。この問題をきっかけに、森は男女対等による近代的夫婦関係を模索し始めたようである。後年の名文「妻妾論」の基本理念は、ここに萌したと見てよかろう。

「妻妾論」の基本理念

ところで、このペテルブルグ滞在中、森は精力的によく動きまわり、多くの人々と会っている。冬宮やピョートル宮殿（ペテルゴフ）、エルミタージュ博物館見学の際には、ロマノフ王家の華麗なまでの偉大さに心を打たれ、クロンシュタット入港中の新造鋼鉄艦トリッドシップの威容には、恐怖にも似た驚愕を覚えるのであった。また、駐露英国公使ビュカナンをはじめ、外務省アジア局長ピョートル＝ストレモウホフ(Pyotr Stremokhov)、日露通商条約締結の際の立役者プチャーチン提督、それに元箱館領事ゴシュケヴィッチといったロシア政界の重立った人々に会い、親しく言葉を交わせたことは、国際社会における日露関係を知る上で、森にとって大きな収穫であった。

ロシア政界の要人たちとの出会い

十日間にわたるロシア滞在を終えて、森と松村は、九月三日（旧暦七月二十五日）の午後七時、クロンシュタットを出帆した。一週間後の九月十日、英国のイングランド東部にある古い港町キングストン・アポン・ハル（Kingston-upon-Hull）に到着した時、森は、「わが国へ帰りたる心地せり」と書き記し、「遊中諸事快々〳〵」の言葉をもって、『航魯紀行』を閉じている。

キングストン・アポン・ハルに帰着

四　渡　米

ロシア旅行からの帰途、森は国許の兄横山安武に宛てて、重要な手紙を書いている。日付は慶応二年七月二十六日（新暦九月四日）である。かなり長文のもので、国家の在り方に関する森の見解が主な内容となっている。

冒頭で、四書五経の読解を中心とする儒学を「頑愚」として斥け、「博学」の基本は、古今東西にわたる世界の歴史に通暁することだと述べたあと、「国家の改良」について、森は次のように提起する。

国礎の学

諸技学は捨てて国礎（自註　則ち法の学にて今日本にて大目付の職）の学は如何。其故は御存しの通法は国の大本、法不明にしては治国安民の事決して出来難し、たま〳〵我国伝来叶ひし法は立居候得(ママ)多くは苛酷の法にして人情に遠し、無きに勝るの法なきにしもあらす、外国の法と雖(いえども)又同し。併(しかし)私爰(ここ)に着せしより以来已(すで)に一暦に盈(み)ち其間耳目に触るる所の英の法に於て曽(かつ)て不理の法なく、我国の法と比較を為せは反て我法は不理且人情に遠き法のみにして実に慚愧(ざんき)に堪へ不レ申候。斯(かか)る弊法を持して争(いか)て国家の改良を得ん。

国家の改良

法制の重視

兄に技芸の学問をやめて、法律を学ぶように勧める。理由は、法律こそ、国家の基本となるべき「国礎の学」だからである。立法が定まらなければ、政治は行い得ない。わが国の法律は、英国の法律と比較して、「理」と「人情」に適っていない。ではどうすれば、良法を得て、国家の改良を果たせるというのか。このあと、続けて森は言う。「万国の法制」を、わが国「伝来の古法」と折衷して、新に「公平不抜」の大制度を立てればよいではないかと。そのためにも、現在日本の人々が、洋学の基本として法律を学ぶ必要があると訴える。森は、法律を「本の学」として捉え、その他の諸芸諸術たる「末の技学」とはっきり区別する必要があると考えるのである。こうした森の法制重視の学問観には、当時の英国社会におけるベンサム主義的な立法思想、社会改良思想の影響が多分に作用していたであろうことは否めない。だが、森の所論で注目すべきは、わが国伝

伝統制度の尊重

立法を基軸にした国家改革の構想

統制度への重視であろう。続けて、「我国の制度早く諳知せされは各国の制度と比較出来難し、法の立様は其国の風に従ひ立されは反(かえつ)て害になるへし」とも言っている。国家の実情や社会関係の現実から遊離した法（制度）の制定を、森はその伝統尊重の立場から否定しているわけである。日本の制度を深く知り究めることが、国家の改革にあたる者の真の役割であり、責務である、と森は感じていた。森の伝統尊重の意味が、保守主義的なそれとは全く異なることを、われわれは理解しておく必要がある。立法を基軸にした国家改革の構想は、この後も森の念頭を去ることはなかったが、こうした国情と歴史的伝統性に立脚した法制重視の姿勢は、常に変わることはなかったのである。

トーマス＝レイク＝ハリス

ロシアの旅を終えてロンドンに帰着した時、森の周辺には、新しい事態が起りかけていた。他の仲間も旅先からようやく戻り始め、多くの耳新しい出来事を語って聞かせた。オリファントと米国に行った鮫島と吉田の体験談は、とりわけ森の興味を惹いた。両者が一夏を過した所は、神秘的宗教家といわれるトーマス＝レイク＝ハリス（Thomas Lake Harris）が主宰する「新生社」（the Brotherhood of the New Life）と呼ばれる特殊なコロニイで、当時ニューヨーク州アメニア（Amenia）に本拠を置いていた。ハリスは、スウェーデンボルグ派の流れをくむスピリチュアリストであると同時に、ラディカルな社会改良主

不可思議な体験談

トーマス＝レイク＝ハリス

義者でもあった。彼は新しい文明世界の創造と再生とをめざしていた。アメニアのコロニイは、真のキリスト教回復と社会再生のための拠点であった。そこでは、自己の完全な否定と厳しい規律、激しい肉体労働による無報酬の神への使役を通じて、人間が再生をとげるための営みが行われていた。コロニイを訪れた鮫島と吉田は、そこで触れ得た愛の「気」(spher) と激しい労働の生活に感動し、ハリスの説く文明批判に深い感銘を受けたと言われる。彼らの不可思議な体験談は、早速他の留学生にも語られ、強い印象を与えた。森とて例外ではなかった。西洋の文明社会に無限の信頼を寄せつつあった森にとって、それはあまりに衝撃的な談話であった。この話を聞いて以来、森はハリスという人物に会ってみたい衝動に駆られ、その教理にひどく惹き付けられて行ったようである。

ちょうどこの時期、慶応二年（一八六六）秋から翌年春頃にかけて、日本から多くの留学生

日本人の海外渡航

や洋行者たちが海を渡ってヨーロッパにやって来た。慶応二年四月七日に、日本人の海外渡航が全面的に解禁になったことも理由の一つであったが、他の原因として、慶応三年四月に仏都パリで開催される万国博覧会への日本参加が考えられる。パリ万国博覧会に、日本から正式に出品参加の表明をしていたのは、幕府のほか、薩摩と佐賀の二藩のみであったが、その参加使節として多数の士人が派遣されることになったからである。

第二次薩摩藩米国留学生

同じ薩摩藩から第二次留学生として米国へ派遣された、仁礼平輔(景範)、江夏蘇助(栄方)、種子島敬輔、吉原弥二郎(重俊)、湯地治右衛門(定基)の五人が、渡米の途次ロンドンへ立ち寄ったのは、慶応二年九月七日のことであった。思いがけない邂逅の喜びにひたったあと、森たちは彼らと一週間の行動を共にする。森のめぼしい行動を、仁礼の日記から拾うと、九月八日にベーカー街のマダム・タッソー(蠟人形館)に同行、十一日には郊外グリニッチの天文台へ彼らを案内し、その日は夜まで付き合い、森の下宿先の主人グレインから茶の接待まで受けている(「仁礼景範航米日記」『鹿児島県立短期大学地域研究所研究年報』第十三号)。仁礼たちはこの後、米国に渡り、ボストン近郊モンソン(Monson)にある私立学校に入ることになるが、一年後に再び彼らが、アメニアのハリスのコロニイで相まみえることになるのを、この時はお互い知る由もなかった。

幕府英国留学生

彼らに続いて他藩や幕府から多くの留学生たちがロンドンを訪れた。森は、慶応三年正月二日（新暦二月六日）、着英直後の幕府留学生たちを、その宿舎であるウッズ・ホテル（Wood Hotel）に訪ねて驚かせている。その中には、中村敬輔（正直）、川路太郎（寛堂）、外山捨八（正一）、林董三郎（董）といった、後年森とともに日本の近代化を担うことになる人々の顔もあった。川路は、「漢英の読書これある一箇の人物なり」と森の印象を日記に記す一方、「万里以外に於て邦人に会遇するその歓び格別のものにて、その情妙なり」とも述べ、幕府も薩摩もない同じ日本人として、異郷の地で邂逅する喜びにひたっている。

川路太郎の森の印象

森の積極性や行動力もさることながら、彼にはこの時期、洋の東西にわたるその該博な知識にも、剛気で高潔な人格にも、すでに人の嘱目を集めるに充分なものがあったのであろう。森の人となりを語る川路の口吻（こうふん）には、それがはっきりと感じとれる。

ハリスの来英

こうして、多くの日本からの渡航者たちと接触を重ねる間にも、森の気持ちは、オリファントによる間接的な教導を通じて、ハリスへと傾いて行った。そうした折も折、ハリスがロンドンにやって来ることになった。一八六七年の春頃のことである。名目は万博遊覧と新しい著作の出版交渉であったが、実際には、吉田、鮫島以外の日本人留学生たちに会って、彼の世界再生計画の一つである「日本の問題」について、彼らと具体的な検討を交わすことに、主たる目的がおかれていたという。事実、ハリスは、このロンドン滞在中に「日本の予言」(A Prophecy of Japan)と称する日本再生プログラムを作成し、「政治的、社会的な日本の再編成」を企てたといわれる(林竹二「森有礼とキリスト教」『東北大学教育学部研究年報』第十六集)。こうした「日本の予言」が書かれた背景には、ハリス自身の教理だけでなく、日本人留学生たちの強い「救国の情」が存在していたであろうことは、容易に想像がつく。「国家が亡ぶ」という深刻な危機感が、彼らを神による「人間の新生」と「国家の再生」を同時にめざす、ハリスの教義へと導いて行ったにほかならない。

「日本の予言」

ハリスの人柄

ハリスは、雄弁で力強く、神秘的な魅力を湛(たた)えた男であった。しかも天賦の詩才と鋭い教説で人を魅惑した。彼の発散する知性は鋭く、個性の力は強烈であった。彼の魔力にとりつかれて入信する英国貴族や米国の富豪も多かったという。森も初めてハリスに会った時、その人格と個性に強く惹き付けられたに違いない。だが、それ以上に、森は人間と国家の在り方をめぐる二つの学の問題に導かれて、ハリスの教義そのものに深い関心を抱き、大きな魅力を感じていた。ハリスとの出会いは、森にとって「汚魂を洗濯」するための第二作業へのとりかかりを意味した。それは、西洋の真髄とも言うべきキリスト教的「神」へ近づく第一歩でもあった。

ハリスとの出会い

町田民部の帰国

留学生の建言書

薩摩藩万博使節と留学生（慶応3年．前列右から3人目が森）

ハリスと森たち留学生との関係が、いっそう緊密の度を増し始めたこの頃、督学の町田民部が帰国の途に就く。町田がロンドンを発った四月八日（新暦五月十一日）、その同じ日に、森は、吉田や中村宗見、それに来英中の薩摩藩万博使節随員野村宗七らと、スコットランドに居るハリスの許へと向かう（中井弘『航海新説』、『明治文化全集』第十六巻）。彼らの渡米に関する、具体的な相談のためであったのかもしれない。

町田が去った後、森たちは連名で国許の藩庁に対し、長文の建言書を書き送っている。七月十日（旧暦六月九日）の日付である。同書で、彼らは仏人モンブランに対する不信感を強く表明しつつ、薩摩藩が彼と交渉を持つこ

欧州人を非難

とに反対してその中止を要請、さらに、「古今の歴史で、欧州人が世界に災害を流布した事実は数え切れず、未だかつて自己の利害を考えないで、他人のために誠意をもって尽した欧州人など一人も見出し得ない」という「或翁」の説を引用して、論議は西洋人全体の批判へと及ぶ。「或翁」がハリスであろうことは想像がつく。このことは、建言書そのものが、ハリスの強い影響のもとで書かれたことを暗示している。そして、この欧州人に対する非難は、さらに英国を含むヨーロッパ全体の制度、政策への批判へとつながって行く。建言書の末尾に言う。

私共当国へ到着仕候砌（みぎり）ハ、朦（もう）々タル耳目ノ為ニ奪ハレ、万端歎賞ニノミ相傾キ居申候処、日ヲ経ルママニ、恐避（きょうひ）スヘキノ節漸（ようや）ク相顕（あいあらわれ）、当時ニ至リ一ノ善友ヲ求得、欧羅巴州ハ勿論、米州ノ風情モ委曲承リ、唯取ルヘキノ小ナルト、避（さく）ヘキノ大ナルトヲ理解セシ次第御座候、英之政府ノ形勢モ、外面ハ成程公平ノ哉ニモ、衆眉ハ相見得候ヘ共、反（かえっ）テ左ニアラズ、皆技巧権暴ノミト此英ノ説ヲモ承リ、実ニ其通之事御座候、己レヲ利センニハ、全ク道ヲ打忘、諸州諸島ヲ掠奪シ、反強拒弱ハ欧州米州ノ質ナリトモ可レ謂歟、（大久保一蔵、伊集院左中宛。『忠義公史料』第四巻）

帝国主義的政策への批判

批判の焦点は、道義を弁えず、利害の欲心にのみとらわれ、侵略行為をくり返す欧米諸国の弱肉強食的な「体質」、すなわちその帝国主義的政策におかれている。表面的には「公平」に見える英国も、ひと皮剝けば、「技巧権暴」にのみ支配された不義不法の国だと、「善友」の一英人が教えてくれたという。英人とは、無論オリファントのことであろう。西欧諸文明から学ぶべき点は少なく、忌避すべき点のほうが多い、というのがこの時点で彼らが得た結論であった。キリスト教的な文明批判の視点が明白に打ち出されている一文である。おそらく、森たちは、これを書いている時、すでにハリスへの従学を決意していたものと考えられる。この時期、彼らの手持ちの学資も底をついており、ロンドンのジャーディン・マセソン商会からも前貸し資金停止の通告を受けていた（門田明「薩摩留学生覚え書き」『英学史研究』第十号）。彼らがこれ以上英国で勉学を続けるには、彼ら自身が働いて学資を稼がねばならなかった。学資の欠乏という現実問題に、ハリスの教義に対する信仰心が重なった時、彼らは事実上、米国に渡る決心をしたとみてよいであろう。留学生たちが学資に窮している事情を知ったハリスは、彼らを援助すべきを直ちに快諾した。そして、彼らに向かって、「米国ニ渡ッタナラバ、半日位働イテ其余暇デ学問スルト宜シイ」と語ったという（鶩津尺魔『長沢鼎翁伝』）。だが、現実に、彼らが英国での勉学を打ち切って、米国へ出発するまでには、なお多くの障碍があったらしい。先発して、

キリスト教的文明批判

学資の欠乏

ハリスの援助申し出

オリファントの手助け

米国へ向かったオリファントは、出航間際にリヴァプールからハリスの秘書に宛てて、彼らが「そこを抜け出す」のを、ロンドンに行って手助けしてやって欲しいと、手紙で次のように懇願している。

彼らは人に迷惑をかけるのをひどく恐れるので、そういう願いをもち出せないでいます。彼らには神秘のみちびきと保護があるとはいえ、彼らは余りにも世間を知りません。他の援助なしにロンドンを離脱することができようとは思えません。今、国を離れるに当って、彼らの事を考えると涙が出るのを押えられません。彼らはそれほど真実で、愛すべく、忠実な人たちなのです。(一八六七年七月二十七日付、ジェーン・ウェヤリング宛書簡、林竹二「幕末の海外留学生」『日米フォーラム』十巻七号)

米国へ旅立つ

政界での偽善や腐敗、空虚な生活などに嫌気がさしていたオリファントは、人間の真に生きる道を見出すべく、議員としての地位も名誉も一切捨てて、ハリスの許へと走った。あらゆる障碍を乗り越えて、彼らが渡米を実現できたのも、オリファントの彼らに対する深い愛情と、彼自身の示した勇気ある行動があったればこそであった。森をはじめとする六人の留学生たちが米国へと旅立ったのは、八月上旬、オリファントがロンドンを去ってからわずか旬日の後であった。

五　ハリス農園

アメニアの「新生社」

ニューヨークから北へ約百二十キロ、州南部に位置するダッチス郡に、渓谷の町アメニアはある。トーマス＝レイク＝ハリスが、ここに「新生社」と呼ばれる共同体（コロニイ）を組織したのは、一八六二年である。このコロニイは、当時ニューイングランドの各地に、震教徒（Shaker）やブルック・ファーム（Brook Farm）等の共産体キリスト教一派が造った共同体組織（ユートピア・コミュニティ）と、さして変わりはないものであった。ハリスの共同体の生活は、'The Use と呼ばれ、農耕と葡萄栽培による労働奉仕を中心に営まれていたが、私有財産を認めないところから、ここではハリスが「枢軸」（Pivotal Man）として、全財産を掌握管理していたのである。それは、まさに人間が文字通り新しく生まれ変わるための鍛錬の場であった。メンバー各自に課せられた過酷な労働は、自己再生のための旧我否定の行であると同時に、社会再生のための神聖なる「任務」（Use）でもあった。したがって、自己を否定する意味で、彼らはそれぞれ俗世での名を捨て、お互いを特殊な社中名（Fairy Name）で呼び合っていた。

ボストンに到着

八月十三日（旧暦七月十四日）、ボストンに到着した森、畠山、鮫島、吉田、松村、それに

炊事、洗濯、パン焼きを任務とする

長沢の六人の留学生たちは、直ちにアメニアのコロニイに赴き、予定通りそのメンバーに加わった。到着後、彼らは他のメンバーと同じく激しい肉体労働を「任務」として課せられ、厳しい規律に縛られながら、自己再生への道を歩み始めることになった。

この時期の森の生活は、断片的にしか知ることができない。鷲津尺魔は、次のように語っている。

ハリス氏ハ鼎君渡米ノ頃、アネニアトイフ所ニ農場ヲ所有シ、鼎君ハ其葡萄園ノ苗木ヲ作ル労働ニ従事シ、森君ハベーカーノ仕事ヲ覚エケチン働キヲナシ、ソシテ日曜日ニハ洗濯ヲシタ。（『長沢鼎翁伝』）

炊事、洗濯、パン焼きといった、厨房関係の仕事が、コロニイでの森に課せられた「任務」であったらしいことがわかる。だが、彼はそうした「賤業」を厭わず、むしろ喜んで労働に従事した。それは、彼の労苦と「国家の再生」とが、分ち難く結びついていたからにほかならない。

森たちが渡った頃の米国は、南北戦争直後であり、人々は新しい国家の統一と、荒廃した南部の再建に努力していた。大陸横断鉄道の建設も始まり、大西部への広大な空間が開かれようとしていた。だが、コロニイの閉鎖的社会の内では、そうした米国の新し

ブロクトンに移転

ブロクトンのコロニイ本部跡（旧ハリス邸）

い活動の息吹きが伝わってくることも稀であった。

十月下旬、コロニイが新しい地に移転することになった。ニューヨーク州北部、エリー湖畔にある町ブロクトン（Brocton）である。新しいコロニイは、二千エーカーに及ぶ広大な土地に建設され、地内には、葡萄栽培を主とする農場、牧場、製粉所、醸造所、製材所、さらには店舗や学校、体育館までが建てられ、メンバーはそうした施設を利用しながら、農耕と労働にいそしんだ。移転した当時のメンバーの数は、およそ四十人ほどであったらしいが、一年後には六十人ほどに増え、その約半数が女性、その他スウェーデン人を主体とした雇用労働者の一団が加わっていたという。彼らは、ここを、「エリー湖のエルサレム」(Salem-on-Erie)と、親しみを込めて呼び称えた。

「エリー湖のエルサレム」

森は、長沢、畠山、松村らと、アメニアに暫く待機した後、その年の瀬も押しつまった十二月二十九日、ブロクトンの新しいコロニイに引き移った。先着の鮫島と吉田以外に、そこには五人の新しい日本人の顔があった。仁礼、江夏、湯地のモンソン留学生たちと、谷元兵右衛門(道之)、野村一介の両人である。いずれも薩摩藩士であり、前者三人が渡米の途次、ロンドンに立ち寄ったことは前に書いた。後の二人は、半年前に米国に着いたばかりであったが、モンソンで仲間からハリスのことを聞き、そのままアメニアのコロニイに赴きそこでの新奇な生活に感動、即座にメンバーに加わった。一方、五人のモンソン留学生たちは、留学一年目の夏に鮫島の突然の訪問で、ハリスのコロニイのことを知る。この鮫島のモンソン訪問は、一人でも多くの日本人をコロニイに誘引しようとする、ハリスやオリファントの指示でなされたものであり、日本再生計画を目論む「新生社」にとっては、予定の行動であった。この結果、吉原と種子島を除いた残りの三人が、コロニイのメンバーとなったのである。こうして、ブロクトンのコロニイには、薩摩藩からの留学生十一人が、ほぼ同時に入居する形となったのである。コロニイ内に

他の留学生の参加

鮫島のモンソン訪問

「日本人学校」の開設

多数の日本人留学生を迎え入れることに成功したハリスは、自らの日本再生計画の一環として、彼らのために「日本人学校」を開設、森たちが到着したこの日、「学校」の発足を記念して、ささやかな茶会が持たれたという。

「研究」の開始

一八六八年の新年を、ブロクトンの新しいコロニイで迎えた十一人の留学生たちは、ハリスの教えに導かれて、各自が「国家の回復」をめざして、「研究」を開始した。その「研究」は、自己の再生を通じて、はじめて成就すべきはずのものであった。このコロニイにおける彼らの生活の概略は、仁礼の日記から知ることができる。わずか三日間ほどの、覚えたての英語を駆使しての簡単な記述であるが、労働に明け暮れする彼らの生活が如実に伝わってくる。次に訳して記す。

ブロクトンでの生活

十二月十四日。土曜日。野田（鮫島）、永井（吉田）それに私は、朝食前に牛に水をやり、靴を磨いた。

十二月十六日。月曜日。四時半に起床。野田、沢井（森）、それに私とで靴を磨き、朝食後二時間ほど牛に水をやりに行く。四時、（ママ）何処かに牛の飲み水を探し出すために出かけた。

十二月十七日。火曜日。五時に起床。野田、沢井と私で食事の跡片付け、皿やコップ類を洗う。

教科書の蒐輯

教育への関心

日付は、正確ではない。森の名が見えるところから、多分年が明けて間もない正月中に、メモ風に書きとめられたものであろう。彼らは、毎朝四時半から五時には起床し、牛の水汲みから皿洗い、靴磨きなどを日課としていたようである。森がこのコロニイで与えられた「任務」も、アメニアの時と同じく家事労働であったらしい。しかも、その合間に、彼は、「教科書の蒐輯」に勉めたという。木村匡の伝記が語るところである。家事労働が自己再生のための仕事であったとすれば、教育研究は、森にとって国家再建のための「任務」であったのかもしれない。とすれば、森の教育への関心は、すでにこの頃から萌し始めていたことになる。

王政復古の情報

日本における王政復古実現の情報を、彼らが耳にしたのは、ブロクトン移転後二、三カ月を経た春近くでもあったろうか。この祖国変革の便りは、国家再建のために「賤業」まで厭わずに、身を挺して努力する彼らと、ハリスとの間に、微妙な変化をもたらしたようである。彼らが、日本人としての国家意識を抱いて、日本の再建に努力する限りにおいて、社会改良主義的なハリスの日本再生計画との間に、ギャップが生ずることは、避けられない事実であった。純粋にハリスの徒弟として、また真の「新生の兄弟」とし

ハリスとの対立

て、彼らの奉仕と再生とが要求されればされるほど、彼らとハリスとの溝は深まるばかりであったに違いない。五月中旬、彼らとハリスの対決は現実のものとなる。

日米戦争の論議

留学生たちがお互いに世界観を語り、人物談議に熱中していたある日のこと、もし日米戦争が起ったらどうするか、という論題が出た。中立を守るという者、米国を敵として戦うという者など、議論百出した。そこでハリスに裁断を求めたところ、ハリスは、「予ハ日米間ニ戦争ノ起ラナイコトヲ確信スル。然シ若シアリトセバ我等ハ神ノ為メニ戦フベキデアル。我々ハ世界ノ公平ト正義トニヨリ其是トスルモノニ与(くみ)スベシ。米国モ日本モ区別ガナイ。唯神ノ命スルトコロニヨリ正義ノ為メニ戦フベキデアル」(鷲津尺魔『長沢鼎翁伝』)と、静かに語ったという。国家のためではなく、あくまで神の名において正義とすべきもののために戦う、というのが彼の論理であった。愛国という観念は、ハリスにとっては、「私愛」に属する観念にほかならなかったのである。しかし、彼らは、祖国を再建するという強い意志のもとに、これまでの苦しい試煉にも耐えてきたのである。彼らは、ハリスのこの論理に承服できなかった。「神」のためではなく、「日本」のために戦うのだと、彼らは主張してはばからなかった。王政復古の情報は、さらに彼らのこうした気持ちに拍車をかけたことであろう。それは、宇宙国家的なハリスの理想主義と、強い国家意識に目覚めた留学生たちの現実主義との不可避的な対立でもあった。「日米戦争」をめぐるこの両者の対立は、留学生たちを分裂させ、一部の者は即日、コロニイから退去する決意をする。この結果、六名の留学生が、ハリスの許から去って行った。吉田と畠山はニュージャージー州のニューブランズウィックへ行き、同地のラトガース大学へ入った。また、仁礼、湯地、江夏、谷元の四人は、もと居たモンソン学校へ戻った。六月の時点で、コロニイに残っていたのは、森、鮫島、長沢、それに松村と野村の五人だけである。この内、松村は、すでに退去の意志を表明しており、七月にはニューブランズウィックへ向かう。

留学生たちの分裂と退去

コロニイ滞留を決意

森は、他の三人とともに、コロニイにとどまる決意をした。ハリスの教義を純粋に信じていたからである。彼は他の誰よりも、真摯に、そして忠実にハリスの教えを守り、「任務」を励行し、自己再生への努力を続けてきた。ハリスに導かれて「神」へ一歩でも近づき、自己という「人間」が再生し得たならば、彼の言う「汚魂洗濯」は成就されるはずであった。そうした自己再生を果たした上で、森はハリスの日本再生計画に基づいて、祖国の再建に取り組むつもりであったに違いない。

だが、六人の仲間が去った直後、ハリスは意外にも、「神託」と称して、森と鮫島の両者に対し、帰国を勧めたのである。日本人の大量退去で強い衝撃を受けたハリスは、自己の教義を純粋に信じて疑わない四人の日本人たちの内、森と鮫島の二人を選んで、彼の日本再生に関する当初の計画の一部なりとも、彼らに実行させてみようと思ったのかもしれない。いずれにしろ、この時のハリスには、二人が身につけ得た限りでの新生社の精神にしたがって、祖国の人民に尽くすことが、彼らの「内的状態」に照らして必要である、との判断が働いていたようである　(Arthur A. Cuthbert, *The Life and World-Work of Thomas Lake Harris, 1908*)。

ハリスの帰国勧告

六月七日(旧暦閏四月十七日)、ハリスの勧告に従って帰国を決意した森と鮫島は、翌八日にはブロクトンを出発した。そして、九日の朝九時頃、ニューヨークに到着、その日の正午の船で、直ちにパナマに向かったのである。チョーンシイ (H. Chauncy) という、十八世紀米国の著名な牧師と同名のその船が、パナマ地峡の海港アスピンウォール (Aspinwall) に入港した時、彼らは残留している同志七名(吉田、畠山、仁礼、江夏、湯地、吉原、種子島)に宛てて、「告別」の一書を認(したた)めた。日付は六月十七日。英文で記されているが、二人の離米に際しての心事と、帰国に対する卒直な気持ちが忌憚なく吐露されている。この中で、両者は、帰国の目的を、何ら特別の意味はなく、ただ単に祖国への義務

ブロクトンを出発

「告別」の一書

祖国への義務

を果たすことだけである（discharge our duty to our county）と述べたあと、次のように続ける。

「小さな犠牲」

知識も乏しく、その上、今日の祖国の情勢について全く何も知らない我々であることは、充分承知している。言うに足るほどの寄与をなしうる見通しはほとんどないが、我々は帰り、そして動乱と暗黒の真ただ中に身を投じること(throwing ourselves into the midst of disturbance and darkness）を決意した。それは、我々がそうすべきだと感じたからである。王国の回復されるための最も小さな犠牲（the very smallest prey）にでもなれれば、我々は非常に嬉しく、また充分満足である。

ここに語られているものは、厳しい倫理的使命感に支えられた、無欲無私の熱い「祖国愛」である。こうしたいわば純真にして、清浄無垢とも言える「愛国心」だけを拠所（よりどころ）として、森は鮫島とともに、維新動乱の過中にある祖国へと向かう。だが、彼らのそうした心情を理解するだけのゆとりも、またそれを育むべき精神的土壌も、当時の日本にはまだなかったのである。

第三　維新政府

一　仕官

戊辰戦争

慶応四年（一八六八）六月、森は三年ぶりに祖国の土を踏んだ。

日本は動乱の直中（ただなか）にあった。五月三日、奥羽越列藩同盟が結成され、奥羽、越後の二十五の諸藩は、薩長の新政府に対して徹底抗戦を宣言、これを受けて東征諸軍は会津へと進撃を開始した。一方、江戸では、無血開城後、憤激する旧幕臣や脱藩諸士が上野山内寛永寺に屯集、彰義隊と名のって討薩除奸を口に市中を横行していた。彼らの暴状を見て激昂した軍防事務局権判事大村益次郎は、即座に討伐を決意、五月十五日、わずか数時間の戦闘でこれを潰滅させた。戦場の主舞台は、奥羽地方へと移り、以後各地で凄惨な大内乱が繰り広げられて行くことになる。

外国官権判事に任じらる

新帰朝の森と鮫島が、そろって外国官権判事（ごんはんじ）の要職に挙げられたのは、七月二十五日であった。彼らの高位任官の背後には、新政府内の実力者である岩倉具視と大久保利通がいた。当時岩倉は、議定兼輔相の地位にあって、三条実美とともに国政の万端を総裁していた。森と鮫島は帰国直後、その岩倉を京都丸太町の屋敷に訪ねている。取次ぎに出た屋敷の者が、その異様な風体に驚き、「西洋人が来た」と言って騒いだという。二人ともに斬髪で、顔には鬚をたくわえ、その上洋装の身なりをしていたからである。その日彼らは、岩倉を前に西欧文明の実態を語り、それをわが国に移植するの急務であることを説いたという。国家再建を衷心から説く彼らの熱意に、岩倉は動かされ、二人を使う気になった。帰りがけに、岩倉は、そんな格好では物騒だと言って、和服一揃いを彼らに与えてやった。

岩倉具視を訪ねる

これより先の三月十四日、天皇は、「五カ条の誓文」を発し、公議政体、上下一致、旧来の陋習を打破して開国進取の施政方針を採ることを、国民に布告した。強力な中央集権による組織づくりに急ぐ新政府は、続く閏四月二十一日、誓文の趣旨を官制化した「政体書」を公布し、太政官を中核とする画期的な官制改革を実施した。いわゆる「太政官制」である。天皇のもと、単一の中央集権政府を樹立することを宣言した政体書には、欧米の新しい政治知識を参考にして、形式的ではあるが、三権分立と議事制度が採り入れられていた。

五カ条の誓文

政体書の公布

「万国併立」を急務とする新政府が、最新の欧米知識を必要とするのは至極当然であった。志士としての活動歴も持たず、年齢的にもかなり若い森と鮫島の両者が、外国官権判事という分不相応な高位に挙げられたのも、彼らの知識とその達者な語学力とが欲しかったからである。

外国官の組織

当時、外国交際と貿易事務を職掌とする外国官は、太政官の行政機関の一局として、京都二条城内に設けられていた。知官事（長官）の宇和島藩主伊達宗城、副知官事（次官）の佐賀藩主鍋島直大のもとに、数人の判事、権利事が配置されて実務を執っていた。薩摩の町田久成、五代友厚、長州の伊藤博文、井上馨、それに佐賀の大隈重信らが、その重立った連中であった。

身命を賭して国家の改革に取り組むことが、自らの使命であると純粋に信じて帰国した森は、同僚の鮫島とともに真摯に仕事に励んだ。だが、そうした仕事の合間に、絶えず彼らの耳に入ってくる戦地での惨状は、二人の心を寒からしめた。内乱による兵士の犠牲もさることながら、こうした無益な戦で、国家が疲弊して行く有様を見ることは、何にもまして、彼らにとって耐え難いことであった。外国官権判事の官職に就いて、わ

減俸の上書

ずか一カ月半後の九月十日、両者が連名で減俸を願い出たのも、このような国家の窮状を少しでも救いたいという、純粋な気持ちからであった。この時、彼らは四等官として

規定の俸給三百円の内二百円を支給されていた（内乱終結まで各三分の一を減じられた）が、多過ぎるというのがその理由であった。自分たちはひと月に三十円もあれば充分暮らしていける、戦場における出征兵士たちの困苦を思うにつけ、我々ごとき不肖の者が、このような重職に就き、過当な俸給を受けることは甚だ心苦しい、何としても給金だけは減らして欲しい、と彼らは嘆願している。ここには、滅私奉公的な報国心とともに、新生社で培われた自己否定の精神が、はっきりと顔をのぞかせている。

横井小楠を訪ねる

同じ頃、森は鮫島と連れ立って、参与横井小楠（しょうなん）をその寓居に訪ねている。横井が政治における「仁の功用」を説く実学派の儒者であり、至誠至公の天理に基づく共和政治を主唱する偉大な経世家であることを、二人ともよく知っていた。しかも、当代稀に見るキリスト教の理解者であることも聞いていたであろう。こうした横井に対する評価が、二人の足を彼の許へと向かわせたに違いない。会見は両三度に渡り、夜を徹して行われたという。話題の中心は、ハリスやコロニイのこと、それにキリスト教についてであったらしい。小楠は、彼らの語るハリスの教義とその内容にひどく惹き付けられたようである。小楠が米国に留学中の二人の甥、横井左平太と大平に宛てた書簡に、次のような一節がある。

小楠の甥へ宛てた手紙

エルハリスは退隠村居門人三十人余有レ之相共に耕して講学せり、其教たるや書を読むを主とせず講論を貴はず、専ら良心を磨き私心を去る実行を主とし日夜修行間断無レ之、譬ば靄然たる春風の室に入りたるの心地せり、然しながら私心を挾む人は一日も堪へがたく、偶慕ひ来りし人も日あらず帰り去る者のみにて遂に其堂を窺ふこと不レ能、薩の両人も初は中々堪がたかりしが僅に接続の力を得て本来心術の学問に入りたり。(中略)此道の咄し合面白く大に根本上に心懸け非常の力行驚き入りたり、此のエルハリスの見識耶蘇の本意は良心を磨き人倫を明にするに在り、然るに後世此教を誤り如レ此の利害教と成り行き、耶蘇の本意とは雲泥天地の相違と云ふ事なり。(明治元年九月十五日付書簡、山崎正董編『横井小楠』下巻)

ハリスに対する小楠の共鳴

小楠は手紙の最後に、都合がつけば必ずハリスを訪ねるようにと、つけ加えている。よほどハリスの教理に感ずるところがあったのであろう。小楠は、常に功利性を超えた実学思想の形成に努力してきた。儒教の実学精神をいかに失うことなく日本の国家的独立を全うするかに心をくだいていた。彼は仁政、明徳を重視した。しかし、それはあくまで人民優先であった。だから、小楠の政治思想の根本には、政治は人民のためにあるべきだという、民本主義の理想があった。良心を磨き、私心を去り、実行を旨とすることは、彼が常日頃から為政者の持つべき心構えとして説いて来た徳目そのものであった。「扨々（さてさて）感心之人物不レ及ながら拙者存念と符節を合せたり」と、小楠がハリスの教説に対して心底から共感の言葉を吐いたのも、無理からぬことであった。キリスト教ならぬ儒学的理想をもって、国内に共和政治を実現し、それを世界にまで押し広げようと、小楠はこの時本気で考えていたのである。新政府の枢要部にも、小楠のようなハリスの教義を理解しえる人物が存在していたことに、森はある感動を覚えたに違いない。

小楠の横死

これから四カ月後の明治二年正月五日、小楠は、退朝の途中、攘夷派の十津川郷士の手にかかって、非業の最期をとげた。斬奸状には、「夷賊に同心し天主教を海内に蔓延せしめんとす」る「売国の姦」と書いてあった。小楠時に六十一歳であった。小楠横死の知らせを聞いた時、森は痛嘆のあまり声をのんで泣いたという。

東京行幸

これより先の九月八日、年号は明治と改められ、続いて同二十日には天皇の東京行幸が敢行された。東京や関東の民心を安定させ、奥羽鎮定を急ぐためにも、車駕東幸の壮挙が必要であった。東幸に際して、太政官においても五官出張所を東京に設けることが決定されたが、外交事務を主管する外国官では、各国公使が横浜に駐在していることもあって、全官員が東京に移ることになった。森は、この時、庁舎の準備を整えるため、

議事体裁取調所

判事試補桜田大助、都築荘蔵、書記岡本弾正らと海路先発を命じられている。そして、東京行幸の盛儀が挙行された前日の九月十九日、森は新たに議事体裁取調御用掛の任務にも就くことになった。議事体裁取調所は、それまでの議政官にかわって設けられた議会制度の調査機関である。土佐藩の旧藩主山内豊信（とよしげ）を総裁に迎え、五カ条の誓文や政体書の起草にあずかった福岡孝弟（たかちか）、議政官の下局議長であった秋月種樹、大木喬任（たかとう）、それに旧幕臣で開成所教授の神田孝平（たかひら）らが、同じく掛員に任命された。森が、鮫島とともに、この議事体裁取調所の掛員に抜擢されたのは、その欧米の政治法律の新知識を有する故であったが、そのため他の掛員との折合いが悪く、審議が遅れることたびたびであったという。福岡が辞任したあと、同じ土佐派から細川潤次郎が加わり、続いて旧幕臣の加藤弘之と津田真一郎が参加した。

英国に留学当時から法制に強い興味を抱き、法律を国家存立の基本とまで考えていた森にとって、この新しい職場は大変な魅力があった。彼の吐く激論は、周囲を圧倒したであろう。所内は、森の一人舞台となったという。そうした若い森の自信ありげな態度を、苦々しく思う所員も何人かいたはずである。その議事体裁取調所も、無論、東京に開設された。森は、九月二十日、東幸の出輦（しゅつれん）を見送ったその足で、大久保利通ら数人の官員と、東京へ向けて発った。伏見から淀川を下って、大阪に出、そこから汽船浪花丸に搭じて、一週間後の二十七日、品川に到着した。この日、もっとも頑強に新政府に抵抗していた庄内藩が降伏、蝦夷地に立て籠る榎本武揚らの旧幕府残党らを除いて、奥羽諸藩はことごとく平定された。天皇の車駕が江戸城に到着したのは、十月十三日である。東幸の壮挙は、国民に対し、天皇の存在と権威を示すための一大デモンストレーションでもあった。その効果を高めるため、天皇は、行く先々で孝子、節婦を選び、これを表彰した。大久保は、この日の日記に、「千載一時の盛典、感喜言うべからず」と書き記している。

東京へ向かう

外国官は、とりあえず神田橋外旧幕臣山田十大夫の旧邸を仮役所として事務を執り行っていたが、供奉の列に加わっていた官員達の到着とともに、そこはいかにも狭隘の感をまぬがれない状態となっていた。その狭い公館で、天皇到着の翌々十五日、香港からの珍客オールフォード博士（ビクトリア地区監督官）の歓迎会が催された。出席者は英国側が駐日公使のハリー＝パークス（Harry Smith Parkes）と日本語書記官のアーネスト＝サトウ（Ernest Mason Satow）、それに博士。日本側は、知官事の伊達宗城、副知官事の東久世通禧（みち・とみ）、町田久成、森の四人が列席している。この時を回顧して、サトウは次のように述べ

オールフォード博士の歓迎会

ている。

(新暦十一月)二十八日に、ハリー卿と香港のビクトリヤの監督オールフォード博士が江戸へやって来た。二人は、新装なった外国事務局で、伊達と東久世とからヨーロッパ式の饗応をうけた。薩摩の若者町田と、それに毛利(森)とが、その席につらなった。この二人ともイギリスに行ったことがあるので、英語をしゃべったが、わずか二十一歳ぐらいだった毛利(森)の方が特に上手であった。(坂田精一訳『一外交官の見た明治維新』下巻)

明治初年の森

その若い年齢に似合わず、流暢に英語を話す森の物馴れた態度に、サトウも注意を惹きつけられたようである。その後、外国官は二転三転して、翌二年四月には築地二ノ橋畠山義勇の旧邸に移っている。

アーネスト＝サトウの森評

ところで、森が新しい職場である議事体裁取調所に出仕するようになったのは、十一月九日からである。相変わらず欧米諸国の憲法や議会制度の調査翻訳が主な仕事であった。同僚の加藤弘之、津田真一郎も、そして神田孝平も、それぞれに政治、法律分野ではその名を知られた大家であり、著作も多くあった。森は、ロンドン大学時代に政治、法律学の多少を学んだものの、彼らほどには詳しくなかったはずである。この頃、森の独善的な態度が、旧幕府開成所出身の彼らの反発を生んだといわれる。加藤も、森について、「極めて粗大なる性質にして思慮を用ふること少なく、且つ何事も独断を旨として他人の言を容るるを欲せざりし故、在職中なせる事一時人目を驚かすが如きこと少なからざれども、久からずして其弊の出ること多かりき」(加藤弘之『経歴談』、『日本の名著』第三十四巻)と述懐しているように、その余りの真率剛胆な気性故に、彼の言動に反感を抱く者も少なくなかった。

加藤弘之の反感

ただ、神田とはよほど馬が合ったらしく、この年の師走、東京での正月を避けて、二人で神奈川へ逃避行をきめこんだりしている。その折の逸話がある。途中立ち寄った蒲田の茶屋で、「甘煮(うまに)」を「馬煮」と勘違いして、馬なんぞが食えるか、牛を持って来いと言ったというのである。神奈川に着いてから、寺島宗則にその失敗談を語って聞かせたところ、寺島が、大真面目な顔で、「ところで森君に雑煮でも御馳走しよう。だが断って

「馬煮」の逸話

おくが、雑煮といっても『象』を煮たものではないよ」と言って、冷やかされたという。世事に疎かった森の一面を知るに足るエピソードである。

五代の忠告

日本の内情もよく知らずに、新帰朝というだけで高位に挙げられた森を、快く思わない連中も、政府内には多く居たに違いない。そうした風評を耳にした五代が、「貴兄方両兄の事を俗客種々評し候由、仁印帰朝より壱つは相行れ、また中井(中井弘)の論に両生(森と鮫島)は洋情詳なりと云へども我の情に暗し云々と云ふの説あり……世俗女子と小人は養ひ難く困り入り申し候に付、御覧の上は火中〳〵」(明治元年十一月二十二日付書簡)と森に注意を促したのも、巷間での二人の評判が、必ずしも良くないことを気にしてのことであったろう。

書生を養う

この頃、森は神田錦町に住んでいた。旧幕臣の屋敷を買い取ったものである。年の瀬も押しつまった十二月、その屋敷に三人の若者が転がり込んできた。仙台藩士の高橋和喜次、一条十次郎、それに鈴木六之助である。和喜次は、後年蔵相として敏腕をはせ、ダルマの異名をとった高橋是清である。一年間の米国留学を終えて帰国したばかりの三人は、賊軍の仙台藩出身ということで、身のおき所に困っていた。留学仲間の城山(きやま)静一がこれを気の毒がって、旧知の森に掛け合い、彼の許に書生として住み込ませたという

高橋是清の回想

わけである。高橋の回想によると、当時森の屋敷には、岸田小太郎と称する十八、九になる会計係の書生と賄いの老夫婦が居るだけで、実に質素な生活であったという。森は、自分とさして年も違わない書生たちを愛し、彼らと寝食を共にすることを無上の楽しみとしていた。食事も差別することなく常に一緒、雨戸も自分で開けるという風で、自分を彼らと同等に扱い、謙虚な態度を崩すことはなかった。ある時、英学は自分が教える

謙虚な態度

が、忙しいから皆に一人一人教えるわけにいかない。そこでお前たちの内一番覚えの良い者一人だけに教えるから、残りの者はその男から習えと言い渡し、高橋だけに教えたという。合理性を好む森らしい逸話である。その後、書生の数も増え、長州藩の内藤誠太郎や中原国之助、熊本藩の江口英治郎（高確）らが森の食客となっている。

二　廃刀論

アーネスト＝サトウの帰国歓送会

明治二年。森にとって多忙な新年の幕開けであった。正月四日、居留地にある築地ホテル館で、アーネスト＝サトウの帰国歓送会が催され、森も日本側の一員として出席している。他に東久世通禧、木戸孝允ら数人が列席した。席上、森は日本のキリスト教徒に関し、サトウの見解を質したようである。サトウは述べる。

信仰の自由に関するサトウの助言

木戸と森の両人は、日本人キリスト教徒の問題で私の助言を求めた。私はこれに対し、まず穏便な方策をとること、時々外国公使たちへ長文の覚書を送って、彼らをなだめるようにすることなどを勧めた。私は、議会の条令で信教自由の観念を日本人全体に吹きこむことの困難であることを認め、スペインでは最近まで新教徒に信仰の自由のなかったことなどを両人に話した。しかし私は、森の言うような、蝦夷の地でキリスト教徒に土地を分配して、自由に信仰させるという考えがよいとは思わなかった。(坂田精一訳『一外交官の見た明治維新』下巻)

サトウの言葉は、当時の森の信仰問題を考える上で、かなり重要な証言を含んでいる。祭政一致の思想に基づき、神道を事実上の国教として国民の宗教的統一を推し進める新政府は、全国の諸神社に達して神仏分離を促す一方で、キリスト教を厳しく弾圧した。

キリスト教の弾圧

慶応四年五月には、長崎の浦上切支丹信徒百十四名の一斉検挙が行われた。その獄中での取扱いは苛酷をきわめ、各国公使からの抗議が相次いだ。この時、弾圧の指揮にあたった木戸孝允は、禁教を「将来の為」として暗黙裡に認めてはいたが、その苛酷な処置に多少の疑念も抱いていたようである。こうした禁教政策に対する疑念と切支丹信徒への同情が、木戸のサトウへの質問となってあらわれたものであろう。

森の批判はさらに大きかったはずである。森は、おそらくキリスト教の弾圧政策がすぐにも撤廃されることを望んでいたであろう。だが、それが不可能と知ると、北海道にキリスト教徒の土地を作り、そこで彼らが自由な信仰生活を送れるように取りはからうことを考えていたのかもしれない。そうした考えの基底には、ハリスのコロニイでの信仰による共同生活の体験があったに違いない。いわば、条件付きでの信教自由論とでも言うべきものを、この時森はサトウに語ったのである。しかし、サトウは森のこの考えには賛意を示さなかった。条件付きの信教の自由などないほうがましだと思ったのであろう。日本民族の固有性から判断して、信教自由を即座に明文化せず、しばらく現状維持の方針をとることをサトウは両者に勧めたようである。サトウから満足すべき回答を得られなかった森は、以後もこの信仰問題を独自に国家政策との関連のなかで捉えて行く努力をすることになる。キリスト教が解禁されたのは、これから四年後の明治六年(一八七三)二月であった。

キリスト教徒の北海道移住を提案

キリスト教の解禁

サトウの送別会から三週間ほど経った一月二十五日、森は大久保利通に手紙を書く。内容は国政に関するものである。戊辰戦後における薩摩藩内の乱れを憂え、藩政改革への大久保の出馬を強く促す一方で、わが国の民族的固有性と天皇統治の正統性を、王土王民的名分論に基づいて強調しつつ、早急に藩論を確立して、薩摩藩が「藩政奉還」の先鞭をつけねばならないと述べる。ついで、「皇国之大本を立るには是非郡県之制度ニ改革シ、藩々之政権速ニ一途ニ帰シ全国之権力を一手ニ握り海外ニ応せすんハ、皇国之維持迚も六ケ舗」との郡県制採用論を主張する。郡県制は立国の基本であり、早急に封建制を廃止し、中央集権の実をあげねば国家の維持はとても難しいと森は考えたのである。藩という観念を全く捨て去って、新しい近代国家を模索していた森にとって「廃藩」は当然であり、郡県制の採用は焦眉の急務であった。まさに森は急進的な郡県論者であったのである。

郡県制採用論

森が大久保に「郡県制」を具申した二日前の一月二十三日、薩長土肥四藩主による「版籍奉還」が公表された。他の諸侯も続々とこれにならって奉還を申し出た。奉還の申請を受けた政府は、すぐにはこれを承認せず、四月に東京で諸侯会議を開き、「公議」をもって裁決するとした。森の建議は、この発表を踏まえてのことであった。

版籍奉還

版籍奉還についての討議は、この年新たに開設された公議所でも行われることになった。公議所は、公議世論を標榜する新政府が、議政官にかわって設けた諸藩公議人による討議機関である。形式的にせよわが国初の議会の誕生であった。運営の基礎となった

公議所の開設

「公議所法則案」は、森や鮫島を中心とした議事体裁取調掛員たちの苦心の作になるものである。三月七日、神田橋門内にある旧姫路藩邸でその公議所の開所式が挙行された。議長秋月種樹をはじめ、議事体裁取調の面々は直垂狩衣の古装束、諸藩公議人二百二十七人はそれぞれ礼服着用の出立ちであった。公議人一同は、抽籤で番号を定めて着席し、議場の体裁はまさに西欧における議場形式そのままであったという。この日、「心を公平に存し議を精確に期し、専ら皇祖の遺典に基き、人情時勢の宜きに適し、先後緩急の分を審（つまびらか）にし、順次に細議して以て聞せよ」との詔書が奉体され、発会の議が執り行われ

衆議の本質を欠く

たが、公議世論、公明正大の表明とは裏腹に、それは実質的には衆議の本質を欠いた単なる討論機関、政府の諮問機関にすぎなかった。三月晦日付の『横浜新報もしほ草』が、「先達て御布告の趣にては、以来は庶民に、政府を扶け、公明正大の政を施し行ふべきの権をゆるされたり」と、公議所開局を手放しで喜び、「此事は開化文明の一大改革といふべく、世界中これまで庶民に此の権のありしは、独（ひとり）『アメリカ』合衆国のみにして、その余の国には決してなかりし事なり」との多大な讃辞を呈したのは、まさに見当外れもはなはだしきものと言わざるを得なかったのである。

議長心得に就任

この公議所の議長心得に、森が就任したのは三月二十三日である。公議所開設にあた

って、その「法則案」作成などで示した森の努力が認められたのであろう。近代的な立法精神を抱きつつ、議会に臨んだ森であったが、その形式的な運営と保守的な公議人たちの審議ぶりには失望を禁じ得なかったに違いない。審議に付される議案にしても、政府側の開明派官僚から自発的に提出される、いくつかの進歩的案件を除いては、ほとんど見るべきものはなかった。森が提出した議案は、次の六件である。いずれも革新的な内容を含んでいる。

一、「租税之議」（提出三月）
二、「刑罪ハ其一身ニ可レ止議」（同四月）
三、「通称ヲ廃シ実名ノミヲ可レ用事」（審議四月七日）
四、「士分以下通称ヲ廃シ実名ノミ可レ用事」（審議四月二十三日）
五、「御国体之議ニ付問題四条」（提出五月）
六、「官吏兵隊之外帯刀ヲ廃スルハ随意タルヘキ事」（審議五月二十七日）

最初の一と二の議案は、提出だけにとどまり、審議には付されなかったようである。前者は、新税並に増減税の審議権を議会に付与すべきを説いた税制改革案であり、後者は、刑罰における縁坐ないし連坐制の廃止論である。

三、四はともに、合理的な実名使用論である。姓名は各人の識別上必要なものであって、簡便にこしたことはない。だから、従来使用されている通称、位階名による呼称はすべて廃止し、実名だけにしろ、というものである。

実名使用論

五の議案は、森の持論である「郡県制採用論」とも、深いかかわりをもつ。四月十七日付で、森は新設された制度寮撰修に転出し、ついでその副総裁に挙げられた。総裁は山内豊信であったから、森が事実上の首班であった。この制度寮は、版籍奉還断行に伴う諸制度の調査立案を主任務としていたので、森としては、立案の参考に諸藩公議人たちの意見を徴しておきたかったのであろう。ただ、議案の体裁を整える以前、三月十二日付で、議長へは草案の形で提出されており、すでに『六合新聞』(三月二十四日付)などには公表され世の注目を浴びていた。内容は、版籍奉還後の地方制度の運営について、問題点を四カ条にまとめたものである。現在、日本の国体は封建、郡県あい半ばする形をとっているが、今後これを「人情時勢」に則して統一するにはどうしたらよいか、将来の国是如何を問う、というのがその要旨である。郡県制を国家存立の基本要件とは考えるが、その制度採用の基準は、あくまで「人情時勢」に則らねばならない、と森は思ったのであろう。彼の立法や制度改革の基底には、常に歴史的伝統性や人民習俗への関心

制度寮副総裁となる

「御国体之議ニ付問題四条」

人情時勢の重視

正理の貫徹

が働いていた。それは、森が決して性急に国家の近代化を図るような、いわゆる「急進的」な改革論者ではなかった証（あかし）でもある。「人情時勢」に通じるために、これまでも森は世情に暗い自分を絶えず錬磨してきた。だが、彼には自分の正義を貫くために決して妥協しない、という強情な一面があった。正理はあくまで正理であって、それを貫徹するためには、世情を無視する場合もありうる、と森は考えていた。そこに森の思考の矛盾があった。そうした矛盾を図らずも露呈したのが、最後の議案、世に言う「廃刀論」である。

「小武」観念の変革

森は、国家の指導階級たる武士が、旧来の封建的な「小武」の観念を捨て去らねば、国家の維持はとても難しいと考える。国家の近代化にとって必要なのは、法律や制度の変革だけではない、それを担う人間そのものが根本から自己変革を遂げることである。その自己変革の第一歩として、まず「刀を捨てる」必要がある。森はそう思ったに違いない。

大久保に相談

廃刀案を公議所に提出する前に、森は秘かに大久保を訪ねている。五月一日であった。議案が議案だけに、大久保の意見を聞いておきたかったのであろう。彼の同意を得た上で、提出するつもりであった。だが、大久保は時期尚早としてこれを斥け、森に提出を

大久保利通宛書簡（明治２年５月２日付）

思いとどまらせようとした。森は承服しなかった。翌二日、覚悟の一文を認めると、これを大久保の許に送り付けた。それに言う。

幸ひ此度ハ御衷情之垂被を以晦悟之次第も不レ少今後尚必死と反省も可レ仕覚悟ニハ候得共、御存之通性至而鈍にて一向ニ豪情を押張り候癖有レ之、常々注意ハひどク仕候得共、動すれハ心轡相弛ミ真ニ苦痛如レ此一身サへも不取締之事ニ而ハまた従而世ニ害を為ス少なからす、之を思へハ即今一日も依然職を奉する能ハス、サレハ不レ能と申而退キ候而も誠に薄情怯弱ニ相似殆ト帰着する処ヲ失し大ニ窮苦罷在候得共、是また学問上最意を用べキ処かとも聊おもひ直し、苟ニ因循なから今一応勉励を尽しセメテは世之邪魔物と不ニ相成一丈ニハ力行仕る覚悟ニ候、

反省はしているが、どうも自分には強情なところがあ

って困る。いつも注意はしているのだが、時々心のたがが緩み苦痛に思っている。自分一身さえもこのように制御できない状態では、国家に害悪を及ぼすこと必定、それを思うと一日も勤めることができない。かといって辞職するのも誠に「薄情怯弱」なようで、どうしたらよいか全く困窮のきわみである。だが、これも勉強かと思いなおし、誠に因循なことではあるが、もう一度発憤して、せめて「世の邪魔物」にだけはならないように努力してみるつもりである。

大久保の衷情に感謝

以上のように森は言っている。大久保の衷情に感謝した反省の文面となってはいるが、正理のためには一歩も後には退かない、という森の昂揚した感情が行間から読みとれる。

「廃刀案」の提出

こうして、森は、予定通り五月中旬、公議所に「廃刀案」を提出した。大久保の忠告の手前もあり、議案を多少修正、「官吏兵隊之外」は、廃刀は「随意タルヘキ」との穏当な文句を付した。その中で、森は廃刀の理由を、次のように述べる。

謹而案ズルニ、人ノ刀剣ヲ帯スルハ外ハ以テ人ヲ防ギ、内ハ以テ己レノ身ヲ護スル所ニテ、天下動乱ノ際ハ又要スベキアリ、然(しか)レドモ世運漸ニ文明ニ赴キ、人々自ラ道義ノ尊キヲ知ルニ至テハ、粗暴殺伐ノ悪習自ラ相息(あいや)ミ、此等ノ物モ畢竟(ひっきょう)虚飾ニ供スルニ過ギザルノミ、方今国家鎮定皇運日ニ隆興、良法以テ内ヲ正シ、兵制以テ外

粗暴殺伐ノ悪習

道義自守ノ良俗

ヲ守ル、此際ニ当テ人各礼節ヲ砥礪シ、所謂粗暴殺伐ノ悪習変ジテ道義自守ノ良俗ト化スベキ也、

世運もようやく文明の域に至り、社会秩序も整った今、「帯刀」は、虚飾以外の何物でもない。「粗暴殺伐ノ悪習」を変革して、「道義自守ノ良俗」に改め、日本を道義的文明国に進めるためにも、「廃刀」はぜひとも必要である。森はそのように主張したのである。

「廃刀案」の審議

五月二十七日、「廃刀案」が審議に付されると、議場は騒然となった。論議沸騰し、採決は六月二日に持ち越された。当日の議場は囂々たる非難の声と罵声とに包まれ、松江藩公議人の雨森謙三郎は、武士が両刀を帯るは皇国尚武の性であり、たとえ随意にしろと言われようが、いやしくも大和魂を持つ者が刀を捨てることなど、あろうはずがないではないか、と憤然として絶叫、森に詰め寄る有様であった。その他、帯刀を廃せば士商を弁別し難い、従来の士風を変ずれば外国人に侮られる、刀の代りにピストルにせよ、など議論百出、ほとんどの議員が、武士的意地をもって、森の建議に猛然と反対したのである。結果は無論、否決であった。

「廃刀案」の否決

事はそれだけではすまなかった。森を非難する声は天下に満ち、国風を破る乱臣賊子

として、彼は命を狙われる破目に陥る。当時、夜間外出の時は危険だというので、高橋と鈴木の両生が森の騎乗する馬の左右を警護したという。

世運開進ノ為メ

国家的な利益と発展とを衷心から思い、自ら信じて行動した結果が、反対にこれほどまでの「世害」となってはね返ってきた「事の重大さ」を、森は深く反省せざるを得なかった。「廃刀説ニ至テハ全ク世益ヲ企望スルニ出シモノ……唯覚フルモノハ世運開進ノ為メニ日夜苦心勉励セシコトノミ」(明治五年十月十一日付副島種臣宛書簡)とは、後年この時のことを述懐した森の言葉である。

辞表を提出

廃刀案が否決されて旬日を経た六月中旬、森は辞表を提出する。それには、次のように記されてあった。

精神之不貫徹

> 帰朝以来、「微弱短才」の身で重任を蒙り、微力ながらも報国の一念で、現在まで粉骨砕身の努力をしてきたつもりである。だが、よく考えてみると、国家のためを思って尽力したことも、「精神之不貫徹」あるいは「考慮之謬違(びゅうい)」であったかと、深く後悔する次第である。ことに現在の職務は、「国家之大本」にわたる重大事ばかりを扱い、とても自分のような「未熟短才」の身をもっては、その任に耐え得ないのみならず、「国家之大罪」を招くやもしれない。これまでの罪過も多くあり、死をもって罪を償うべきであるが、

「報恩之寸志」も遂げずに、「世の害物」のままで果てるのはいかにも残念である。ついては、「非常出格」の思し召しをもって、辞職をお聞き届けの上、もう一度自分に機会を与えて欲しい。そうすれば、今一度、四、五カ年間「必死ト苦学」をいたし、勉学に励むつもりである。その学問が成就した暁には、分相応の場で働き、前過を償いつつ、「報恩之素志」を貫徹したいと思っている。

必死ト苦学

自己再生への決意

ここには、自らの行動に対する呵責の念よりも、むしろ「世害」と非難された行為を、「世益」に変えうるだけの力量と才覚を持った人間に、自分を再生させたい、という積極的な意志が働いている。その意味で、この辞表を、引責辞職の理由書というより、自己再生への新たな決意表明の書と考えることも可能なのではなかろうか。

岩倉は留任を希望

この辞表を受けとった大久保は、公議所内外の状況や藩内の空気を考慮して、森の希望通り辞めさせることが得策だと判断したようである。岩倉は、森の人物、仕事ぶりからもすぐに辞職させることは忍び難いとして、一旦、決定したことではあるが、「召留」にできないだろうか、と大久保に内談している（明治二年六月二十日付、大久保宛書簡）。だが、

大久保の辞職勧告

大久保は、折り返し岩倉に返書に及ぶや、「成程御情合ニおひてハ御尤ニ在候へ共、此節ニおひてハ断然之御処置ならてハ中々居合候丈ニ無二御坐一候。尤直様被レ免候て却而

当人之為ニ御仁恵ニ相当リ可㆑申候」と書き送り、辞職させたほうが本人のためだと諭している。

懲戒処分の厳断

森に位記返上、懲戒処分の厳断が下されたのは、六月二十日その日であった。これから七年後の明治九年三月、廃刀令が布告され、軍人、警察官、官吏制服着用の場合を除き、帯刀が禁止されることになるのである。

三　帰郷

兄横山安武との再会

七月一日、大久保に帰郷の決意を告げた森は、翌二日、東京を去って海路鹿児島に向かった。途中長崎で下船、陸路佐賀城下への道をとり、遊学中の兄横山安武を訪ねた。五年ぶりの再会であった。久方ぶりの再会で、兄弟ともに夜を徹して話し込んだことであろう。世界の情勢、ハリスのコロニイでの体験、新政府の諸政策など、話題はつきなかったに違いない。しかも、わずか一年後に、この兄が自刃して果てることになるなど、この時の森には思いも及ばなかった。

安武は、失意の弟を励まし、感懐を七絶に託した。

与弟有礼於長崎県一夜閑話

白駒有脚去駿々　心事説了慨歎深
請見世間眸裏物　感応都是在誠心

公子島津悦之助や兄の見送りをうけて、森が佐賀の城下を発ったのは、七月二十日であった。

官制大改革

これより先の六月十七日、版籍奉還の上表が聴許され、各藩主は改めて知藩事となり、身分的には政府の地方行政官となった。形式的にせよ、ここに封建制度は廃止されたのである。つづいて七月、中央、地方の官制大改革が実施された。天皇親政、祭政一致の建前に基づき、古代の律令制の形式を採用、神祇官を設けてこれを太政官の上位とし、太政官には、太政大臣、左右大臣、大納言、参議を設けて国政全般に当たらせ、太政官の下に民部、大蔵、兵部、刑部、宮内、外務の六省を置いて行政各部を担当させた。各省の長官は卿(きょう)と呼ばれ、次官を大輔(たゆう)と呼ぶことにした。同時に、公議所は集議院と改称されたが、「集議」とは名ばかり、全くの政府の御用機関に堕していた。中央集権化が進む中で、公議世論尊重の方針は、次第にその影がうすくなり始めていた。

薩摩の藩政改革

改革は地方藩政にまで及んだ。森が鹿児島に到着した時、薩摩藩政の実権は、ほぼ下士層に掌握された形となっていた。藩庁は知政所と改称され、島津家の家政所は内務局と呼ばれて、藩政と家政とは分離された。知政所は、家老の桂久武を執政心得とし、西郷のほか伊地知正治ら四人の参政を選び、彼らに藩政をまかせた。版籍奉還実施後、知政所は、従来の一門領主の私領をすべて取りあげ、家格を全廃して一律に士族とし、門閥の禄の合計を、従来の八分の一に大削減し、かわって二百石以下の城下士の禄を増して待遇を改善した。下級士族が上士層の地位と権勢を奪い、実権を握ったのである。以後、薩摩では西郷指導のもとに、下級士族を中心にした軍事的独裁体制が築かれて行くことになる。

西郷の軍事的独裁体制

城下の喧騒とは裏腹に、森にとって隠忍自重の閑暇な日々がしばらく続いた。城ケ谷の自邸から二、三町ほど北に登った所に、興国寺という禅宗の廃寺があった。往時は島津家の尊崇も受けた名刹であったが、廃仏毀釈の余波をうけて堂宇伽藍のあらかたが取り毀されていた。この頃、薩摩藩の「寺つぶし」は徹底をきわめ、明治二年の年末までに、藩内の寺という寺はすべてその姿を消した。森のことであるから、こうした藩をあげての狂ったような廃仏の風潮には、おそらく耐えがたい義憤を感じたに違いない。だが、森の力ではどうすることもできなかった。無残に荒れ果てた興国寺境内の一隅で、森が英学塾を開こうと考えたのも、あるいはこうした義憤からであったかもしれない。

廃仏毀釈

興国寺跡の英学塾

明治三年（一八七〇）の初春、森はその興国寺跡に英学塾を開いた。同郷子弟の英学指導という目的以外に、森にはこの地で再度の自己鍛錬にとりくむという別の意図があった。塾生は思いのほか多く約二十名ほどが集まり、その中には横死した兄喜藤太の遺児熊太郎（有祐）も含まれていた。森は、塾生たちに英語を教える傍ら、彼らと起居を共にして、彼らの間に流行っていた男色の弊風を矯正する努力を重ねたという。人間関係の基本には、健全な社会道徳と厳しい人倫秩序が存在することを、彼らに教え込もうとしたのであろう。また、この頃、語学教育の基本は発音にあると考えていた森は、塾生たちに対する指導経験を踏まえて、藩知事島津忠義あてに上申書を提出する。五月二十二日のことである。書中に言う。

藩知事島津忠義あての上申書

発音学を重視

語学の基本は発音にあり、発音がうまく出来て初めて、書取りや文法の学習に移ることができる。この春以来、自分も精根込めて指導にあたって来たが、発音の学はことのほか難しく、どんなに練達の士といえども、日本人に正しい発音を教えることは、至難の業に等しい。したがって、どうしても英国人を雇って英語を学ばせる必要がある。しかし、それには莫大な費用がかかる。そこで、学生十五人ばかりを選りすぐり、新設の西洋医学校雇いの英人ウィリスに、時間を限って発音だけを教

授してもらってはどうか

というのである。

この意見は、早速藩当局で採用されたらしく、ウィリスに交渉した結果、同人がこれを快諾したので、医学校に医学生の音学科を設け、希望者を出席させることにしたという。ウィリス（William Willis）は、文久元年に在日英国公使館付医官として来日、維新後は大学東校（現在の東京大学医学部の前身）で医学指導にあたったが、東校の方針がドイツ式に改められた際に解任され、明治二年十二月、薩摩藩が新設した医学校の主任教官に迎えられた。

ウィリアム＝ウィリスへ依頼

入塾者の増加

こうして、医学校の音学科や造士館の洋学局（開成所の後身）など、藩内の洋学教育機関は次々と整備されて行ったが、森の興国寺の塾にも相変らず入塾を希望する者が跡を絶たなかった。森はしだいに煩わしさを感じ始める。数人の塾生相手に隠遁生活をしながら、自己鍛錬に励むつもりであった。それが塾生たちの指導に追われて出来なくなってきた。煩わしさは、いつしか苛立たしさへと変って行ったようである。この時の鬱屈した心情を、森は兄安武へ次のように書き送る。

取掛之塾も願人過分ニ有レ之実以困居申候、御承知通之性質故折角遁避八九年間

尚学問も仕り了簡も固り為レ人も邪魔ニならん丈やり付候上は、臣子之分丈は元より十分尽ス事ニ候、乍レ去此地にては洋学者甚た少く、とふも勝手ニ参り兼候訳有レ之困却此事ニ御座候、（明治三年七月七日付書簡）

隠遁錬磨の学修生活

自分の性格から見て、国家に役立つような了簡が具わった人間に生まれ変わるには、なお八、九年の隠遁錬磨の学修生活が必要だというのである。そして、生まれ変わった暁には、できる限り国家のために尽くすつもりだとも言っている。この時、満年齢で二十二歳の森にとって、三十歳までの八年間は、自己を確立すべき重要な時期であった。この間に森は政務や俗事から一切離れて、徹底的に自己を錬磨し、勉学に励むつもりであった。しかし、それは、単なる森の夢想にしかすぎなかったのである。

兄　横山安武

兄横山安武の自害

自らの心事を書き送ったその相手、兄横山安武が、津軽藩邸門前で割腹諫死して果てたのは、それからわずか三週間後のことである。当時、東京本所の田口文蔵の塾生

時弊十条

であった安武は、持前の一途な気性から、派閥抗争の絶えない国家の前途を憂えて、七月二十七日の払暁、「時弊十条」なる政府批判の一文を竹頭に挾み、集議院の門扉にかかげた。建言書には、政府官僚の虚栄虚飾、牽強符会など、非行に対する数々の批判が列挙してあった。

西郷・大久保の同情

この事件は、政府内外に衝撃を与えた。ちょうどこの頃、政府内では民部、大蔵両省の分離問題をめぐって、陰湿な政争が展開されており、薩閥の大久保派が主張する両省分離が決定したばかりであった。官吏の驕奢、朝令暮改など、この時の横山と全く同じ気持ちで政府批判をしていた西郷は、彼のために、その志をたたえて碑文を書いた。横山の諌死の背後には、西郷とその一派がいると噂された。天皇は、横山の諌死を「時事誤聞」によるものではあるが、憂国の情より発することとして、祭祀料百円を下賜された。大蔵省官僚の横暴を憎む大久保も、横山の行為に同感の意を表し、同日の日記に、「忠志感ずべし」と書きとめた。

兄の自刃の知らせを聞いた時、森は思わず呟いたという。「兄さんな、ばかなこつ、しやった」と。その言葉には、亡き兄への限りない痛哭の情とともに、時勢を達観したある冷徹な響きが感じられる。情に訴えることを嫌い、合理性を好んだ森のことである。

死んで国が救えるのか、とおそらく森は言いたかったに違いない。

衝撃的な兄の死

いずれにしても、兄安武の死は、森にとって大きな衝撃であった。自分の心事を語るのに精一杯で、兄の苦衷を察し得なかったことを森は悔んだ。だが、衝撃的な兄の死は、森をいっそう深い自己省察へと導くきっかけともなったのである。

第四　若き外交官

一　米国差遣

東京出府の朝命

　鹿児島の城下にも、ようやく秋風が立ち始めた頃、森にひとつの転機が訪れる。至急東京へ出府すべき朝命が、知政所から森の許へ届けられたのである。九月二十五日のことであった。朝命の内容については、詳しく知らされなかった。その朝命が万が一分不相応の地位であった場合には、辞退の上、再び隠遁生活に戻る覚悟で、森は上京を決意した。書生のつもりで再出発したい、というのがこの時の森の正直な気持ちであった。

鹿児島城下を出発

　九月二十八日の早暁、親戚や朋友、塾生たちに見送られて、森は鹿児島の城下を発った。市来（いちき）（鹿児島県日置郡市来町）、阿久根（あくね）（同阿久根市）と船旅を続け、十月一日に長崎に到着、その日の昼過ぎには、米国郵船ニューヨーク号に搭乗して横浜へ向かった。大学南校の貢進生に選ばれ上京する、園田孝吉、町田陽蔵、それに千田貞暁の三人が同船であった。

神戸に到着

十月三日、神戸に着いた森は、在阪の五代に宛てて早速手紙を書く。上京に際し

五代宛ての手紙

ての自らの心境を次のように記している。

此度弟出府之儀凡（およそ）洋行之都合歟（か）ト案居申候、然者（しからば）必急々離国に相及可レ申候、若（もし）其儀ニ無レ之は何様之御用筋にても是非〳〵遁去之決心、其時ニ至らは必一応京摂を経過し貴第を叩キ御緩談を可レ遂、紙上心事を尽シ不レ能、唯御明察を仰候、（十月二日付書簡）

洋行への期待

今度の出府命令を、おそらく「洋行」ではないか、と推測している。だが、そうでない場合には、いかなる官職といえども辞退する覚悟であると述べている。続けて、当時の政治状況を記したあと、自分は「世外の身」であるから、これから七、八年間は「黙学」の決意である、とも語っている。森は、この時、自分を政治の埒外に立つ人間として認め、世俗外の場で自己を再鍛錬することを、決意していたようである。したがって、「洋行」は森にとって自己再生の好機と思われたのであろう。

東京に着く

森が東京に着いたのは、十月六日の午後であった。築地にある鮫島の家に仮寓した森は、しばらくぶりに見る東京の秋を楽しんでいる。十一日には、鮫島や名和道一と連れ立って、向島に遊び、墨水に舟を浮べ、ビールを傾け歓談している。

森の再任問題

この間、政府内では森の再任をめぐって、意見の対立があった。岩倉は鮫島と同じく、森を公使として欧米に派遣したいと考えていたらしいが、大久保は「内情」もある故として、慎重に事を運んだ。寺島も、弁理公使の「史官」(書記)くらいの地位の方がよいのではないか、と岩倉に忠告した。寺島が心配したのは、集議院(公議所の後身)あたりの評判がいまだ芳しくなかったからである。大久保は、森より「内願之趣」も聞いているから、もう一両日ほど決定を見合わせてくれ、と岩倉に返事を書いた(十月十五日付書簡)。

弁務公使として米国差遣

森が大久保の許を訪ね、「内願」に及んだのは、十二日である。町田久成も一緒であった。森は、初志の通り、あくまで一介の書生として欧米に派遣されることを望み、大久保に歎願したのであろう。だが、森の希望は退けられた。三条以下各参議の評決は、「弁務公使」として米国差遣であった。岩倉の大久保宛て書簡(十月十七日付)に、「一昨日アメリカ弁務公使森可〻然一同申合候トノ事」とあるから、閣議決定は十五日であったと思われる。大久保から森に内諾が求められたのは、それから四日後の十九日であった。

常置在外使臣制度の創設

明治三年閏十月二日、在外常置使節に関するウィーン規則に準じて、外務省内に在外使臣制度が設けられることになった。各国同様、わが国でも「公法」に基づいた制度を採用することが、外交上有利である、というのがその理由であった。早速、大、中、少の弁務使と、一、二等の大、少記が設置され、人選が行われた。この日、鮫島は少弁務

少弁務使を拝命

使として英仏普三国へ駐在を命じられ、閏十月四日、ヨーロッパへ向けて出発した。同じく、森が米国在勤少弁務使を拝命したのは、閏十月五日である。米国との交際事務および留学生監督が、彼に与えられた任務であった。わが国最初の外交官がここに誕生したわけである。

列国の苦情

この時、外交経験もない上、彼らの年齢が若すぎると言って、列国から苦情が出た。英国は、駐日公使パークスの反対意見を容れて、鮫島の公使としての資格を認めず、彼はやむなくベルリンに移る。だが、彼らには卓抜した語学力と、長年の留学生活で培われた鋭い国際感覚とがあった。彼らは、それを武器に欧米各国の優れた職業外交官と渡り合い、独自の自主的外交策を展開していくことになる。

弁務使決定の経緯

弁務使決定に至る経緯を、森は五代宛てに次のように報じている。

> 鄙生事此度西洋再行勉学致度心願ニ而出府候処、色々云々の説有レ之、遂ニ少弁務使と申役人ニ而米国在留拝命候、就ては職務上異申立候訳も有レ之候得共、終に夫も立たす不レ得レ已其儘閉居し、来月初旬太平洋飛脚船より開帆の積に御坐候、役人は誠にうるさいものにて、どうぞ再び書生の所をと望み居候得共、うるさいも又学科中の一と申訳にて、先気張相勤心得御坐候、（十一月十三日付書簡）

異議の申し立て

希望とは違う、と言って異議を申し立てたが、それもならず閉居の日暮しである。煩雑をきわめる役所仕事も、学問のうちと心得て頑張るつもりだと言っている。なぜ森はこれほど頑(かたく)なに官職に就くことを拒んだのだろうか。自己再生の初志貫徹とともに、廃刀論による罪の意識もあったに違いない。森は自分の年齢と世間の目をひどく気にかけている。

断然決意

同じ書簡の追伸で、一旦仕官した以上、世評を気にしていては人間の「職掌」は全うできない。これからは、「断然決意」し、「毀誉(きよ)人言」には惑わされず、職務に励むつもりであると述べている。「断然決意」の言葉には、人説に惑わされずに、自分の信念を貫いて行こうとする強い意志の力が読みとれる。まさに、それが森の「剛毅」であった。

日本を離れる

十二月三日の午後四時半、米国郵船のグレート・リパブリック号に搭乗して、森は日本を離れた。森に同行した属官は三名、少記外山捨八(正一(まさかず))、権少記名和道一、大令吏矢田部良吉、それに新井常之進(奥邃(おうすい))と内藤誠太郎の二人が留学生として加わった。外山は旧幕臣で、のちに東京大学総長となる。名和はかつての長州藩尊攘派志士、森とは以前から親しい。矢田部は高橋是清の推薦で、大学南校中助教から栄転したもの。後年は植物学の権威となり東京大学で教鞭を執った。内藤はかつての森の書生、新井は仙台藩出身で、キリスト教に深い関心を抱き、森の周旋でハリスのコロニイに入団する予定で加わった。

サンフランシスコに到着

一行は、十二月二十七日（新暦二月十六日）の朝、サンフランシスコに到着、同地のグランド・ホテルに両三日ほど滞在したあと、二月十九日（新暦）、ニューヨークに向かった。ニューヨークでは、目抜きのセント・ニコラス・ホテルに宿をとったが、同船した多くの留学生たちも一緒であった。すでに米国に留学している者も含め、彼ら全員の面倒を見ることが、まず弁務使森に課せられた仕事であった。このニューヨーク滞在中に、森は静岡藩出身の南校派遣留学生目賀田種太郎と会う。目賀田は、十二月（新暦）に着米以来、ニューヨーク近郊のトロイ・アカデミーで普通学を学んでいたが、法律学習得の素志貫徹のため、森を訪ねたのである。目賀田の熱意に動かされた森は、米国内務省教育局長ジョン＝イートンに彼を紹介し、イートンの推薦で彼はアレン予備学校からハーバード大学法科に入学することができた。目賀田は、後年専修学校（現在の専修大学の前身）を創立、わが国近代法教育に多大の貢献を果たすことになる。

目賀田種太郎と会う

ワシントンに到着

一週間ほどのニューヨーク滞在を終えて、三月二日、森は一旦、ワシントンに入り、国務長官ハミルトン＝フィッシュ（Hamilton Fish）に信任状を提出、着任を告げた。駐日

デ＝ロングからの公信

ハミルトン＝フィッシュとの交友

森と館員達（左から矢田部良吉，森，外山正一）

公使デ＝ロングからも、すでにフィッシュ長官宛てに、「私は森氏に対して心から歓迎が表わされんことを願うとともに、彼がまったく新しい職務を果たすため、できるだけ悩みを少なくできるような配慮を、閣下自身の手でしていただきたい」（一八七一年一月十日付公信）との、森を推奨するきわめて親切な公信が届いていた。この日本からの若い外交官を、フィッシュは初対面から気に入ったようである。以後、森とフィッシュの緊密な関係が続く。フィッシュは、国際外交の実務経験に乏しい森に、公使館に掲揚する国旗の正式なサイズ、国際符号の形式、諸外国間における公用紙の選択に至るまで、その基本的実務をまさに「手ずから」伝授し、指導してくれた。

信任状を提出したあと森は、再びニューヨークに戻り、さらに三月六日頃にはボスト

ブロクトン再訪を考える

ンに移った。なぜそのままワシントンに落ち着こうとしなかったのか。理由はハリスのコロニイであった。彼はハリスの命により日本に帰ったのである。森は新生社の精神に従って祖国再建に努力してきた。結果はどうあれ、ハリスは森の中に依然として生き続けていた。再出発を決意して米国に渡った森が、まずブロクトンに行き、ハリスの教義を再確認しようと思ったとしても不思議ではない。森は、日本を離れる直前に一通、サンフランシスコ到着後に一通、それぞれハリス宛てに手紙を書いている。内容はわからない。だが、少なくともそれは、ハリスの信徒としての行動であった。従者の新井常之進をコロニイに送り届ける役も担っていた。ブロクトンのコロニイ内でも、森のことがたびたび話題にのぼっている。彼の行動を告げる新聞記事が、メンバーに回覧されることもあった。ニューヨークに居るメンバーから情報がもたらされることもあった。ブロクトンのコロニイでは、当時、長沢鼎(磯永彦輔)と野村一介の両人がメンバーとして生活していたが、長沢はとりわけ森との再会を心待ちにしていた。森のコロニイ再訪を知らされた長沢の心の動揺と期待は、その日記の端々に散見される。

ブロクトンに到着

森が、属官の名和と従者新井とを伴って、ブロクトンに着いたのは、三月十一日土曜日の午後であった。長沢、野村、それに他のメンバーたちから大いに歓迎を受けたことは言うまでもない。翌十二日、ハリスの説教があった。森も無論、メンバーとともに出席している。それは、長沢によると、誠に激しく感動的なものであったという。そして、森がその説教にひどく感動したようだ（Sawai seemed extremely affected by the sermon）と、その日記に記している（Diaries of Kanae Nagasawa, 1871）。森が未だにハリスの人格に惹かれ、精神的にその教義に傾倒している証拠であった。その日の午後、森は長沢とハリスの部屋に呼ばれ、彼のワシントンでの住居と生活に必要な人間とを手配しようとの提案を受けた。ハリスにとって、森は依然として「新生社」の同志であり、自らの教理を日本で実践する者の一人であることに変わりはなかったのである。

ハリスの説教に感動

長沢鼎と語り合う

その夜、森と長沢はお互いに三年間の様々な出来事を語り合った。話題の多くは、祖国日本のことであり、ハリスとその教義についてではなかったろうか。この時、森は、長沢を日本に連れ帰りたいという気持ちを打ち明け、長沢自身も機会があれば帰国したいという意志を見せたらしい。だが、ついにその機会はやって来なかった。長沢は生涯を米国で送り、晩年、「葡萄王（ぶどう）」の異名をもって、カリフォルニアのワイン産業界で重きをなし、カリフォルニアワインの名を世界に知らしめるという偉業を成し遂げた。

翌日も、森は長沢と夜中の一時半まで話し込み、一晩を一緒に過している。十四日、ハリスが再び森に会いたいというので、部屋に赴くが、体の具合が悪いようで、ハリスは彼に多くを語らなかった。結局、二回ほどハリスに会っただけで、森は五日間のコロニイ滞在を切り上げ、三月十五日の午後、ブロクトンを発った。

ブロクトンを去る

二　文化外交

弁務使館を開設

ワシントンに戻った森は、市内のM街と二十四番街の交叉する角地に、日本最初の弁務使館を開設した。住居と事務所の兼用であった。職員は、日本人の他に、現地で雇い入れた米国人秘書、執事、料理人、家政婦、それに庭師がいた。だだっ広くて簡素な造りのその建物を拠点に、森は精力的に、対米外交を展開して行くことになる。

ハミルトン＝フィッシュ

当時の米国はグラント大統領の治世下にあり、いわゆる「再建の時代」のほぼ中間期にあたっていた。産業資本の発展に伴い、搾取と競争、腐敗と混乱とが社会全体を支配していた時代でもあった。こうした時代的風潮の中で、森は、米国文化に多大の関心を抱き、その研究に没頭する。その際、彼の嚮導役を果たしてくれたのは、国務長官ハミルトン＝フィッシュであった。彼は第一級の政治家であると同時に、博捜による学識を持った文化人でもあった。リンカーン大統領の信任厚かったフィッシュは、南北戦争後は野にあって、母校であるコロンビア大学の理事長やニューヨーク歴史学会の会長などを勤めたが、一八六九年グラント大統領に請われて、国務長官の要職に就いた。森は、このフィッシュを介して、グラント大統領や副大統領のウィルソンをはじめ、共和党急進派で熱心な奴隷解放論者である上院議員チャールス＝サムナー、あるいは下院議員のM・P・バンクスなど、米国政界の大立者とも知り合うことができた。こうした政界とのつながりを巧みに利用しつつ、自らの政治外交能力の啓発に努める一方で、森は日米両国間の文化交流を促進しようと努力を傾けた。とくに、日本が近代化を果たす上で、不可決と考えられる相互の人的交流について、森はもっとも深く注意を払い、その実現に力を注いだ。

政治外交能力の啓発

日米の人的交流に努力

着任後、彼が文化交流上、最初になしとげた仕事は、時の合衆国農務長官ホーレス＝ケプロン（Horace Caplon）の日本招聘に成功したことであった。

箱館戦争が終わった直後の明治二年七月、政府は蝦夷地開拓を本格的に推し進めるため、開拓使を設け、翌年五月、兵部大丞黒田清隆を開拓次官に任じた。黒田は、米国の開拓を北海道開拓のモデルとすべきこと、開拓事業に長ずる外人を雇用し、移民、工業、鉱山、測量などのことを実施させ、留学生を海外に派遣すべきこと、などを政府に建議した。政府当局は、これを直ちに受け容れ、明治三年十一月、開拓に必要な器材の購入、外国人技師、教師の招聘、留学生派遣を許可し、黒田に渡米を命じた。黒田は、二月、ワシントンに到着し、森の着任を待って、グラント大統領やフィッシュ国務長官に会い、開拓使顧問の招聘に対する希望を述べた。森が黒田と一緒に農務省にケプロンを訪ねたのは、四月一日（新暦）であった。フィッシュからの紹介状を携えていた。その後、二日間にわたる協議の結果、森は正式に契約したい旨の「覚書」をケプロンに手交、ケプロンはこれを受けて、四月十七日、任務を引き受ける際の条件と内容を記し書面で回答した。契約が成立したのは、翌五月三日であった。契約条件は年俸一万ドル、それに学者、技師の一団を同伴することが決められた（西島照男訳『ケプロン日誌　蝦夷と江戸』）。

黒田清隆の渡米

ホーレス＝ケプロンの開拓使雇入れに成功

フィッシュの森評

五月十七日付の日記に、フィッシュは、森に関する印象を、次のように記している。

私は彼（筆者注、ケプロン）に、森氏にとってその契約は、全く彼の外交資格と職務とを越えたものであり、彼が雇用契約を結ぶ権限を、政府から与えられているかどうかを知る手段も私は持たず、また、ここにほんの短時間しかいなかった森氏について、ほとんど何も知らないが、彼は尊敬すべき、高潔な男のように見える、と言っておいた。（Ivan Hall, *Mori Arinori*）

「尊敬すべき、高潔な男」(to be an honorable and upright man) という、森の第一印象は、国務長官フィッシュに、彼の人となりを信用させる上で、かなり重要な要素となったようである。

ケプロンの来日

ケプロンは、米国でも著名な農学者であり、一流の農政家であった。その彼が、農務長官の座を投げうって、日本への招聘に応じてくれたのも、フィッシュも言うように、森が自らの権限と職務とを越えた熱意を示し、誠意を尽くして交渉にあたったからであった。明治四年八月、来日したケプロンが、開拓使顧問として多方面にわたる調査と献策をし、北海道開拓の基本方針を確立したことは周知の通りである。

黒田はまた、森の勧めで、ケプロンに伴われて、米国の女子教育の実情を視察し、女性の社会的地位の高さとその活躍ぶりに深く感動した。帰国後、彼はケプロンの助言で、札幌に農学校を設立したほか、女子留学生の派遣を提案して、明治四年十一月それを実現させた。

長沢鼎宛ての手紙

同じ頃、森はブロクトンの長沢に宛てて、黒田とその一行や、かつての留学仲間の動向などを手紙で知らせている。その文中に言う。

健康に対する不注意は、われわれ日本人の弱点の一つです。いつか君が言ったように、われわれの身体はわれわれ自身のものではなく、また他のいかなるものも、われわれのものと見なすことは正しくない、というのは真実です。これらの悪を打ち負かす（overcoming these evils）ために絶えざる祈りを捧げねばなりません。（一八七一年四月八日付、英文書簡）

森の黒田評

続けて、黒田の人柄について、飾り気のない実直な男で、熱血漢ではあるが、神の何たるかについて理解できる人間とは思えない、と批判している。それは、ハリスと新生社のことを、彼が一笑に付して信じなかったからである。こうした神への無理解は、黒田に限らず、「不毛な日本人たち（those deserted Japs）の心に、最も一般的に起る一種の誤解」に起因している、と森は判断する。この書簡を通じて、われわれは日本人啓蒙に対する森の意図と、その姿勢とを読みとることができる。森は、日本人の宗教心を涵養することで、キリスト教への誤解を解き、日本人を真の文明国民へと脱皮させたい、と願っていたのである。そうした啓蒙活動も含めて、「悪を打ち負かすこと」が、彼に課せられた使命であり、人間としての責務でもある、と森は強く感じていた。そのことが、森に「われわれの身体はわれわれ自身のものではない」（our bodies are not our own）という、犠牲的精神に富む言葉を吐かしめたわけである。

日本人啓蒙に対する使命感

日本人留学生たちの世話

駐米弁務使時代の森
（ワシントンで撮影）

このような強い使命感に基づき、森は在米日本人留学生たちの世話にあたり、彼らの一人一人に対して職務をこえた懇切な指導を施し、彼らの能力を向上させることに一方ならぬ努力を払った。それは、彼らが、日本の近代化にとって必要欠くべからざる人材であると、深く認識されていたからにほかならない。先の目賀田の例にもれず、当時森の恩恵を蒙って、後年立身する契機を摑んだ者も少なくない。新島襄（じょう）は、森の斡旋で明治四年五月、政府留学生として公認され、岩倉使節の教育調査にも参加した。米国式の私立学校を日本に設立することを熱心に勧めたのも、森であった。帰国後の明治八年、新島が京都に同志社英学校を設立したことは、あまりに有名である。永井荷風の父、久一郎（匡温（まさはる））も、森のお蔭で留学先の大学を変更でき、好きな学問に打ち込むことができた。森は永井の依頼で、自らプリンストン大学学長であるメコーシに会い、彼の転校のことを取り計らってやったという。

各種文化活動に積極的に参加する

留学生の世話や米人招聘など人的交流に尽くすだけでなく、森は自らの勉学にも専念し、各種の文化活動にも積極的に参加して行く。東洋文学関係の書物の収集、米人東洋学者の世話、米国内文化施設や教育機関の視察、さらには米国国会の外交委員会や予算委員会への出席と講演、諸新聞との記者会見、論説公表など、この当時の森の精力的なその文化的、政治的諸活動には、目を見張るものがある。目賀田は、この頃の森の活躍ぶりを、次のように述懐している。

目賀田の述懐

明治の初年にあつては、一般の人民は、多くは等しく東洋人故、日本人と支那人との区別を知らず、甚しきに至つては、支那の属国であると云つて居る様な人が相当の人物にもあつたのである。此の際に於て、森氏は率直勇進、毫も忌憚なく、宴席等に招かるれば出席し、求めらるれば必ず演説をする。其間毫も飾りなく、只実際を述べ、又日本人が他の東洋頑迷人と同じく視らるる如き事があれば、之を訴ふべき時は容赦なく訴へて居たのである。夫れ故に学者社会、教育社会、政治社会にも相当に尊重されて頗る人望のある人であつた。以後の経過に於て、若し此処に殊に親日の傾向を増し、或は日本に同情するものが多かりしは、蓋し其の初めを森氏開拓の功に帰せざるを得ない。（目賀田種太郎『元文部大臣森有礼君のこと』）

ジョセフ＝ヘンリーとの交友

目賀田も言うように、日米の文化交流に果たした森の功績には、計り知れないものがあったが、そうした森の活動を援助したのは、国立博物館（Smithsonian Institusion）の初代理事ジョセフ＝ヘンリー（Joseph Henry）であった。ヘンリーは、ワシントン哲学協会や国民科学協会の会長も勤め、彼の勧めで森は多くの学会に出席したほか、詩人のロングフェローやエマソン、あるいは文筆家として名高いオリバー＝ホームズなど、当時のボストン文化を代表する知識人たちとも知遇を得ることができた。そのヘンリーから紹介された文化人の一人、チャールス＝ランマン（Charles Lanman）を、森は弁務使館の私設秘書として雇い、彼と協同で米国文化の案内書である『米国における生活と資源』（*Life and Resources in America*）を公刊した。九月（旧暦七月）のことである。ランマンは、各紙記者、編集者を勤めたあと、上院議員秘書、下院図書館館長などを歴任し、多くの著作活動により当時の米国ではかなり名の通った文化人であった。

『米国における生活と資源』

『米国における生活と資源』は、森がいみじくもその序文で、「この出版の目的は、多くの偏見を取り除くのに役立てるのみならず、日本におけるすべての民族愛好者たちを、進歩と人類の幸福という高尚な発展に参加させるためでもある」と、述べているように、

米国文化を日本へ紹介

米国文化を日本に紹介することにより、真の文化国家とは如何なるものかを国民に知ら

しめ、日本国民の西洋文明に対する偏見と誤解を取り除くことを、主たる目的として出版されたのである。本書は、ランマンの執筆した原稿を、森自身が校閲したものといわれ、米国文化のすべての分野にわたり、制度と生活面に重点をおきながら、英文で叙述されている。邦訳の予定もあったが、実現を見ずにおわった。

キリスト教的文明の精神

本書の特色は、西洋文明の基本的要素をキリスト教に見出している点であろう。「真のキリスト教は、一般概念としての『文明』と必ずしも一致してはいないが」と断わった上で、森は、「真の哲学的考察にしたがうならば、やはりキリスト教を文明の重要な要因と見なすべきであろう」と、その序文の中で述べている。だが、キリスト教文明を手放しで称賛しているわけではなく、聖書のもつ普遍性やキリスト教自身に内在する個々の弊害的要素については、批判的見解を示している。

さらに、本書で看過できないのは、共和政体への批判と、「自由の誤用」に対する深い警戒心である。森は言う。

共和政体への批判

共和政体とよばれる高尚な意見を受け容れるに際して、我々はそこに不便さと危険性があることを認めるものである。諸外国がその政体を十分に理解するには、多くの時間と綿密な研究が必要である。米国の政府と制度について見聞してきたことが、日本人たちをいくらか魅了してしまっているが、その共和政体の特徴のいくつかを日本の政体に採り入れる前に、その問題をあらゆる角度から十分に検討するのが最も重要なことである。米国において、自由の誤用（the misuse of freedom）から生ずる弊害は、なかでも矯正や改良が最も困難なものであり、十分に注意して避けるようにすべきである。

「自由の誤用」への警戒心

日本の伝統的慣習や風土習俗に、共和政体そのものが適合しないと判断されたことが、森の反対論の大きな理由であった。続けて言う。

もう一つ忘れてならないことは、共和政体が首尾よく確保されて行くためには、教育的条件（educational qualifications）が必要だということである。この点に関して、米国の最も優れた思想家たちが、政治家の策謀で合衆国は不幸な状況に追い込まれてしまったと嘆いているのは、確かな事実である。（中略）繁栄に満ち、幸福で永久的に続く共和政体は、そのもとで生活する人々が、有徳で、十分教育されている場合にのみ、確保され得るのである。

教育的条件の必要

国民に無制限な政治的自由を与えてしまった結果、米国は現在その弊害に苦しんでいる。真の共和政体を実現させるためには、政治的自由の許容以前の問題として、国民的

国民的道義の確立

道義が確立し、国家による教育の整備普及がしっかりとなされていなければならない。森はそのように考えたのである。森のこの見解は、個人の精神的自由に対置された、政治的自由の制限論ないし漸進論として注目に値する。

教育調査に専念

教育制度の確立は、文明国にとって必要欠くべからざる第一条件である、と森は思ったのである。教育の普及によって、国民が知的、道徳的に文明化されなければ、国家そのものの独立維持さえ危ぶまれる。そうした危機感が、森を教育制度の調査研究へと駆り立てたに違いない。木村匡も、教育調査に専念する森の様子を、「其本領とする所の教育に関しては最精神を傾注し、荀も閑あればコンネクチカット州、マサチューセッツ州の学校を巡視し、或は学者に就き、其説を叩くを常とせり。幼稚園のことの如きは、当時米国に於てすら未だ人心を感ぜしめざるに、先生率先して之を研究せり」（木村匡『森先生伝』）と、その伝記の中で語っている。

『米国における生活と資源』を出版してひと月後の十月、森は大蔵少輔吉田清成に宛てて、わが国の教育制度に関する見解を書き送っている。廃藩置県の断行と、それに続く官制大改革を、「真政之実」として称揚し、これから「永遠隆盛之基業」が興起されるであろうことは疑いないと述べたあと、次のように記す。

吉田清成宛ての手紙

恭惟ニ其礎トナルモノハ教学之良制ニ如クナキハ不辨して明カナリ、之ヲ得ル始め一、二之有力家ニ特命全任ヲ授ケ、米欧諸国へ年を期して渡らしめ、其最良ヲ採撰シ我実地之景況ニ合シ、広ク全国之知識学力ヲ富養スルニアリ、福諭（福沢諭吉）、西周等之諸家其任如何、単ニ御賢慮御尽力ヲ祈るナリ、一度此制確立スレハ永隆之業期して待ツヘシ、（一八七一年十月二十三日付書簡）

新しい教育制度の確立を要望

中央集権化をなしとげた日本が、今後国家興隆の基本とすべきものは、新しい教育制度をおいて他にないと断言する。そして、その教育制度を確立するにあたり、わが国教育界の「有力家」を欧米に派遣し、各国の教育制度をよく調査させた上で、わが国の実情に合わせてそれを採用すべきであると説く。森の教育の目的が、文明進歩のために、広く全国の知識学力を涵養するという、国民啓蒙におかれていたことは言うまでもない。「有力家」の候補として、福沢と西の名をあげているのは、のちの明六社との関連から考えて、はなはだ興味深い。

国民教育の組織をめざす

文中にある「教学之良制」が、具体的にどのような内容を持つものであったのか、ここからは読みとれない。だが、森において、教育は国民啓蒙の役割を担うとともに、国家繁栄のための最も有効な手段と考えられていたことは確かである。まさに、国民教育を組織することによって、「わが国民の運命を形づくる」(moulding the destiny of our nation)という、後に『日本における宗教の自由』で述べられた命題が、ここに明白に示されているのである。こうした強烈な国家意識を、その根底で支えていたものは、新生社以来の国家再建に対する強い使命感であり、そのために彼はこれまで厳しい自己修練と過酷な学習生活とを送ってきた。同じ書簡の末尾に、「近時暴習之稍脱スルヲ覚フ」と、森は書いている。それは、彼にとって学問三昧の激しい勉学生活が、この時期ひとまず終わったことを告げたものにほかならない。だが、森が確立した学問とその構想が生かされるには、さらに長い年月と、森自身なお多くの精神的葛藤を経なければならなかったのである。

「暴習」を脱す

三　岩倉使節団

岩倉使節団の派遣

廃藩置県後間もない十月八日、廟議において、右大臣岩倉具視を全権大使とする使節団を、欧米へ派遣することが決定された。副使には参議木戸孝允、大蔵卿大久保利通、工部大輔伊藤博文、外務少輔山口尚芳の四人が充てられ、以下書記官、理事官、随員、それに留学生を含めて、総勢で百四名から成る大使節団であった。使節派遣の目的は、条約改正延期の予備交渉と、欧米先進諸国の制度文物の研究調査であった。使節団一行は、十一月十二日、政府首脳や内外貴顕の盛大な見送りを受けて横浜を出帆、順調な航海ののち、翌十二月六日(一八七二年一月十五日)、サンフランシスコに到着した。熱狂的な歓迎の中、ここで約二週間を過した一行が、さらに大陸を横断してワシントン入りしたのは、年明けの明治五年一月二十一日(新暦二月二十九日)の午後であった。その日は朝から雪模様の生憎(あいにく)の天気であったが、森は米国側の接伴掛とともに一行を中央駅に出迎えると、そのまま宿舎に予定されたアーリントン・ホテルまで同行した。

使節団の米国到着

ところで、森は、岩倉使節の一行が到着する三週間ほど前の二月三日(新暦)、米国各界の有識者十五人に宛てて、教育に関する個人的な質問状を送付し、その回答を求めていた。内容は次のようなものである。

教育に関する質問状を送付

私は、貴国における義務の一端として、日本の教育問題を研究する特別な任務を帯びています。また、個人的にも日本帝国の発展に非常な関心を持っているところから、この問題について貴下の助言と情報の御返事を頂き、わが国民が自分の力で東洋文明の促進に役立つことができるようにしたいのです。総じて、知的、道徳的、身体的に日本の水準を高めることについて、御教示願いたく、特に次の諸点について御注目頂きたいのです。
次の諸点について教育効果はどうか――
一、一国の物質的繁栄に対して
二、一国の商業に対して
三、一国の農業上、工業上の利益に対して
四、国民の社会的、道徳的、身体的状態に対して
五、法律と政治への影響について
これらの諸点について、すべてでなくとも、その一つについてでも御指導頂ければ、喜んで拝受の上、感謝申し上げる次第です。また、それを直ちに英文および日本文をもって刊行し、日本政府ならびに国民に知らせる所存です。

人間の知的、道徳的、身体的発育を重視

この質問状は、当時の森の教育的関心がどこにあったかを明白に示している。すなわち、彼は、人間の知的、道徳的、身体的（intellectually, morally and physically）発育を、教育の基本要素と見なし、これに基づいて国民が涵養されてはじめて、国家は文明の域に進むと考える。したがって、彼の関心は、教育の精神的効果よりも、むしろ商業、農業、工業、法律、政治といった形而下的なものに対して、教育が如何に作用するかに向けら

れる。人間教育の三要素にしろ、唯物的教育観にしろ、いずれもがハーバート＝スペンサーの理論的影響を受けていることは否めない。当時の米国社会は、まさにスペンサーブームのさ中にあり、森も少なからず彼の思想的影響下に置かれていたのである。

森の質問状に対する回答

　森の質問状に対して、二月十四日から三月二十八日までの約一カ月半の間に、十三名の者から回答が寄せられている。回答者には、ジョージ＝ボートウェル（財務長官）、ジェームズ＝ガーフィールド（上院議員、のち第二十代大統領）等の政界要人たちをはじめ、チャールズ＝エリオット（ハーバード大学総長）、ウィリアム＝スターンス（アマースト大学総長）、セオドール＝ウールシー（元エール大学総長）、デヴィッド＝マレー（ラトガース大学教授、のち日本の文部省顧問として来日）等の教育関係者、ジョセフ＝ヘンリー等の文化人、それに実業家や牧師もまじっていた。回答の内容は、概して平凡なものが多かったが、その中では、牧師であるペリンチーフの宗教と学問の分離論や家庭教育論、マレー教授の日本の社会的慣習を重視した教育策などが注意を惹いた。だが、この企ては、少なくとも森に、将来にわ

日本の教育政策に対する展望

たる日本の教育政策について、明確な展望をあたえる結果となったのである。この回答書が整理編集され、五十五ページにおよぶ森自身の手になる日本の歴史を略述した「序文」を付し、『日本における教育』（*Education in Japan*）の書名で、ワシントンの書肆から刊

行されたのは、一年後の一八七三年一月であった。

ランマンの証言

当時の森について、秘書のランマンは次のような興味ある証言を残している。

国民教育への強い願望

西洋諸国の様々な関心が、東洋諸国の間に広めた影響は、今までは有益であるよりもむしろ有害であった。すべての東洋諸国と同様、日本の国民は、人間性へのもっと高度な関心が教化拡大される必要を痛感している。つまり、これこそ森氏が日本の国民を教育するために、出来る限りのことをしたいという強い願望 (a strong desire to do all he can for the education of his people)を、日頃抱いていた主な理由である。(Charles Lanman, *The Japanese in America*, 1872)

国民教育のため出来るだけのことをしたい、という森の「強い願望」の根底には、教育による国家の近代化という意図とは別に、国民に「人間性への関心」(interest of humanity)を呼びおこさせることで、日本人民を真の近代的市民へ脱皮させたいという啓蒙的な意志が働いている。日本のみならず、東洋諸国にとって、西洋文明の影響を「有害」(injurious)なものから「有益」(beneficial)なものへと転化させる有効な手段は、教育をおいて他にはない、と森はこの時はっきりと感じとっていた。

同じ頃、森は国立博物館理事ジョセフ＝ヘンリーから、ある相談を持ちかけられた。

下関償金の返還問題

下関償金(元治元年四国連合艦隊下関砲撃事件の際の賠償金)七十五万ドルが、まだ国庫に収納されておらず、国務省に保管されたままになっていることを知ったヘンリーは、これを日米の文化交流基金として返還することを思い立ったのである。相談を受けた森は、万が一返還された場合、その金がもっぱら教育上の目的に供されるべきことを熱心に述べ、かつ国民の知的状態を高めるための様々なプランを彼に語って聞かせたという。森の見解を質したうえで、ヘンリーは、早速これを意見書の形で、国会図書館合同委員会に提出した。一八七二年の一月十日である。その中に、森が語った具体的プランが記されている。次のようなものである。

森の具体的教育プラン

それらの内、最も重要なプランは、教育上の目的のため、西ヨーロッパや合衆国の科学、文学を象徴するような図書館や、生活上の実用に適するのみならず、あらゆる理論科学の原理を十分に理解するための標本、器具、模型などを備えた国立の機関(a National Institution)を江戸に設立することである。(*The Japanese in America*)

しかも、その機関は、師範学校としての役割も兼ね備えた巨大な中央大学(a great central university)たるべく立案されていたという。また、償金の約三分の一をもって、日本の主要都市にいくつかの大学専用の建物を建て、教授や補助教員の多くを米国から招聘したいという考えも抱いていた。

この提案を受けとった外務委員会は、好意的態度を示し、さらに大統領や国務長官も心からの協力を約束した。この結果、下院は、下関償金残額の支払免除を議決することになる。ランマンが言うように、これは、日本国民の幸福と永続的な繁栄を願って行動した森の不屈の努力の結果にほかならなかった。いずれにしろ、このプランは、のちの帝国大学令につながる森の総合大学構想の端緒として注目しておきたい。

総合大学構想

ワシントン到着後も岩倉使節団一行は歓迎攻めに会い、大いに気をよくしていた。一月二十五日（新暦三月四日）、ホワイト・ハウスで、グラント大統領との接見式が行われ、翌々日には、国会による歓迎会が催された。米国議会は、使節滞在中の接待費として、五万ドルの支出を議決したが、この「寛大」な処置に対して、森は直ちに国務長官フィッシュに手紙を書き、「今や合衆国と日本帝国との間に存在する心からの友好関係を、永続ならしめるであろう」との深い謝意を呈した（*The Japanese in America*）。

条約改正の交渉開始

条約改正に関する交渉は、接見式の一週間後の二月三日（新暦三月十一日）から、国務省で始まった。使節団の任務は、改正延期の予備交渉にあったが、米国各地での歓迎ぶりとその友好的態度に触発されて、彼らは本格的な改正交渉に臨む方針を採った。そうし

使節団に改正調印を勧める

た雰囲気を使節団内部につくり出したのは、森と副使の伊藤であった。それに駐日米国公使デ＝ロングも一役買っていた。森は、この際多少の譲歩をしてでも、改正調印に持ち込んだほうが、近代化を進める日本にとって有利であると判断していた。伊藤も同意見であったらしい。理事官佐佐木高行は、この間の事情を、「是ハ畢竟（ひっきょう）、伊藤副使・森弁務使ナドハ何分飛切論ニテ、立派ニ条約ヲ改正シテ見セル見込アルヲ、大使モ副使モ皆同意トナリタル由ナリ」（『保古飛呂比――佐佐木高行日記』五）と、その日記に記している。

使節団の方針変更

国際通として知られる森と伊藤に動かされて、岩倉たちも改正調印へ方針変更することを同意したようである。だが、交渉は最初から蹉跌を踏む結果となった。国務長官フィッシュは、彼らが天皇の全権委任状を所持していない、という理由で使節の条約調印権を否認したのである。

大久保と伊藤の一時帰国

このため、第一回会談終了後、使節団首脳は早速協議の上、大久保と伊藤の両副使を一時帰国させることに決定した。条約調印に必要な全権委任状を彼らが持ち帰るまでの間、交渉は継続し、条約草案を作成することで一同の方針も一致した。その後も、二月五日、八日、十日と三度会談を重ねたが、肝心の関税自主権の回復、治外法権の撤廃、居留地問題など、日本側の要求は全く問題にされず、反対に、内地開放、日本の輸出税の全廃など種々の要求を、米国側から出される始末であった。交渉は難航した。米国側の態度は、思いのほか強硬であった。大久保と伊藤がワシントンを発ったのは、四回目の会談を終えて二日後の二月十二日であった。

交渉の難航

条約草案に関する日米両国の意見が相対立する中で、交渉は行き詰り、使節団内部に深い後悔の色が漂い始めていた。副使の木戸は、二月十八日の日記に、「今此挙動反顧いたし候に、余等伊藤或は森弁務使等の粗外国事情に通ぜしに托し、忽卒其言に随ひ、天皇陛下の勅旨を再三熟慮謹案せざるを悔ゆ。実に余等の一罪也」（『木戸孝允日記』二）と、軽卒に改正交渉に臨んだことへの悔恨の情を吐露している。伊藤が去ったあと、森は孤立状態に陥った。これ以前の二月中、森は辞表を書き、帰国する大久保と伊藤に託した。これ以上自己の信念を貫き、任務を全うすることは不可能である、と判断されたからである。

辞表を書く

辞表の冒頭で、「幼齢不肖ノ身」でありながら、少弁務使の要職に補任されたことの栄誉を深謝したあと、自分の不能を充分承知の上で、国家のためにこれまで「心脳ノ全力」を尽くしてきたが、時がたつにつれて、ますますその不能を悟るに至った、と改悟の念を記す。ついては、自分のような「不練ノ少齢物」を、このような外交の枢機に参画させ、重責を負わせるのは、政府当局の詮衡方法にも問題があるのではないか。したがっ

「不練ノ少齢物」

て、真に日米外交を担うに足る、能力、年齢ともに優れた大臣級の人物を早急に選定し、自分に代えて米国へ派遣して欲しい、と切願している。そして、最後に、半年後の七月をもって解任されんことを希望するのであった。

七月解任を希望

この辞表は、翌三月付で副島外務卿から太政官正院宛てに上申されている。解任までに半年という猶予期間をわざわざ設けたのも、条約改正交渉の進捗状況を見届けたいことと、『日本における教育』などの出版交渉や教育調査の問題などが残っていたからではなかったろうか。それに、この頃、森には文部省入りの希望もあったようである。自分には外交の仕事は向かない、文教の府こそ渾身(こんしん)自らの力を注げる場所のように、森には感じられたに違いない。岩倉や大久保たちの来米を好機と見て、森が文部省入りを打診したとしても不思議ではない。木戸の井上馨宛ての書簡（明治五年三月十一日付）中に、その辺りの事情を匂わす言辞が見られる。森がこのところしきりに「学校の事」に口出しするが、よく考えてみると、どうも「一と山」当てようという魂胆からのようだ。伊藤まで籠絡させて、「拙き事体」実に困却の至りである。国家のために、万が一にも森のような人物を文部省には入れないように、と井上に念を押している。木戸の森に対する反感は、日毎に募って行ったようである。木戸の日記には、この時期連日のように、森の

文部省入りを打診

森に対する木戸の反感

言動を痛罵する記述が見られる。二月三十日に、森を「功名の馳せるの弊」あるものと非難し、三月八日の条では、森の欧風好みをあげて、「我国の公使にして公然外国人中にて猥(みだ)りに我国の風俗をいやしめる風説あり」と、指弾している。木戸の言う「風説」には、森がこの頃さかんに吹聴していた日本語廃止論のことも含まれていたかもしれない。

日本語廃止論

前年の十二月二十六日付のワシントン・スター紙は、森公使が日本政府に対し、漢文の教授を禁じ、これに代えるに英語をもってすべきことを建議、さらに日本人が言語のみならず、結局は米国の生活様式や習慣をも採り入れることになろうと、信じて疑っていないようだと報じている。この記事が正しければ、彼はかなり早い時期から、日本語廃止について考えていたことになる。木戸が森の「洋癖」をなじってから約一カ月後の四月十五日(新暦五月二十一日)付で、森はエール大学の言語学教授であるウィリアム゠ホイットニーに宛てて書簡を送り、日本語に代えて英語を国語にしようとする私案を示して、その意見を求めている。しかし、ホイットニーは、言語学者としての立場から、六月二十九日(新暦)付の返書で、日本語のローマ字化を除いては、日本語廃止について真向うから反対した。にもかかわらず、森は持論をまげず、半年後に出版された『日本における教育』の序文の中で、日本語がいかなる目的にも役立たない言語である、との暴論を吐くに至るのである。森は、この時言語を変革することにより、日本の文明を根底から造り変え、国際社会で列強と対等に渡り合える国家に仕立て上げたい、と本気で考えていたようである。

吉田清成の渡米

秩禄処分と外債募集

四月八日(新暦五月十四日)、かつての留学仲間である大蔵少輔吉田清成がワシントンにやって来た。彼の渡米目的は、華士族の秩禄買上げ資金、および鉱山・鉄道等の殖産資金を得るため、外債を募集することにあった。廃藩置県以後においても、膨大な華士族に対する家禄の支給は、依然として国家財政上の大きな負担となっていたため、明治五年二月、政府は現家禄の三分の一を削減し、残余を禄券で交付するという、秩禄処分案を決定していた。この留守政府決定案を、在米の岩倉や木戸は華士族の生計への配慮を欠いた苛酷なものとして非難し、反対した。森も同じくこれを批判した。家禄は私有財産の一種であり、それを国家の権力で強制的に奪い取ることは、許すべからざる人権侵害であって、しかもそれを外債募集で補塡するなど、「粗暴の措置」以外の何ものでもない、というのがその理由であった。

森の反対理由

国家の決定と言えども、正理に照らして「非」であると確信された時には、人間一個の責任において、その「非」を遂げさせないことが、公吏たる者の責務である(四月十二日付吉田宛書簡)、と主張する森は、あらゆる手段を弄して、吉田の起債活動を妨害した。この結果、吉田はついに米国での起債をあきらめ、五月三日（新暦六月八日）、英国へ去って、ロンドンで外債募集に成功することになる。

吉田の起債活動を妨害

辞職願いをしばらく保留していた政府も、今度の起債妨害の一件は、在外使臣として許しがたい所業であると激怒し、六月中には「是非とも呼返し」の上、「厳罰」に処すべきを決定した。だが、森の本国召還が実現したのは、それから半年も経った明治六年一月のことである。

大久保と伊藤の帰米

全権委任状を請いに一時帰国していた大久保と伊藤がワシントンに戻ったのは、六月十七日（新暦七月二十二日）であった。たまたま日本からドイツへ帰国途中のドイツ公使フォン＝ブラントや元英国代理公使アダムスからも、片務的最恵国条項の点で、国別談判による対米条約調印は不利だと諭された岩倉や木戸は、この時すでに談判中止の意向を固めていた。この間にも岩倉や木戸と森の対立は続いていたらしく、「森大に旧条約の趣旨を誤り討論之余又紛紜の私意を形り、此間の不都合不レ遑二枚挙一」（五月二十五日の項）とか、「今朝森来て裁判一条の事を陳述す、終に余等と議論不レ合」（五月二十七日の項）といった記事が、木戸の日記に見えている。石井孝氏は、森がこの時、最恵国条項について自己流の解釈をほどこし、対米交渉の継続を主張したのではないかと判断しておられる（石井孝

木戸との対立続く

『明治初期の国際関係』)。外債妨害の場合と同じく、条約調印はあくまでも森にとって達成しなければならない「正理」であったのである。

対米交渉の打ち切り

両副使が到着したその日の午後、第十一回目の最終会談が行われたが、事態が改善されるはずもなかった。日本側が提案したヨーロッパでの各国合同会議への出席を、国務長官フィッシュが拒絶したことで、交渉は打ち切られた。大久保と伊藤が苦労して持ち帰った全権委任状は、何の役にも立たなかったのである。六月二十一日の夜、森の主催による歓送会が、二十四番街の弁務使館で催された。翌日、ワシントンを発った使節団は、ニューイングランド一帯の視察を終えて、七月三日(新暦八月六日)、ヨーロッパへ向けてボストンを解纜(かいらん)したのである。

使節団の離米

四　宗教と教育

女子留学生たちの世話をする

岩倉使節団が米国を離れたあと、森は本来の公務に戻った。使節団が同伴してきた五人の女子留学生たちの世話をはじめとして、開拓使への技師雇用、条約集の翻訳、日本文学書の輸入援助、米国の地方行政機構の研究調査など、その活動領域は広範囲に渡っている。吉益亮(りょう)、上田悌(てい)、山川捨松(すてまつ)、永井繁(しげ)、津田梅(うめ)の幼い五人(八歳〜十五歳)の女子留学生たちに、英語の基礎教育を施すため、森はワシントン市内に一軒の家を借りうけ、語学教師を雇って会話の勉強をさせていた。しかし、その共同生活が彼女たちにとってあまり良い影響を与えない、と判断した森は、ただちに彼女たちを別々にし、それぞれ一般家庭に預けることにした。この時、最年少の津田が、森の友人で弁務使館秘書でもあったチャールズ＝ランマン宅に引き取られ、彼の懇切な指導のもとに、そこで十余年の歳月を送ったことはよく知られている。また、同じ十月(新暦)、懇意の間柄であったジヨセフ＝ヘンリーから、フィラデルフィア出身の地質学者ベンジャミン＝ライマン(Benjamin Smith Lyman)を紹介され、彼を開拓使の採鉱技師として年俸七千ドルで雇い入れた。ライマンが来日後、わが国の地下資源開発の基礎づくりに貢献したことは、周知の通りである。さらに、本務たる外交事務の一端として、懸案の条約改正における基礎資料たるべく、エジプト裁判所改正条令を翻訳し、外務省に送付したのも、この月であった。

ベンジャミン＝ライマンの開拓使雇い入れ

だが、こうした激務とは裏腹に、森の辞職への願いは、日ごとに募って行ったようである。十月十一日(新暦十一月十一日)付で、森は外務卿副島種臣に宛てて、解任督促を依頼する私信を送っている。それは次のようなものであった。

副島外務卿に弁務使解任を督促する

自分が辞職を望む理由は三つある。一つは、政府の信用を得ていないこと。二つは、自分がその任に耐え得ないこと。三つ、外国交際の道を完全たらしむるため。第一の点は、岩倉使節が米国に来た折に充分に証明された。第二点、政府に信用のない人間が、遠く海外で努力することは、至難の業に等しい上、自分は幼齢未熟で才能に乏しい。第三点、不肖にして信用のない自分を、公使の地位に置いておくことは、米国の政府や国民の親切、友誼に対してはなはだ申し訳ない。とくに米国がわが国に全権公使を派遣しているのに、日本が代理公使では外交儀礼に悖る。すぐにも大臣を派遣して、外交の道を全うすべきである。そして、末尾に言う。「往時ノ辱」(廃刀論の事件)は自分一身上の問題であったが、「今時ノ凌辱」は、わが身のみならず、国家にも大害を及ぼすこと必定、苦衷を察して、すみやかに解任してほしい、と。森はこの書簡の写しを、英国の寺島とフランスにいる鮫島に送り、その援助を求めている。だが、本国において、森の処分問題はまだ片付いておらず、十月十四日(旧暦)の職制改革で、森は「代理公使」に任じられた。

寺島と鮫島にも援助を依頼する

この解任督促の書簡を送って二週間後の十月二十五日(新暦十一月二十五日)、森は国民啓蒙に関する、最初のまとまった論文を発表した。論題は、『日本における宗教の自由』

『日本における宗教の自由』

（*Religious Freedom in Japan*）、英文である。

良心の自由と宗教的信仰は人間固有の権利

論文そのものは、太政大臣三条実美への建白書の形をとっているが、実は、日本政府に対して、国民の自由な信仰心を保障するよう要求したものにほかならなかった。「重要な人事が多くある中で、宗教的信仰に関するものが最も重要であると思う」という一文からはじまるこの論文の主旨は、良心の自由と宗教的信仰とは、何人とも奪うことのできない人間固有の権利（an inherent right of man）であるだけでなく、人類に進歩と幸福をもたらす基本的かつ本質的な要素であり、国家を文明の域に進めるためにも、こうした権利を保障する法と教育の整備が、早急になされねばならない、という点にあった。森は言う。

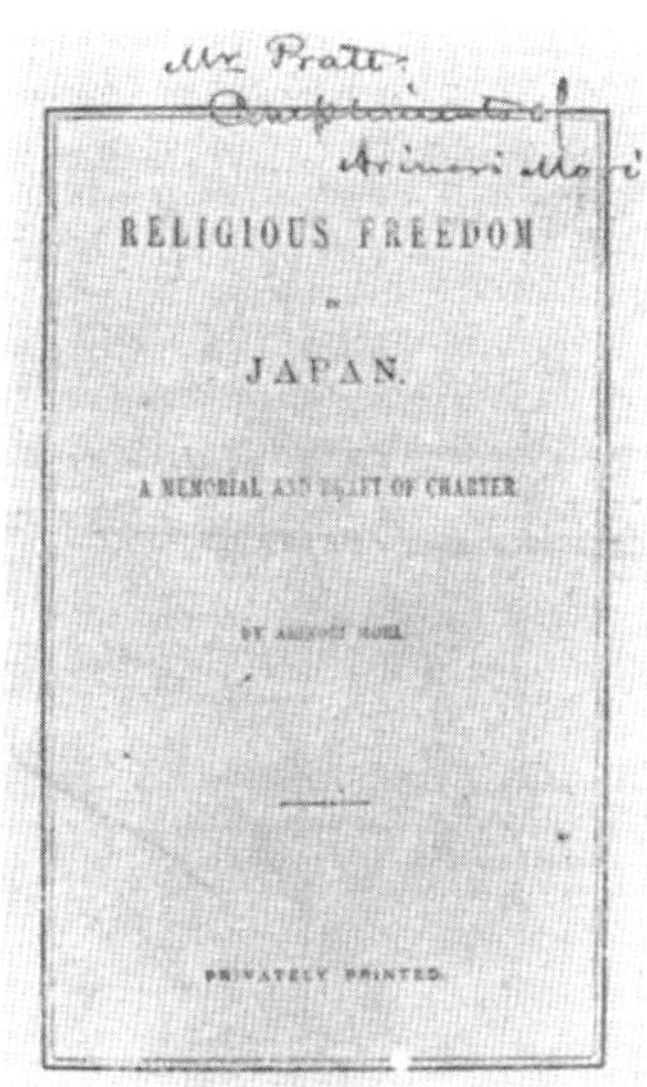

『日本における宗教の自由』表紙

生きとし生くるものはすべて、おのがじし、創造主に対してその思想と行為のすべての責任を負うものである。この責任を知るの知識と、それを果たすための自由とを奪われた人間は、もはやその言葉本来の意味において、人間とは呼ぶことができないのである。

キリスト教の移入を主張

「革命なしに進歩はありえない」

法律と教育の関係

森は、宗教的信仰を人間性の基調とみて、これを冒すことのできない主体的人間の原点とみなしていた。「創造主」に対して全責任を負う人間が、自らの知識と自由とを剝奪されたらもはや人間ではない。ではどうしたらそうした自立心を持つ主体的人間が造出されるのか。キリスト教の早急な移入により、宗教心を育てることである、と森は述べる。しかし、国内で反対があったらどうするのか。「革命なしに進歩はありえない」と、森は結論づける。社会の軋轢(あつれき)、不和により引き起される「革命」こそ、文明進歩の源泉であり、決して恐れることはないというのである。むしろ、そうした「警戒心」(precaution)こそ注意さるべきものであり、進歩とは「革命と試煉」(revolution and trials)によって達成されるものであることを銘記すべきである。なぜなら、それが「自然の法則」(the law of nature)であるから、と森はくり返し語っている。続いて、法律と教育の関係を述べ、法律は、自由の最良の保護者であるが、その完全な保障は、すべて普通教育の性格と効能にかかっている、と強調している。法律と教育の両々あいまって、はじめて近代国家はできあがると、森は見ていた。だからこそ、われわれは、早急に国民教育を組織することに、最大の努力を払わねばならない、それが、われわれ政府の要路に立つ人間の責務である、と森ははっきりと断言する。

「わが国民の運命を形づくる」

教育に関心を持つことが、緊急にして価値あることは明白である。したがって、われわれの現在おかれている立場は、恐るべき重い責任を負うものであることを、一人一人が充分に自覚しなければならない。われわれは、わが国民の運命を形づくる(moulding the destiny of our nation)という重責を担っている。のみならず、われわれの努力の影響は、必ずや他のアジアのすべての国々に、われわれに倣って法律を制定しようという気持ちを起させるであろう。われわれは全力をあげ、きわめて厳粛にこの正しい方向に邁進し、最大の熱意をもって人類のために努力しなければならない。

国家の不当な干渉を排除すべし

最後に、国家が、個人の宗教的信仰や教育に不当に干渉することは、極力回避されねばならないとして、国家のなすべき義務は、「科学的ならびに芸術的な諸般の事実に関する知識を普及せしめ、啓蒙という堅牢な基礎の上に平和を打ち立て、そして全人類の不幸の根源である無知という陋劣な勢力をして、できるだけ速に自滅に至らせる」ことである、と説いている。森にとって国家とは、個人の権利の擁護機関であり、平和を保障

国家は権利の擁護機関

するために機能すべき装置であった。だから、国民啓蒙の事業は、人民の手によってではなく、政府の手で行うべきものである、と森は考えたのである。そこに、森が啓蒙主義官僚と呼ばれる所以があった。

『日本における教育』の序文

この『日本における宗教の自由』が公刊されてひと月半後の明治六年一月一日、森はもう一つの代表的な啓蒙論を書き上げた。『日本における教育』の序文（introduction）である。同書は、前にも書いたように、森の教育質問状に対する有識者の回答集であるが、これに森は自ら日本の通史を付し、「序文」としたのである。米国民に日本の歴史を紹介し、彼らの日本への理解を深めさせるとともに、日本国民にも歴史の進歩の観念を教える目的で書かれたものであった。叙述には、森独特の史観が見られる。人間を歴史の中心におき、彼らの知識と能力によって、歴史は作られたとする見方である。森の人間に対する深い洞察から導き出された史観であった。

森独特の史観

まず、日本の歴史をその統治形態から、神（神霊）の時代、王政（天皇による政治）の時代、覇政（将軍ないし世俗的統治者による政治）の時代、王政維新（天皇による政治の回復）の時代、の四期に区分する。各時期における指導的人間の個性を重視する中で、第二期では、聖徳太子の高邁（こうまい）にして賢人的な資質と、その非凡な能力とが大変革の真の原動力になったとし、第三期において、源頼朝の覇権確立は、源氏一族として彼が享受した力とその性格によるとし、さらに、徳川家康が至上権の獲得に成功したのも、彼が非凡な知恵と能力、それに不屈の忍耐力とを持っていたからだとしている。そして、一八五三年のペリー来航による騒擾は、「急激な革命に対する国民能力（The nation capacity）の厳しい試煉」にほかならず、外国人たちの方が、様々な点で自分たちよりも勝っている、との薩長両藩指導者の確信が、日本を進歩に導く影響力の源泉になったと断言する。最後に、第四期の現在、様々の急進的な改革がなされているが、すべてそれは、人間性を高め、国家に栄光と繁栄をもたらすために、上層階級が自らを犠牲にして行っているものだと強調している。歴史は進歩発展するもの、との科学的認識に基づき、森は、人間の知識と能力とが歴史の重要な変革要因として作動している点を、この序文で主張したかったのである。国民の知識と能力とを開発し、それぞれの人間性を高めることによって、日本を近代化させようという森の強烈な啓蒙の姿勢が、ここにもはっきりと表われている。

「国民能力の厳しい試煉」

人間の知識と能力を歴史の変革要因とみなす

その他、天皇制衰退の遠因を、「妻妾同棲」と「養子縁組」という、日本古来からの因襲的な婚姻関係に見出そうとしたり、日本民族の特性として、異文化に対する高度の適応能力をあげるなど、この序文には、注目すべき見解も少なくない。最後に、日本が国際的な独立を保つためには、英語の習得が必要不可欠であり、日本国民が西欧の科学、技術、宗教等を摂取する上にも、日本語のような貧弱で不確実な伝達手段（a weak and uncertain medium of communication）に頼ることはできないし、国法さえ維持することは難しい。だから、日本語を廃止し、英語を採用しろ、と有名な「日本語廃止論」を提起している。このあまりに無謀な議論に、この後多くの反駁があり、内外識者の間で物議をかもしたことは言うまでもない。だが、この時の森の意識に即して言うならば、知識や能力のみならず、言語、体力、習慣など、すべての面で、国民が根底から作り変えられてはじめて、変革は達成され、国家は文明の域に進むものと考えられていたのである。

日本語廃止論

この二つの啓蒙論を書き終えた森は、いよいよ帰国準備に取りかかった。政府側でも、森の召還を一月中には決定していたようである。最後の公務とも言うべき日米郵便交換条約に関する交渉を終え、三月十八日をさほど越えない下旬の頃、森は帰国の途に就いた。岩倉使節団のその後の交渉経過を自身の目で確かめるためと、ハーバート＝スペンサー（Herbert Spencer）に直接会って、「日本の諸制度の再組織」についてその意見を聞きたいため、森はヨーロッパに渡った。森が英国に到着したのは、四月の初め頃であったろう。この英国で、彼はおそらく一カ月半を過ごしたはずである。森の訪問を、一八七

米国を出発し帰国の途につくハーバート＝スペンサーに会う

三年の春頃と述懐するスペンサーは、この時の様子を次のように語っている。

スペンサーの回想

彼は日本の諸制度の再組織（The reorganization of Japanese institution）について、私の意見を聞くために訪ねてきた。私は彼に保守的な忠告(conservative advice)を与え、日本人は結局は、彼らの進歩に余り先んじない形態に戻るであろうし、それから大幅にそれるような試みをすべきではないと勧告した。(David Duncun, *The Life and Letter of Herbert Spencer*, 1908)

森とスペンサーの会見は、ロンドンの中心部に近くポール・モールにあるアシニアーム・クラブ（Athenaeum Club）で行われたといわれる。スペンサー自身がこのクラブをよく利用していたからである。会見が一回かぎりのものであったか、二度ないし三度にわたったものかはよくわからない。だが、この会見を機会に、両者の間に急速な親密感が生まれたであろうことは、後年の両者の親交ぶりからみて想像に難くない。スペンサーの「保守的な忠告」を、森がどのように受けとめたかを知る術はない。しかし、帰国後の彼の思想的経緯から推側しても、この忠告が森の政治的生涯に大きな影響を及ぼしたことは間違いない。

スペンサーの「保守的な忠告」

スペンサーとの会見を終え、五月下旬、フランスに渡った森は、そこで岩倉使節団よ

フランスのマルセーユを出帆

り一足先に帰国する木戸と一緒になり、六月八日、フランスの郵船フーグリー号に搭乗してマルセーユの港を離れた。

第五　国民啓蒙

一　明六社

木挽町の客舎

明治六年七月二十三日、横浜に帰着した森は、直ちに東京へ向かい、木挽(こびき)町五丁目五番地にある高島徳右衛門の客舎に旅装をといた。高島の家は、洋風木造二階建で、築地居留地にも近く、外人の宿泊客も多かった。三十間堀に架けられた木挽橋を渡れば、すぐに尾張町である。俗に銀座と称せられたその通りには、煉瓦造りの二階屋が立ち並び、馬車や人力車が所狭しと走りまわっていた。

皮相な文明開化を批判

こうしたいわゆる「日本橋近辺の文明開化」に、森は批判的であった。単なる西洋文明の模倣ではなく、真に日本を文明国に導くためには、国民の蒙をたえず啓(ひら)きながら、新しい時代に対応した科学的合理的な精神を涵養して行く必要がある、と森は米国に駐在していた時から痛感していた。それは、一般民衆を封建卑屈の精神から解き放ち、彼らに独立不羈(ふき)の精神を注入することであり、個人の尊厳と自由の観念を知らしめ、彼らを真の自立的近代的な国民に育て上げることであった。

学会設立の準備

新しい職務に就くまでの閑暇を利用して、森は懸案の欧米式学会の設立準備にとりかかった。まず深川佐賀町で家塾を開く西村茂樹（しげき）のもとを訪ね、彼に学会のことを謀った。西村は、佐倉藩出身の洋学者で、旧幕臣系洋学者とも親しく、人選を委（ゆだ）ねるのにも都合がよかった。西村によると、森はこの時、学会の結成理由を、次のように語ったという。

西村茂樹に謀る

森氏曰ふ、米国にては学者は各其学ぶ所に従ひ、学社を起して以て互に学術を研究し、且講談を為して世人を益す、本邦の学者は何れも孤立して、互に相往来せず、故に世の益をなすこと甚少なし、余は本邦の学者も、彼国の学者の如く互に学社を結び、集会講究せんことを望む。（西村茂樹『往事録』）

学社の同人

西村は、森の希望を容れて、旧幕府開成所の出身者を中心に、「都下の名家」を誘った。誘いに応じたのは、加藤弘之（文部大丞）、津田真道（陸軍大丞）、西周（陸軍大丞）らの官僚学者と、福沢諭吉（慶応義塾）、中村正直（同人社）、箕作秋坪（みつくりしゅうへい）（三叉学舎）ら在野の教育家の一群であった。いずれも森とは旧知の間柄であり、教育家ないし理論家として彼が以前から一目を置いていた人々である。彼らはそれぞれに、多くの著作、翻訳書を著した洋学の大家であったばかりでなく、豊かな教養と優れた個性を身につけた近代的知識人たちであった。そこにこの学社の特色があった。彼ら同人は、いわば政治に左右されない自由な立場から結社に参加し、一種の批判的精神をもって討論の場に臨んだのである。

学社の特色

学社の初会合

学社の最初の会合が、木挽町の森の家で開かれたのは、九月一日である。加藤、津田、西、中村、箕作、西村の六名が出席し、夕方五時前から夜十一時すぎまで討論が行われた（『加藤弘之日記』、大久保利謙『明六社考』所収）。毎月一日と十六日の二回、会を持つことも、おそらくこの時に決まったのであろう。日本で最初の啓蒙結社といわれる「明六社」の事実上の発足であった。この学社に、「明六社」の名が正式に付せられたのは、翌明治七年になってからである。

学社結成の様子

翌月、森はフランスに居る親友の鮫島尚信に書簡を送り、「学社」結成の模様を熱っぽく語っている。

> ソサエチー二通り組立、一ツは書籍院会社、一ツは学。術。文。社中なり、書籍之方ハ誰れにても入社出来申候、学術文社中ハ当時中村敬宇。福沢。津田。加藤。西。箕作。西村。杉。福羽。杉浦弘是ハ未定等凡（およそ）十名にして既ニ集会五度も有レ之、皆悦喜勉強ナリ、毎月朔ト十六日両度ニ候、（十月十九日付書簡）

この書簡によると、森は当初、「書籍院会社」と、「学。術。文社中」の二つの学会を組織する予定であったらしい。「書籍院」とは、今で言う図書館のことである。米国駐在時に、森が返還償金の一部で、教育上の目的のため、欧米式の近代的図書館を建てたい、という意図を持っていたことは、前に書いた。この計画の一部なりとも実現したい、と考えた森は、自ら私設図書館を作るべく、大部の書物を米国から日本へ送らせたという（木村匡『森先生伝』）。文中の「書籍院会社」とは、計画中のこの私設図書館のことであろう。しかし、この計画は、資金的な困難などの理由で挫折し、商業学校設立へと目的変更を余儀なくされた。

私設図書館の創設

後者の「学。術。文社中」は、むろん明六社のことである。「学」は科学(science)、「術」は技芸学術(technic)、「文」は文学(literature)を、それぞれ意味すると考えられる。したがって、森は設立当初から、学会そのものを、総合的な学術団体とする構想を持っていたようである。ともかくも、この二つの「ソサエチー」組織は、森の国民啓蒙に対する最初の事業となったのである。

「学。術。文社中」

この頃、朝野は、いわゆる「征韓論」に沸き返っていた。朝鮮が日本の国書の受領を拒否した無礼を、武力で制裁しろ、という意見である。だが、そこには、朝鮮への単なる武力発動だけではなく、朝鮮を制覇することで内乱の危機を打開し、日本を真の統一

征韓論

国家に導こうという、重大な意図が含まれていた。国内には種々の特権を奪われた士族層の反政府熱が高まり、彼らの不満を抑えるのに政府は手を焼いていた。政府部内での派閥的対立が、これに拍車をかける形となった。政府内第一の実力者であり、不平士族層の代弁者と目された西郷隆盛が、征韓派に与して、自ら遣韓大使となって朝鮮にのり込むと主張するや、政争は頂点に達した。非征韓派の大久保は、岩倉や木戸と画策し、西郷派遣取消しと征韓不可の裁可を得ることに成功した。十月二十三日、この日、西郷は直ちに辞表を提出、翌日には板垣退助、後藤象二郎、江藤新平、副島種臣の征韓派四参議もまた、辞表を提出し下野するに至った。明治六年十月の政変といわれるものである。数日後、西郷は、陸軍少将桐野利秋と相携え、飄然として東京を去った。もはや古い士族の時代は過ぎ去り、新しい近代的官僚の時代が来ようとしていた。大久保独裁体制の幕開きであった。

明治六年十月の政変

外務大丞に就任

政変直後の十二月十二日、森は外務大丞に任ぜられ、本省勤務を命じられた。これまで、賜暇帰国の形で待命、処分待ちであったが、副島に代わって、寺島宗則が参議兼外務卿に就任したため、譴責を免れた。外務卿就任後、寺島はたびたび岩倉に謀って、森の善後策を講じていた。

年が明けて間もない明治七年（一八七四）の正月七日、森は大久保に半年の賜暇願いを申し出た。理由は、司法、教育、財政等の諸政策が地方人民の上にどのような影響を与えているか、その実情を調査し将来の方針を図るため地方視察をしたい、というものであった。本来の目的からいえば、明らかに外務大丞の職務ではない。それをあえて森は申し出た。「政府の要路に立つ人間は、国民の運命を形づくる」という、官僚としての重い責務の念からであった。本来の職務をさしおいても、深刻な危機状況をはらむ「地方の治体」を視察し、打開策を検討したい、というのがこの時の彼の偽らぬ気持ちであった。無論、このような願いが聞き届けられるはずがなかった。だが、そうしたことを充分承知のうえで、忌憚なく意見を上申し、信念を押し通すところに、森の真面目（しんめんぼく）があったのである。

地方状況視察の希望

森が危惧したように、地方の実状は一触即発の危機に直面していた。廃藩置県に続く徴兵制、学制、地租改正など、一連の上からの近代化政策は、地方の民衆に過重な負担を与え、耐えかねた民衆はつぎつぎと大規模な一揆を起こしていた。こうした民衆の昂揚する反政府熱を巧みに利用しつつ、板垣、後藤、副島、江藤の前四参議は、一月十七日、太政官左院に対し、「民撰議院設立建白書」を提出した。建白書は、洋行帰りの新知

民撰議院設立建白書

識小室信夫や古沢滋が、天賦人権論に依拠して、民選議会の設立と人民の「通義権理」の確立普及を説いたものであった。それが、下野四参議らの「有司専制」に対する攻撃意図から出たものであることは明白であった。だが、権利の対象が「士族及び豪家の農商等」に限定されていたにもかかわらず、彼らの意図を超えて「自由民権」の運動基盤は、広く深く民衆の間に浸透していった。

采女町精養軒

「民撰議院設立」の建白がなされた前日の十六日、年度最初の「学社」会合が開かれた。以後会場には、築地二ノ橋たもとにある西洋料理店精養軒があてられることになった。俗にいう「采女町精養軒」である。創立者はもと京都仏光寺の寺侍北村重威で、岩倉のすすめもあり、外国の貴顕賓客の接待用にと、洋食店の開業を思い立った。薩摩の川村純義の肝入りで、築地の海軍用地前に地所を得、明治五年開店の運びとなった。洋風ホテルが少ないところから、外務省の要請でホテルも兼業したという。

明六社と命名

洋食を喫しながらの会合は、欧風好みの会員たちには、しごく評判がよかった。二月には、「明治六年設立の由縁」により、名を「明六社」と付けた。社則が決まり、機関誌も発行されることになった。誌名を『明六雑誌』という。三月九日、『明六雑誌』の発刊予告が、『郵便報知新聞』の告知欄に掲載された。告知文は、「事理を論し異聞を談し、

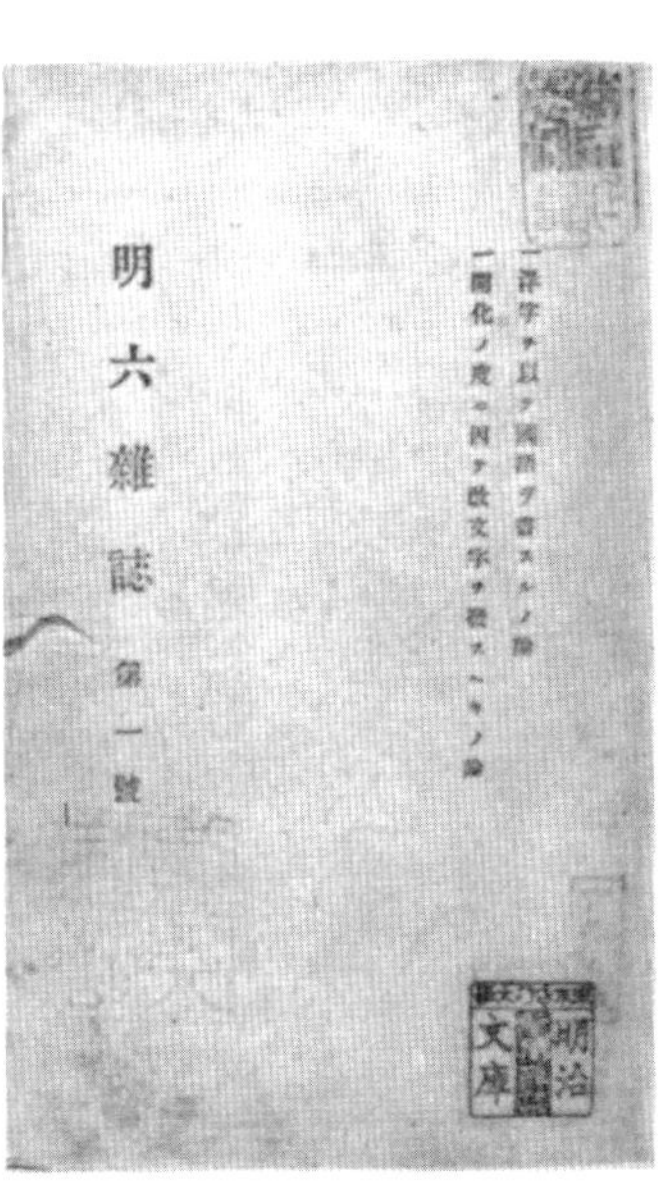

『明六雑誌』第一号表紙

我国の教育を進めんか為めに会同商議せられ、其談論筆記するもの従て刊行し」と、明六社の目的ならびに雑誌発刊の意義を述べている。社則である「明六社制規」も、意義目的について同様のことを記している。すなわち、会員相互の討論と切磋琢磨を通じて、国民啓蒙を推進して行こうというのがその主旨であった。例会での論議の内容を雑誌に載せるのも、世論を喚起し、国民の知識向上に役立てたいからであった。

『明六雑誌』

『明六雑誌』は、四月二日の第一号を皮切りに、毎月二、三冊ずつ刊行され、明治八年十一月十四日発行の第四十三号をもって終わった。掲載論文百五十六篇いずれにも、斬新な知性と百科全書的な趣向が漲(みなぎ)っており、啓蒙雑誌としての名に恥じない充実したものであった。論題も、政治、法律、外交、財政、社会、哲学、宗教、教育、歴史、科学等すこぶる多岐にわたって、百科全書の面目躍如たるものがある。諸篇ともに各自の課題を実生活に結びつけながら、合理的、実際的な視点から論じ、簡明な筆致で綴っている。

粗末な薄卵色の和紙に印刷した平均十葉二十ページほどの小型雑誌ではあったが、斬新高尚なその論文内容に魅せられて、当時の知識青年の多くが競って買い求め、読み耽（ふけ）った。雑誌は、毎号平均三千二百余部という、当時としては驚異的な売れ行きをみせたという。『明六雑誌』は、以後の多くの学術雑誌、評論雑誌の先駆となるものであった。

演説会の創始

明治七年の秋頃からは、同じ精養軒を会場に、演説会が催されることになった。「演説」という語は、福沢諭吉が考案した「スピーチ」からの訳語であった。西洋流のスピーチは、西洋語でなければ駄目だと言い張る森をおさえて、福沢は自ら実演して、日本語演説が可能なことを実証したといわれる。最初は、社員のみが傍聴したが、翌明治八年二月の例会から、広く一般に公開されることになり、新聞広告で聴衆を募った。演説会は多大の好評を博し、都下の知識青年たちを大いに刺激した。十八歳の土佐の民権青年植木枝盛（えもり）も、その一人であった。植木は、明六社の啓蒙思想から深い感化を受けながらも、それをのりこえ、やがて自由民権運動の最大のイデオローグとなる。

明六社の社員

社員もしだいに数を増し、統計学の先駆者である杉亨二（すぎこうじ）、フランス学の第一人者で、法学の権威箕作麟祥(みつくりりんしょう)、森の盟友で東京開成学校校長の畠山義成(はたけやまよしなり)、それに通信員として、兵庫県令神田孝平(たかひら)などが新たに加わった。その他、例会には、田中不二麿(ふじまろ)、大槻文彦(おおつきふみひこ)、辻新次、九鬼隆一、清水卯三郎(うさぶろう)など、多士済々の顔ぶれが集まった。こうして、明六社の全盛とともに、明治啓蒙の最も輝かしい時代が始まったのである。

森が『明六雑誌』に寄せた論文は、次の七篇である。

一、「学者職分論ノ評」(第二号)

二、「開化第一話」(第三号)

三、「民撰議院設立建言書之評」(第三号)

四、「宗教」(第六号)

五、「独立国権義」(第七号)

六、「妻妾論」(第八、十一、十五、二十、二十七号)

七、「明六社第一年回役員改選ニ付演説」(第三十号)

最後の「演説」以外は、いずれも明治七年中に執筆されたものである。各篇に共通して言えることは、人民の権利と義務を、国家との関係において、明確にうち出した点であろう。以下、簡単にその内容を紹介する。

「学者職分論ノ評」

第一論文の「学者職分論ノ評」は、福沢諭吉が、この年一月に刊行した『学問のすすめ』第四編「学者の職分を論ず」に対する批判である。福沢があくまで在野的精神に立って、国家権力から独立した学者の必要を説いたのに対し、森は官僚としての立場から、国家への義務を確実に果たしうる自立的な学者の必要性を主張している。

「開化第一話」

第二論文「開化第一話」は、文明の進歩と発展を主知主義的観点から捉えた啓蒙論である。人間個人の知能と精神の調和的発達が、そのまま文明社会をもたらすとの、予定調和的な楽観論を唱えているのが注目される。

「民撰議院設立建言書之評」

第三論文「民撰議院設立建言書之評」は、征韓論で下野した四参議が中心となって政府に提出した、「民撰議院設立建白書」への駁論である。森の批判点は二つあった。一つは前四参議の態度であり、他の一つは民撰議院の性格についてである。前者は、在官時代の自らの過誤を棚に上げて、現今の有司専制による政治状況を糾弾する、その道義上の態度について論難したものであり、一面の真理をついていた。後者は、建白書が述べる民撰議院の国家機構上の位置の不明確さに対する批判で、民撰議院とは、そもそも人民が自らの意志で、自らのために設けるものであって、政府の手で設立すべきものではない、というのがその理由であった。

「宗教」

第四論文「宗教」は、スイス人の国際法学者ヴァッテル（Emerich de Vattel）が著した、『国際法』（*Le Droit des gens*）の英訳版からの抄訳である。翻訳の意図は、信教の自由は、法の保護の下で、はじめて確立することを、強調したいがためであったが、その緒言の中で、森自身、法の重要性を説くとともに、政府の職務を、人民の身体と財産の保護に求めている点が注目される。

「独立国権義」

第五論文「独立国権義」は、国際法上の独立国とは如何なるものであるかを、国民に理解させる目的で書かれた論説である。国際法上における独立国とは、政体の種類、力の強弱、国の大小に関係なく、内政外交の主権を持つ国を言うのであって、列国と対等の地位に立つべきものである。したがって、「自由独立」の主権国家たるわが国が、条約改正を進むるの理は当然であり、万一列国と対等条約が締結されない場合には、国際法に拠って外交貿易関係を進めれば良い、と強調している。

外国条約改締書案取調理事官主任となる

森は、この年五月二十日付で、「外国条約改締書案取調理事官主任」に任命された。要するに、懸案の改正条約案の調査主任である。二カ月前の三月二十五日、森はすでに、外務省顧問のペシャイン＝スミスと共同で、日米条約改正の試案を作っている。治外法権の撤廃と属地主義の採用、関税自主権の回復、旧条約の完全廃棄等、徹底した相互対等の条文内容であった。現場での屈辱的な体験が、彼に強硬な意見を吐かせたのである。

この頃、森は、「独立国権義」と同様の主旨に基づく外交意見書を二篇書いている。「外国交際ヲ正スノ議」と「情実法ヲ非トスル説」である。両書とも六月中に、太政官正院と三条太政大臣宛てに「建言書」の形で提出されている。内容は外国人の内地旅行問題に関するものであるが、外人内地旅行の可否よりも、政府の弱腰の外交姿勢を批判することに力点がおかれている。「外国交際ヲ正スノ議」では、つねに「公道」（国際的道義）を楯に外交義務をつくせ、決して列強諸国の無礼を許すな、それが国家の独立を保持する外交上唯一の方法だ、と政府を叱咤（しった）する。「情実法ヲ非トスル説」は、列国側に内地旅行不可を承諾させるため、情実を用いようとした政府への反駁である。幕末以来の日本外交の「弊習」ともいうべき情実法（日本側の事情を説明して相手国に納得してもらう外交手段）による談判は、外交上無益のみならず、列国の侮りをうけ、国家に大害をもたらす結果にもなりかねない。すべからく情実は廃止し、これからは「条理」をもって交渉すべし、と政府の反省を強く促している。森の条理外交論といわれるものである。同時期に発表されたこの三つの論説に共通して言えることは、国際的道義の尊重と相互対等の原理への遵守が、主権国家たる日本の外交上の責務として説かれている点であろう。いずれにし

「外国交際ヲ正スノ議」

「情実法ヲ非トスル説」

ろ、外交官としての森の体験と信念から発した、積極的な自主外交論であったということができる。

二　妻　妾　論

「妻妾論」

最後の論文「妻妾論」は、女子啓蒙論の傑作といわれるものである。明治七年五月から翌年二月にかけて、五回にわたって『明六雑誌』に連載された。その冒頭にいわく。

夫婦ノ交ハ人倫ノ大本ナリ、其本立テ而シテ道行ハル、道行ハレテ而シテ国始テ堅立ス、人婚スレハ則権利義務其間ニ生シ、互ニ相凌クヲ得ス、何ヲカ権利トシ何ヲカ義務トス、其ノ相扶ケ相保ツノ道ヲ云ナリ、

妻妾を同親等とみなす旧態依然たる国法の下、妻妾同居も珍しくない当時の社会的風潮にあって、この論説は、近代的婚姻観に基づく最初の一夫一婦論として識者の注目を集めただけでなく、世間に大きな衝撃をあたえるものとなった。

夫婦対等の権利義務

その要旨は次のようなものであった。

夫婦の交りは人倫の基本であり、結婚すれば夫婦対等に権利と義務を互に負うの理は当然で、このような道理に悖(もと)る結婚は真の結婚とはいえない。しかるに、わが国の実状

は、夫は妻を奴隷のように使役し、妻は理非を弁ぜずそれを当然のこととして甘受している。しかも、犬豚牛馬の如く一夫が多妻を犯し、妾をかこうのみならず妻妾同居も良しとし、はなはだしきに至っては、妾腹の子を養嗣子として家を嗣がしむるの悪習も平然と行われている。これは妻の人格も権利義務も、全く無視した虚偽の夫婦関係であり、人倫に反するだけでなく蛮俗の極みである。では、名実共に備わった真の夫婦関係を築くにはどうすればよいのか。それは、教育が普及し、女性が自ら「発憤立操」する時まで待たねばならない。つまり、今後の女性の努力と勉強とにかかっているのである。女性が妻として家を守り、母として子を教育するの責任は重い。それは国家の発展と文明の進歩に、直接つながるものだからである。

女性の「発憤立操」

最後に、西洋の婚姻法を参考に作った私案の法律を掲げて世に問うている。近代的な夫婦関係を机上の空論に終わらせないためであった。そこには、夫婦対等の権利と義務とが法的に規定されてあったのである。

婚姻律案

この論説が誌上に発表された時、世間は男女同権論あらわると言って騒ぎ立てた。新聞も「夫婦喧嘩も男女同権」との見出しで、麻布飯倉片町の車屋と女房のたあいもない夫婦喧嘩の記事を掲げる始末であった。

男女同権の論争

明六社でも、福沢が「男女同数論」を発表し、つづいて加藤が「夫婦同権ノ流弊論」を、津田が「夫婦同権弁」をそれぞれ誌上に掲げ、男女同権の是非をめぐって華々しい論争が展開された。こうした世間の騒ぎに、森も『明六雑誌』第三十二号（明治八年二月刊）で、「余嚢キニ妻妾論ヲ著シ、夫婦ノ間ハ同等ニシテ尊卑ノ差ナキコトヲ述ベタレドモ、同権ニ至テハ絶テ之ヲ論ゼシコトナシ。乃ハチ世人余ノ述ブル所ノ同等ヲ認テ同権ト為サンコトヲ恐レ、此ニ附録シテ聊之ヲ弁ズ」と、世人の誤解をとくための訂正記事を載せざるを得なかった。森がここで強調したかったのは、あくまで男女「同等」の立場で、権利と義務を行使する夫婦関係の倫理であり、国家への女性の義務であって、男女の「同権」ではなかったのである。しかし、男女の平等と夫婦対等を主張したこの論説が、世の女性の奮起を促し、結果的に以後の日本の女子教育の振興と、女性の相対的地位の向上に役立ったことは言うまでもない。

広瀬常

こうした革新的な婚姻観を持つ森が、自らの結婚相手として、進歩的な女性を選んだのも不思議ではない。森の理想に適った女性の名は、広瀬常といった。幕臣広瀬秀雄の娘である。聡明で容姿の美しい女であったという。当時芝山内にあった開拓使女学校を出たてのハイカラ娘で、森より八歳年下の十九歳であった。築地六番女学校などのミッ

ライマン事件

ションスクールはすでにあったが、官立で洋学教育を主体とした女学校といえば、ここと神田竹橋にあった英語女学校だけであった。芝の増上寺方丈跡におかれた開拓使東京出張所の所轄であった。明治七年春頃、この開拓使女学校で、「ライマン事件」と呼ばれる騒動があった。開拓使雇の地質学者ライマンが、生徒の広瀬常と結婚したいと開拓使当局に申し出、不許可になった事件である。校則中に、「北海道在籍之人ニアラサレハ婚姻仕ル間敷事」という一条があり、それに抵触するというのが理由であった。ライマンは、前章でも書いたように、ヘンリーの紹介で森が開拓使のために雇い入れた人物で、森自身とも知己の間柄である。ライマン事件の噂は、校外にも広まり、常の身辺を波立てたようである。この年十月、常が女学校を突如退学したのも、あるいは、この一件がかかわっていたのかもしれない。翌十一月、問題になった校則一条が、改正の上、削除された。改正に際しては、森の開拓使長官黒田への勧告が与って力あったといわれている。

ところで、森がこの時、どのようないきさつで広瀬常を見初めたのか、よくわからない。ライマンの一件をきっかけに、本人を知人あたりから紹介されたのかもしれない。いずれにしても、二十七歳の若い森にとって、知的で溌剌とした美しい常の姿は、理想

明治6，7年頃の森
(パリで撮影)〔上野景福氏所蔵〕

以上の存在として映ったに違いない。常自身も、森のもつエキゾチックな雰囲気に惹かれたであろう。だが、二人の婚約を、森の老いた両親は、あまり好い顔をしなかったかもしれない。相手が薩摩女ではなかったからである。薩摩武士が他藩の女、しかも旧敵である幕臣の娘と結婚するなど、当時にあっては稀有の出来事であった。

広瀬常との結婚

明治八年（一八七五）二月六日、森と広瀬常の結婚式が行われた。場所は木挽町十丁目十三番地にある新築したての西洋館であった。年末に森が建てたものである。釆女町の精養軒のちょうど筋向かいで、洋館の少ない当時にあってかなり人目を惹く建物であった。

実に斬新な結婚式であった。式の一カ月前に、「婚式請柬（せいかん）」と書いた連名の招待状が、親族、友人それに新聞社に送られた。当日は、朝から黄塵万丈の強風が吹き荒れる悪天候にもかかわらず、二百余名が森の邸に集まった。定時の十一時を少し過ぎた頃、小礼服姿の森が、薄鼠色の洋装に白いベールを冠った常の手を引いて、参会者一同の前にあらわれた。東京府知事大久保一翁が立会人、福沢諭吉が証人となって式を主宰する。あらかじめ両者の合意で作成された婚姻契約書が読み上げられ、読み終わってのち、両者および証人がそれぞれ自署することで、式次第は終了した。その後、別室に設けられた会場で立食パーティーが催され、披露は滞りなく終わったのである。

婚姻契約

この新しい洋風結婚式が衆目を集めたことは言うまでもない。森はむしろそれを望んでいた。多くの新聞記者連中を呼んだのもそのためである。ジャーナリズムを利用して、彼の結婚観を国民の間に浸透させたいと思ったのである。開拓使最高顧問のホーレス＝ケプロンは、当日の日記にこう記している。

ケプロンの評価

前代理公使森有礼氏、今日、若い日本のレディーと結婚した。これが何か重要な出来事であるというのは、氏自身の考えによる改まった儀式で結婚し、合衆国における結婚の、契約の条件を多く取り入れたからである。これまでは当事者両方の義務を認める儀式はなく、男性側の利益だけを考えたようである。(西島照男訳『蝦夷と江戸』)

だが、森の「快挙」を称揚するケプロンとは裏腹に、大方の日本人の眼には、それは洋癖の奇態な結婚式としか映らなかったようである。

世間の評判

翌日の『東京日日新聞』が、「森有礼のハイカラ結婚式」の見出しを掲げ、「日本人には少し不承知だらうが、そこハ主人が主人なれバ御客も御客で皆西洋開化の御連中ゆゑ、大得意で歓を尽されたり。嗚呼(ああ)盛(さかん)なり男女同権の論かな、美なり開化の御婚礼かなと、千秋万歳の千箱の玉を奉る代りに此記事を書て御披露奉る」と、いささか揶揄(やゆ)的口調でその盛儀を報じたのをはじめ、二月十三日付の『朝野新聞』には、新婦の洋装を日本の礼式に反するものと批判する投書が載せられていた。

婚姻契約書

森は、自ら主唱する夫婦対等論と婚姻法とを実行して見せたにすぎない。森にとって、結婚とは宗教的儀式ではなく、男女対等による契約であり、相責相務の権利義務関係を示すものにほかならなかった。参会者一同の面前で署名した婚姻契約書には、双方が存命してこの約定を破棄しない間は、共に余念なく相敬し、相愛して夫婦の道を守ることが説かれ、夫婦の共有する品は、双方同意の上でなければ、他人と貸借あるいは売買の約束をしてはならないことが記されてある。さらに、この約定を一方が冒す時は、他方が官に訴えて公裁を願うことが最後に規定されている。男女対等による結婚を法的に規定したうえで、森は自らを厳しく律しようとしたのである。十年後にこの結婚が、常のスキャンダラスな背信行為で破局をむかえることになるなど、この時の両者の仲睦まじい姿からは想像もできなかったのである。

明六社会館

明六社結成後一年余を経たこの時点で、雑誌の売上げは大変好調であった。森の報告によると、年間で八万百二十七冊、毎号平均三千二百五冊を売り捌いたという。演説会の方も、毎回大入満員の盛況で、森も満足したと見え、米国にいる高木三郎に、「明六社は弥繁昌にて先月来、チキケット三十枚を限りて売出を精養軒之許候処、聴聞人大入にて甚だ面白御座候」（明治八年三月七日付書簡）と、書き送っている。あまりの盛況に気をよくした森は、役員改選演説の際に、明六社会館の設立を提案する。売上余剰金を積立てて、建設費にあてようというのである。実に華麗、雄大な構想であった。森の計画では、建坪はおよそ七十坪、明六社の集会用に供するのが主たる目的であるが、それ以外にも音楽会、展覧会、商会、講演会など有益な会合の場所として、広く一般にも開放しようというものであった。今でいう文化会館である。森としては、文化事業の一大殿堂にするつもりであった。だが、惜しくもこの意見は理想論として一笑に付され、実現を見なかった。

「明六の有礼」

この頃、「明六(あけむっ)の有礼(ゆうれい)」という言葉がはやった。森の極端な洋癖を揶揄したものである。男女同等論、契約結婚、文化会館建設と、まるで開化の権化のような森が、未だ旧習に馴染む民衆に、まるで現実離れした「幽霊」のように奇怪な存在として映ったとしても、それは無理からぬことであった。

「明六社第一年回役員改選ニ付演説」

明六社会館の提案をした同じ演説の中で、森は、別にある重要な声明を公表している。声明の要旨は、以下のようなものであった。明六社の目的は、「専ラ教育ニ係ハル文学技術物理事理等、凡(およ)ソ人ノ才能ヲ富マシ品行ヲ進ムルニ要用ナル事柄」を論じ、国民を啓蒙することにあって、政治的結社の如きものではない。むろん世の「忌嫌」に抵触することもあろうが、啓蒙団体である性質上それもやむをえまい。ただし時局を論ずるが如きは、不必要な危難を招来させ、わが社の益にはならない。だから時論は心して避けるべしというのである。

会員の言論活動が、しばしば時の政治、社会問題にまで及ぶことを憂慮しての発言であった。彼らが博識を有する「天下の名士」である以上、その言論が多く時論にまで及ぶことは避けられなかった。それは、明六社自体がはらむ矛盾でもあった。四カ月後、森の危惧は、まさしく現実のものとなる。

「新聞紙条例」改正と「讒謗律」制定

六月二十八日、政府は「新聞紙条例」を改正して新聞雑誌の法的規制を強めたほか、「讒謗律」（ざんぼう）を制定して言論取締りを強化したのである。これは、過熱する自由民権運動に対する政府の窮余の策であり、一切の反政府言論を徹底的に弾圧しようとの意図から出たものであった。これにより、新聞・雑誌記者の投獄される者が相次ぎ、空前の文字の獄がはじまった。こうした言論弾圧で自由民権運動を牽制しつつ、政府は四月十四日に

漸次立憲政体樹立の詔

漸次立憲政体を立てるとの詔書を発表、さらに六月には地方官会議を開き、翌七月、立法府との名目で元老院を開設するに至った。しかし、立憲的な「議会」とは名ばかりで、いずれも大久保独裁政権の諮問機関にすぎなかった。

『明六雑誌』停刊の発議

会幹の箕作秋坪から、『明六雑誌』の停刊が発議されたのは、休会あけの九月一日であった。これを受けた森は、憤然とした面持ちで異議を唱えた。続刊の主張である。論議は社の存亡をかけた大論争へと発展した。議論が一時鎮静したところで、福沢諭吉が「明六雑誌ノ出版ヲ止ルノ議案」を十二名の出席社員に提議し、これを読みあげた。

福沢諭吉の廃刊案

福沢の主旨はこうである。

本年六月発布された「新聞紙条例」ならびに「讒謗律」は、学者の自由な発論とは両立しえない性質のものであり、この法律が適用されれば、学者は直ちに自らの思想を変

更するか、もしくは言論の発表をやめねばならない。社員のうち、「十二八、九」は官吏である以上、その言論は必ずや法律に抵触するであろう。この際にあたって、我々は次の二点のどちらかを選ぶ必要がある。すなわち、「第一、社員本来ノ思想ヲ俄ニ改革シ、節ヲ屈シテ律令ニ適シ、政府ノ思フ所ヲ迎ヘテ雑誌ヲ出版スル歟、第二、制律ヲ犯シ条例ニ触レ、自由自在ニ筆ヲ揮テ政府ノ罪人ト為ル歟」、このいずれかである。だが、これは各自の精神内部の問題であって、どちらとも決しがたい。したがって、雑誌の出版を停止する以外に良策はない、と断言するのである。

人間の精神的自由を説いてやまない福沢の気持ちが、みごとに吐露されている一文である。

福沢のこの明快な提議に対して八人が賛意を表し、森、西、津田、阪谷の四人が反対した。森は明六社そのものに多大な理想をかけていたし、西、津田、阪谷の三人は、『明六雑誌』を発行することに啓蒙的価値を認めていたのである。多少政府の忌諱にふれても、啓蒙活動そのものを停止すべきではない、と彼らは思ったのである。ことに、国民啓蒙を自らの使命と考える森にとって、このことは身を切られるほど辛かったに違いない。それぞれが強い個性をもった文化人の団体であっただけに、集団としての結束力も弱く、それが結局は命とりともなったのである。

『明六雑誌』の廃刊

『明六雑誌』の廃刊は、すなわち明六社の解散でもあった。雑誌はこの後、十月、十一月の二回発行し、第四十三号をもって廃刊された。公開演説会も中止となった。以後も明六社の会合は、会場を神田三崎町の洋食店三河屋に移して続けられたが、往時の盛況はしのぐべくもなく自然消散の道を歩み、会員の多くは明治十二年一月創立の学士会院へ移籍してしまうのである。学士会院は、文部省直轄の官設アカデミーで、現在の日本学士院の前身である。

商法講習所の設立

明六社の存続維持に努力する傍ら、森は、「西洋商法ノ実務」と「商業ノ書籍」を講習するための教育施設の設立準備にとりかかっていた。国民啓蒙の一環として、森が商業教育の必要性を痛感したのは、むろん米国駐在時代であり、その思想の一端は『日本における教育』にも示されている。欧米ブルジョア社会における実業家の活躍を眼のあたりにした森は、社会の進歩発達にとっては自由な経済競争が必要であり、それを維持していくうえで、近代的な商業人の育成は不可欠であると考えていた。帰朝直後の明治六年十月に願い出た「商法講習所」が、東京府知事大久保一翁と東京商法会議所会頭渋沢栄一の尽力により、東京府の認可を得て、ようやく開校の運びとなったのは、この年九月二十四日のことである。校舎用の建物が完成していないため、銀座尾張町二丁目二十三番地にある鯛味噌屋の二階で仮開業することになった。駐米時代の友人であるウィリアム＝ホイットニー（William Cogswell Whitney）を米国から呼び寄せ授業が開始された。小規模とはいえ日本で最初の本格的な実業学校の発足であった。渋沢は、「此の商法講習所は学校といふよりも寧ろ家塾といつた方が適切である様な小規模のもので、生徒も三十人足らずの小人数であつたが、之れが兎も角も我国に於ける商業教育専修の学校の出来る最初であったのである。」（『青淵回顧録』上巻）と、開校当時を回想している。この「商法講習所」は、十一月、森の清国赴任とともに、彼の手を離れて東京会議所に移管され、さらに翌明治九年五月には東京府の所管となる。三転して、明治十七年、農商務省の直轄となり、東京商業学校と改称された。現在の一橋大学の前身である。

東京会議所へ移管

こうして、明六社と商法講習所という、二つの国民啓蒙の事業が、ようやくその軌道に乗りかけた時、森は再び日本を去らねばならなかった。

三　清国駐割

明治八年十一月十日、森は特命全権公使として清国駐在を命じられた。この森の突然の清国派遣は、江華島事件に端を発していた。

江華島事件

征韓論の中止以後も朝鮮との国交を強く望んでいた政府は、五月末に雲揚ならびに第二丁卯の二隻の軍艦を、朝鮮沿岸に派遣して武力的示威を行い、開国の糸口をつかもうとした。ところが、九月、一旦帰港後再び西海岸測量のため江華島沖にいたった雲揚が、突然朝鮮砲台から砲撃をうけ、これと交戦して砲台を占拠するという事件がおこった。これは、朝鮮側を挑発するための日本海軍の予定の行動であった。

黒田清隆特命全権弁理大臣に補せらる

事件がひとたび国内に報ぜられると、人心は激昂し、とりわけ軍人の間には開戦論がしきりに叫ばれる有様となった。朝鮮を強制開国させるに際し、欧米列強の基本的支持を得られると判断した政府は、戦争を回避して、外交談判に訴える方法をとる。この時、参議木戸孝允は、朝鮮の宗主国である清国に、江華島事件の責任をとらせ、清国がこれを認めない場合、朝鮮に問責の使節を派遣すべきを提案、自らその全権に任ぜられることを望んだ。だが、木戸の病気でこれは中止となり、代わって大久保の推薦した参議兼開拓長官黒田清隆が、特命全権弁理大臣に補せられ、十二月九日、朝鮮差遣が決定された。朝鮮問題の解決にあたって、清国の動向を重視する政府は、使節派遣の前に、しかるべき人物を公使として清国に送り、対清交渉に従事させる方針を決定、対朝鮮政策の研究経歴を有する森が、その最適任者として選ばれることになったわけである。

清国差遣の使命

森の使命は、清国に朝鮮が独立国であることを認めさせ、わが国と朝鮮との間に事端が発生した際、清国の朝鮮援助に対する念慮を絶たせることにあった。十一月十四日、正院に出頭した森は、対清交渉に臨み朝鮮問題に関する意見書を提出した。それに言う。

対清交渉意見

江華島の「暴挙」は、使節派遣の名目とは認めがたい。理由は、朝鮮は主権国家であり、外交拒否権もあれば領海内に入った軍艦を砲撃する権利もあり、国際法に照らしても、それは正しい行動であったとみるからである。つまり、朝鮮は、独立国としての主権を行使したにすぎないのであるから、今後わが国は列国に対して恥ずかしくない「公正ノ条理」をもって朝鮮交渉に臨むべきである。もし、条理外交を破棄して朝鮮に事端を起こすようなことがあれば、国家に大害をもたらすこと必定である。これをまさに、「自棄自害ノ政術」と言うのである、と最後に結んでいる。

条理外交を要求

翌十五日、天皇に拝謁、十八日には再度正院に三条、岩倉を訪ね、前言を補足して対朝鮮交渉は和平を主とすべきを強調した。ついで二十二日、寺島外務卿よりの訓令（十一月二十日付）を交付された森は、文中「被ル所ノ暴害ノ補償ヲ求メ」の言辞が、自説とはなはだ背離しているとして、三たび正院に赴き、三条、岩倉、大久保、伊藤と会見、当該

政府訓令への抗議

箇所の削除と訂正を要求したのである。その抗議文にいわく、

抑（そもそも）方今国庫空乏ノ際、不ㇾ得二止事一（やむことをえざる）情実ヲ名トシ、妄（みだり）ニ事ヲ起スハ、損ニ損ヲ加フルノ道ナリ、況（いわ）ンヤ事ヲ起スノ名ハ、旧交ヲ修ムト云ヒ、江華島ノ暴挙ヲ責ト云如キ不要不急ノ条件ニシテ、外各国ノ悪評ヲ来タシ、内人民ノ信服ヲ薄クシ、竟（つい）ニ政府亙解ノ禍ヲ招クニ到ラン、故ニ此挙タルヤ、実ニ政府自害ノ政術ト名クベク、拙策ノ最拙ナル者ナリ、

国家財政も逼迫の折、江華島事件の問責を理由に事を起すのは、国家に大損害を与えるばかりか、諸外国からは侮られ、国民の信頼はなくし、ついには政府亙解の危機を招来する拙策中の大拙策ではないか、と内政外交上の両視点から、和平交渉の必要を重ねて強調している。この結果、閣議は、森の異議を認め、訓令中から「被ル所ノ暴害ノ補償ヲ求メ」の一文を削除することを決定した（田保橋潔『近代日鮮関係の研究』）。

品川解纜

森が特務艦高雄丸に搭乗して品川を解纜したのは、十一月二十四日の午後一時半であった。随員は「支那語」学校教官で三等書記官の穎川重寛（えがわしげひろ）、法制局御用掛竹添（たけぞえ）進一郎、それに従者真田文吉の都合三人であった。途中、高雄丸の機関が故障したため二十六日朝八時、神戸に入港、神戸海岸五丁目にある宿屋柴田屋に投宿することになった。ここ

大久保へ書簡

で森は再び大久保に手紙を書いて、自重を促している。現今の政府は「公議世論」を基本に興った政府である以上、絶対にその方針を改めてはならない、というのがその主旨であった。政府の強硬策により民心が離反することを危惧したのである。森は国民の信頼を失うことを最も恐れていた。人民あっての政府であるという意識が彼の根底にはあった。彼の行動の基準は、常に国民の信頼におかれていた。「公議世論」を重視するのもそのためである。大久保に手紙を書いたその日、十一月二十八日の夜半、再び高雄丸に乗船して出帆したものの、今度は明石沖で舟輪を損じて再度神戸に戻る始末であった。一旦東京に戻ることにした森は、十一月三十日、広島丸で横浜に向かい、随員はそのまま神戸に留め置かれた。

「公議世論」の重視

芝罘に入港

北京に到着

　東京で対清交渉の討議を重ねて、十二月四日に横浜を出帆した森は、三日後の七日に神戸に到着、翌八日、随員とともに玄武丸で再び北京へ向かった。山東半島の芝罘（チーフー）に入港したのが、五日後の十二日である。天津河口が氷結しているため陸路をとり、極寒の中、困苦を極めたすえ、首都北京に着いたのは、年明けの明治九年（一八七六）正月四日であった。公使館は市内を少しはずれた所に建っており、諸外国の公館とは距離があって、交通も不便で多少孤立した感があった。館中の造作は、和、漢、洋の混合で、かえって住み心地がよく、諸事に便利であったようである。職員は森を含めて全員で十一人。一等書記官の鄭永寧(ていえいねい)、潁川、竹添、高尾恭治一等書記生、書記見習の津田静一、鄭永昌、松延玹の三名、それに従者真田と女中、料理人であった（『使清日記』巻二、『森有礼関係文書』）。

英国公使ウェードを訪問

到着の翌五日、早速森は英国公使館にウェード公使を訪ね、赴任挨拶をなすとともに、対朝鮮交渉について日本政府の平和的意図を述べ、ウェードの働きかけにより、清国政府が朝鮮政府を説得して、日本との通交に応じさせ得るならば喜ばしい旨を示唆した。これに対し、ウェードは、多忙を理由に、総理衙門(がもん)への助言を断っている。さらに、六日午後、清国総理衙門（外務省）に至り、太政大臣恭(きょう)親王その他の諸大臣と挨拶を交わし、信任状を提出、七日には北京駐在各国公使に就任挨拶にまわっている。

清国総理衙門との外交談判

清国政府との外交談判が本格的に開始されたのは、一月十日からであった。この日、会談には、日本側から森のほか、鄭、潁川、竹添の三人が出席し、清国側は沈桂芬(ちんけいふん)以下六大臣が出席した。会議は午後二時から延々三時間に及んだが、清国と朝鮮の宗属関係はおろか、江華島事件の責任問題についても全く要領を得ないまま、押し問答に終始した。一月十三日、寺島外務卿に宛てた最初の公信で、「総理衙門ノグズ〳〵先生等トノ交際ニハ頗ル困却ヲ極候」と述べ、のんびりとして悠長な清国諸大臣の大人ぶりには、ほとほと手を焼いている。欧米諸国との外交交渉に手慣れている森にとって、清国は勝手の違った難物であった。その後も森と総理衙門との間に、文書の往来があったが、いずれにおいても清国は朝鮮をその冊封関係上の属国と見なし、「難ヲ締ヘ紛ヲ解ク」のはわが責任であるとして、日清修好条規における所属邦土は「相侵越セザル」の趣旨を遵守するよう、森に要望していた。これに対して、森は、清国が朝鮮を属国と称しながらも、なおその内政外交については、「聊モ之ニ干預スル事ナク、総テ其自主ニ任ス」（『使清復命』、『森有礼関係文書』）と説いているのを逆手にとって、「朝鮮ニ自ラ内外ノ政責ニ任スル以上ハ、完ク独立ノ実体ヲ具スルニ由リ、之ヲ独立国ト認ムヘク」（同上）と反駁し、朝鮮属邦論を「徒ニ空名ナリ」と批判した。こうした属国か独立国かをめぐる論争が繰り返され、交渉が一向に進展しないのに業を煮やした森は、大学士李鴻章と語らば「或ハ得ル所モ可レ有レ之ト見込」んで、一月二十四日、二十五日の両日、直隷省保定府で李と会談した。李は、当時北洋大臣兼直隷総督の地位にあり、清朝第一の実力者と称せられていた。

総理衙門との論争

李鴻章との会談

第一回会談は、森の青年時代の外遊体験の話から始まった。五十三歳の老獪な政治家

李の発言

と二十九歳の青年外交官との奇妙な駆け引きであった。互いに微笑をまじえながら、和気靄々とした雰囲気の内に会談は進んだが、話が核心に迫ると、李は毅然たる態度で朝鮮属邦論を主張して、一歩も譲るところがなかった。しかも、江華島の一件に話題が及ぶや、李は「畢竟彼ヨリ砲船ニ発砲セシ一挙ハ其実貴邦ノ自ラ招ク所ナリ、況ヤ該砲船海岸附近ノ所、即チ公法上所禁ノ三英里以内ノ所ニ進入シ、之ニ加フルニ城地ヲ陥レ人ヲ殺シ財ヲ掠ムル等ノ事ヲナセリ、然ルニ今又使節ヲ遣テ理非ヲ糺サント要ス、是レ何為ノ事ソヤ」（『日本外交文書』第九巻）と、国際法の規定をもって、朝鮮側の発砲を正当化したのみならず、逆に日本側の行動を問責する始末であった。老練な外交手管をもって迫る李の前に、一瞬怯んだかに見えた森であったが、持ち前の剛毅でこれを押し返すと、平然として次のように答えた。

森の対応

　雲揚は、日本の国旗を掲げていたにもかかわらず発砲されたのであって、これは長年の友誼関係に背く理不尽な行動と言わざるをえない。すぐにも問罪の軍隊を派遣して征伐すべきところであるが、できれば和平を旨として朝鮮の「頑心」を改めさせ、日本の栄誉を全うできれば、それにこしたことはない。そこで、このたびの使節派遣となったのである。さらに、日本側の領海侵犯について、国際公法はこれを遵守する国に適用さるべきものであって、朝鮮のように公法の何たるかを知らず、かえってこれを「厭悪（えんあく）」する国には適用すべきではない、と断言した。

これは、李の巧みな口舌に対する恫喝（どうかつ）であった。この一語をもって、森が時の大久保政権の対朝鮮政策と同一路線を歩むもの、と判断するのは早計すぎる。それでは、離日前にあれほど執拗に政府に食いさがり、対朝鮮和平にこだわった意味がなくなるからである。森にとって問題は、清国の朝鮮に対する宗主権を否定し、古い宗属関係を捨てさせることであった。彼は、朝鮮を国際法上の主権国家としてはっきり認めていたのであり、そうした態度を持することこそ、日本の国際社会での地位を向上させる最大の要因だと考えていたのである。さすがの李も、森の鋭い論鋒にたじたじとなり、日清修好条規第一条「双方互ニ領地ヲ侵ス事ヲ禁スル条款」を朝鮮問題に適用したのは、自分たちのほうがいささか軽卒であった、とついに折れた。

第二回会談

二回目の会談では、アジアとヨーロッパの風俗、文化の比較論に話が及び、森がアジア民族の風俗を「下賤野卑」と難じ、女性蔑視の風潮を批判したのに対し、李はこれを理解できず「是レ甚タ奇異ノ論ナリ」との言葉を吐くと、森にキリスト教徒かと尋ねた。森は「拙者ニ於テハ西教仏教或ハ回教其他ト雖トモ一モ宗教ノ名アルモノヲ奉スル事ナシ、現ニ如レ斯ノ俗人ナリ、只平素正道ヲ守リ人ヲ害スルナキヲ以テ一身ノ目的トナスノミ」と、自分が無信心の俗人であることをはっきりと答えている。最後に、森が李の来日を希望したのに対し、李が機会があればと答え、この日の会談は終わった。

会談の終了

二回の会談を通じて、森は李に朝鮮を独立国として承認させることはできなかったが、朝鮮に対する宗主権を巧みに牽制することによって、交渉を日本側に有利に運ぶことはできた。その意味で、森の李鴻章との会談は一応成功であった。李は会談後、清鮮宗属関係から生ずる危険を考慮して、江華島事件の平和的解決を朝鮮政府に要望する旨の意見を総理衙門に提出した。李の意見は、ただちに清国政府の採用するところとなり、それが朝鮮政府への圧力となって、日本の対朝鮮交渉を捗（はかど）らせる要因ともなったのである。森は『使清復命』の中で、成功に至った事情を次のように報告し、満足の意を表している。

会談成功の理由

清韓ノ関係ヲ断截スルコトハ本使最初ヨリ任セシ所ナレトモ、尚ホ之ヲ一層固クセンカ為メニ、我カ政府ノ朝鮮ヲ処スル、一ニ道義ヲ伸フルニ在ルノ実ヲ示シ、以テ清政府ヲシテ疑ヒヲ其間ニ容ルルコト能ハサラシメ、又従テ彼ヲシテ朝鮮ニ諭サシメ、日本ノ要求スル所ヲ許諾スルニ容易ナラシメント謀リテ、一々意ノ如クニ我目的ヲ達シ得タリ。（『森有礼関係文書』）

日本の朝鮮処遇は、道義を弁え、誠実を旨とすることを清国に力説した結果、今回の交渉が成功したのだ、と言っている。森は対清交渉の成功を、持論であるところの条理外交に帰したわけである。

北京へ帰着

こうして使命を達成した森は、一月三十日、鄭書記官とともに保定府より北京の公館に戻った。それから十日後の二月十日、黒田全権と井上副使の一行は、六隻からなる艦隊を率いて朝鮮江華島に至り、軍事的威圧をもって、二十六日、日朝修好条規の調印に成功した。条約は日朝対等ではなく、明らかに不平等な内容をもっていた。条約の第一款には、朝鮮を独立国とみなす規定が設けられたが、この条項は、朝鮮が清国の属邦でないことを明文化し、いずれ日本が朝鮮を支配下におく場合の布石として設けられたものであった。朝鮮に対する覇権をめぐる日清両国の争いの種子がここにまかれたのである。

日朝修好条規の締結

英国公使ウェードが、和平談判成立の報を持って日本公使館に来訪したのは、三月九日である。森は二日前から湯治と遊覧をかねて湯山温泉に出かけていて留守であった。三月十一日に帰館し、翌十二日には条約締結の電信が上海から届いている（『使清日記』巻

ウェードの見解

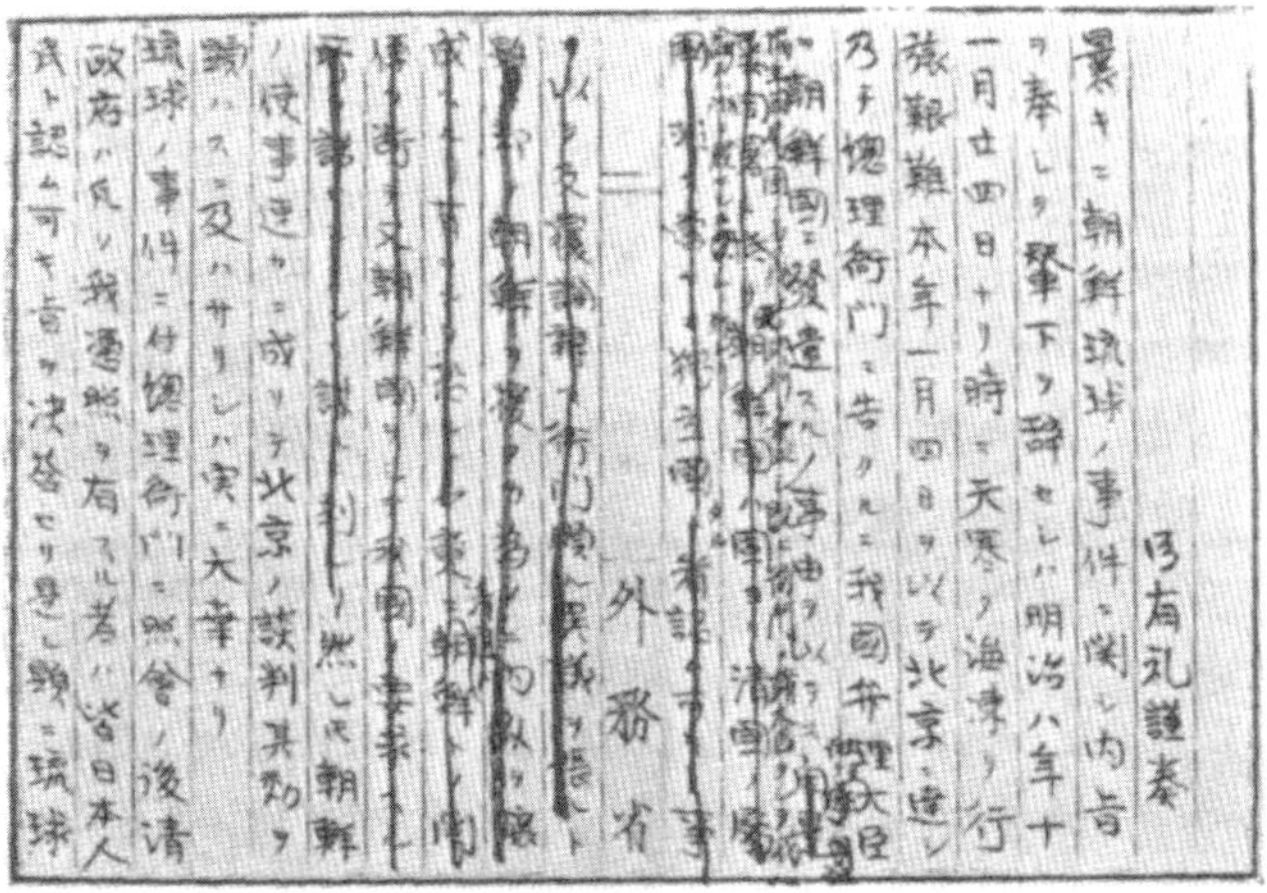

「朝鮮琉球問題復命書草案」（明治９年５月10日）

四）。日朝間の条約調印を知らされた時、森は大いに喜び、自分の希望した目標がどうしてかくも速やかに達成できたかを理解できない、とウェードに語ったという。そして、ウェード自身、英本国の外相宛ての公信で、「森の平和に対する希望表明の真摯さを疑った私のかつての通信は、彼に対して不正を冒した」と、日朝問題の平和的解決を衷心から望む森の真摯な姿勢に、敬意を表明している（石井孝『明治初期の日本と東アジア』）。

所期の大任を果たし、公務が一段落したところで、森は二カ月間の賜暇を願い出、三月二十八日附で内諾を得た。表向き理由は、母の病重きがためであった。母の里はこの年一月に卒中にかかり、一時は危篤状態に陥った。

母の病のほかに、長男清が前年の十二月三十日に生まれていたことも、彼が帰国を希望した理由であったかもしれない。家族に対する森の情愛は人一倍深かった。

賜暇帰国

帰国が正式に許可されたのは四月十五日である。四月二十日、森は北京を離れて帰朝の途についた。上海を経て五月八日、品川に到着した森は、翌々十日に「朝鮮琉球問題復命書」を政府に提出、事後報告を済ませた。帰国後しばらく森は、銀座竹川町十二番地に仮住居していたようである。清国赴任の際に、木挽町の敷地、建物のほとんどを、商法講習所用の校地、校舎として東京会議所へ寄附した関係であろう。一部家屋（木挽町十丁目十四番地所在）だけは自家に保留していたが、借地料問題等で会議所と若干紛争があり、自身面白くなく仮住居したものと考えられる。十月頃には、新たに麴町永田町一丁目十九番地に、五千坪ほどの広大な土地を購入、一年後に屋敷が完成し、森の両親や家族が引移っている。同地はのち、文部大臣官邸となり、現在は自民党本部用地として使用されている。

永田町に地所購入

ところで、帰京後の森は、天皇の東北地方巡幸の供奉に参加したり、七月には旧知の米国人学者であるウィリアム＝クラーク博士（William Smith Clark）を自邸に招いて、その労をねぎらったり、諸事忙しく立ち働いている。クラークは、マサチューセッツ州立アマースト農科大学の初代学長で、ケプロンの推薦で札幌に開設された開拓使農学校の教頭として招聘されていた。

再渡清

ほぼ五カ月にわたる長期滞在を終えて、十月十八日、森は再び渡清した。北京到着は十一月十三日である。今回の帰任は森にとって比較的気楽であった。そうした余裕が、森に勉学に勤しむ機会を与えた。勉学の中心は、もっぱら「政治倫理学」(political ethics)であった。欧米の書物ばかりでなく、儒学も深く研究している。書記官の竹添進一郎と夜を徹して『経書』を講究したといわれる。竹添は熊本藩出身の漢学者で経学に造詣が深く、後に駐韓弁理公使から東京帝国大学教授となった人物である。森は自習した政治学を公務のあと毎晩、館員に講釈したらしい。森に同行した甥の伊集院兼良は、家族に宛てて、「夜御叔父様ホリチカルエンツク（訳シテ人道学ト云フ）ヲ御講解被成下、館内皆聴聞致候」(明治十年一月二十五日付書簡)と、書き送っている。甥の伊集院と書記見習鄭永昌の二人には、自ら英学の手ほどきもしている。森自身、両親宛ての手紙の中で、「北京公務之暇読書之日暮にて多少楽ミを覚申候」(明治十年四月七日付書簡)と、勉学の楽しさを語っている。

政治倫理学の研究

だが、こうした研究生活も、わずか半年あまりで再び中断を余儀なくさせられる。西南戦争の勃発で手薄になった外務省が、急遽森を呼び戻したからである。

明治九年に入ってから、全国各地の士族層の空気はますます険悪となっていった。その年三月に発せられた「廃刀令」は、彼らの不満をいっそう煽り立てた。これに追打ちをかけるように、八月、政府は禄制整理を断行して、いっさいの禄を公債発行と引き換えに廃止してしまう。士族の怒りは爆発した。十月から十一月にかけて、熊本神風連の乱、福岡秋月の乱、山口萩の乱と、不平士族の叛乱が相次いで勃発した。これら士族叛乱に続いて、十二月には、三重、愛知、岐阜、堺の四県にわたって大規模な農民一揆が起こる。苦境に立たされた政府は、地租税率五分引下げを決定し、この危機を切り抜けた。

不平士族の叛乱

これらの暴動の次にくるものが、西南士族の巨魁西郷隆盛の大蜂起であろうことは、誰もが予想し得た。西郷が県下の私学校党の連中に擁されて挙兵したのは二月。西郷起つとの報に、県下は言うに及ばず、九州各地や遠く中国、四国からも馳せ参じる者多く、西郷軍の陣容は一挙に三万人にふくれあがった。政府側でも即座に征討令を発し、約四万人の大軍を九州に送りこんだ。

西南戦争

戦闘は熊本城の攻防に終始した。四月十五日、城を死守した政府軍の一部が城外との連絡に成功し、大勢は決した。西郷軍の撤退が始まる。血路を開きつつ退却した西郷は、九月一日、鹿児島に戻り、城山にこもった。征討軍がこれを包囲し、総攻撃を加えたの

西郷隆盛の自決

は九月二十四日、西郷は岩崎谷の入口で切腹して果てた。維新後最大の内乱といわれた西南戦争の終幕であった。

外務卿代理となる

西南戦争さ中の五月下旬、帰国した森は、六月七日付で外務卿代理を命じられた。外務卿の寺島が京都へ出張したからである。この帰国には、彼自身のある思惑が隠されていた。英国駐在公使への転出希望である。六月七日付の大久保宛ての書簡に言う。

駐英公使へ転出希望

> 龍動(ロンドン)行之義外務卿も大抵納得候得共、上野を今暫時其儘ニ致置度と内諭有レ之、素(もと)ヨリ差急キ候義ニは無レ之事故可二相待一、但シ税権回復之業真ニ緊要ナリ、上野公使と英政府之間果して相儘用恭待之場合ニ至候、されハ事成リ難シ其辺御参考被レ下度尚其余ハ外務卿明日発船上京ニ付略申候、

寺島外務卿の税権回復交渉

寺島の条約改正方針は、関税自主権の回復にあった。彼は条約改正の全面的実現は不可能と考え、当面の交渉を税権回復に限ることにした。治外法権の撤廃を看過したわけではなかったが、関税収入によって国家財政を豊かにし民心を安定させることこそ、今の日本にとっての緊急必要事だと寺島は見ていた。彼は、明治九年四月、太政官の決裁を得たうえで、英、米、仏、露、独五国駐在の公使に対して、ただちに交渉を始めるよう訓令した。交渉相手国中の最大の難物といわれた英国に駐在する上野景範は、英国が

全く税権回復の交渉に応じる気配がないとの公信を送ってよこした。明治十年五月のことである。森も、寺島と同様、かなり早い時期から税権回収を主張していた。彼にとって、上野の交渉態度は歯がゆく感じられたのかもしれない。まあ急ぐな、と寺島に諭されて、森もこの時は思いとどまったようである。しかし、すでに大久保、寺島、森の三者間に内約はできあがっていたのである。

三たび渡清

八月三十日、森は三たび渡清、北京での公務に戻った。しかし、同地でもさしたる事件はなく、相変らずの読書三昧の生活であった。年が明けた明治十一年（一八七八）二月四日、森は、再び本国からの帰朝命に接した。三月上旬には出発の予定であったが、残務処理が片付かない上、同伴してきた懐任中の常が、三月四日に出産したことも重なって、帰国を二カ月ほど先に延ばした。北京を発ったのは五月上旬である。

帰国

森が帰着した時、東京は騒然としていた。五月十四日朝、政府最大の実力者である参議兼内務卿大久保利通が暗殺されたからである。大久保はその日、元老院会議に出席するため、裏霞ヶ関の自邸を馬車で出発し、途中紀尾井坂の窪地清水谷にさしかかったところを、突如五、六人の兇徒に襲われ殺された。紀尾井坂の兇変である。

大久保利通の暗殺

兇賊は、石川県の不平士族島田一郎、長連豪（ちょうれんごう）ら六名であった。斬姦の理由は、明治政府の失政と参議の腐敗、不行状であった。この時、大久保四十九歳。日本の近代化がようやくその緒についたばかりであった。木戸、西郷、大久保と、維新の英傑をたてつづけに失い、朝野の動揺は大きかった。大久保の後継は、その右腕といわれた工部卿伊藤博文であった。以後、日本の政治は伊藤とその派閥官僚群によって動かされていくことになる。

第六　英国再訪

一　条約改正

外務大輔に昇任

　六月二十七日付で森は外務大輔に昇任され、本省勤務となった。寺島の推挙である。以後、しばらくの間、森は寺島を助けて、本国で条約改正業務に従事することになった。

吉田・エヴァーツ条約

就任一カ月後の七月二十五日、吉田清成駐米公使とエヴァーツ国務長官との間で、「日米約定」が締結された。吉田・エヴァーツ条約と呼ばれるものである。これは、日本が関税自主権を回復し輸出税を廃止するかわりに、新たに下関を含む二港を開港することを定めたもので、効力発生の条件は、他の条約国がこの条約と同様の条約を締結、実施した時とあった。だが、英仏独の三国が、米国と同様の内容を含む条約に調印することを峻拒したため、「日米約定」は無効となり、欧州各国との改正交渉も挫折のやむなきに至った。しかも、交渉さ中に起ったハートリー事件（英国商人ハートリーによる阿片（あへん）密輸入事件。明治十一年二月無罪）とヘスペリア号事件（ドイツ船ヘスペリア号が日本の検疫規則を無視し、明治十二年七月に強制入港した事件）の二つの事件は、寺島をいっそう窮地に追いこむことになった。税権が回復されても、治外法権が撤廃されなければ、何の意味もなさないとわかったからである。国民は英独両国の横暴をなじって、これを攻撃した。法権と税権の同時回復をスローガンに世論は沸騰した。進退窮まった寺島は、明治十二年九月、失敗の責を負って辞職した。

寺島外務卿の辞任

井上馨の外務卿就任

寺島のあとを襲って外務卿に就任したのは、井上馨であった。井上の方針は、改正の重点を法権の一部回復におき、関税は現行税率の修正のみにとどめて、その権利回収までは要求しないこととした。外交方針の変更と相まって、外務省人事の大幅な更迭が行われた。最大難関の英国との交渉には、省内の親英派をあてる必要があると考えた井上は、駐英公使に森を起用する。明治十二年十月であった。

内定に至る事情を、英国にいる一等書記官の富田鉄之助に報じている。富田は米国留学時代に、森の肝煎りで外交官となり、その信任が厚かった人物である。内容は次のようなものであった。

偖（さて）条約改正之一条も未タニ遷延乍レ去（さりながら）政府於て不レ遠（とうからず）商議を重子（かさね）、外務卿更替（こうたい）随而（したがいて）外交政略及ひ之を行フノ方法も自ら同からす、殊ニ龍同（ロンドン）公使館之義は事之本地と相成候姿ニ付、十分此ニ力を尽スノ重要ナルヲ認メ、先ツ英政府とヲンドルスタンヂンクを致スヲ以テ緊要ト考定し、其為ニ小生ヲ派出し之ニ従事セシムルニ内決、来月二十二日比横浜出帆之米郵便船にて道を米利堅ニ取り、来年一月中旬までには倫同着之積ニ御座候、（明治十二年十月三十一日付書簡）

駐英公使に内定

要するに、英国政府との協議が先決と考え、自分が派遣されることになったというわけである。森の対英外交意見が容れられた結果であると言わんばかりの、自信ありげな口調である。同じ書簡で、富田の留任を要望しているほか、新しい公使館の選定を依頼している。富田は帰国を希望していたが、森のたっての願いでもうしばらく英国にとどまることになった。

駐英公使に就任

森が正式に特命全権公使として、英国駐在を命じられたのは十一月六日である。外務大輔の後任は上野景範であった。それから二週間後の十一月二十日、森は妻と二人の子供、それに甥の有祐を連れて英国へ旅立った。ロンドン到着は、年明けの明治十三年（一八八〇）正月四日である。新しい公使館はまだ決まっておらず、森が入ったのは、従前からのケンジントン・パーク・ガーデンス（Kensington Park Gardens）九番地にある建物であった。

ロンドン到着

ケンジントン・パーク・ガーデンス九番地に入居

ケンジントン公園の西側に位置し、中心部からややはずれた閑静な住宅街ノッティング・ヒル（Notting Hill）の一画にあった。館員は、富田のほかに、二等書記官鈴木金蔵、書記生の牧野伸顕らがいた。

ヴィクトリア女王に謁見
ディズレーリと会談

ヴィクトリア女王の謁見は二月四日に行われた。当日、ウィンザー城の待客室で謁見を待つ森は、図らずもディズレーリ（ビーコンスフィールド伯爵）と会談する機会をもつ。保守党党首のディズレーリはアジア地域には多大の関心を抱いており、極東の小国日本の若い公使をえらく歓待してくれた。ヴィクトリア女王との謁見も成功であった。森がこうした丁重な歓待に眩惑されて、本来の外交政策を固守できなくなるのではないか、との危惧が本国で持たれたくらいである（一八八〇年三月二十九日付、平井希昌宛E・H・ハウス書簡。『翻訳集成原稿』所収）。翌五日には夫人同伴で英国議会の開院式に列席し、各国外交団との親睦を深めている。森の英国政府に対する外交折衝が開始されたのは、開院式以後である。始めるにあたって、彼は政府内の有力人物の知遇を得ることに努力を払う。外交政略上の常套手段である。

英国政財界要人との交友

当時はディズレーリ保守党内閣の解散直前であったが、外相のソールスベリー侯爵（Robert Cecil, Third Marquess of Salisbury）、外務次官ポンスフォート（Sir Julian Pauncefote）は言うに及ばず、ディズレーリをはじめとする有力閣僚や議員、さらに商業会議所議長ロイドやその他財界関係者にまで、その交際範囲は及んでいる。

ジャコブ＝ベーレンスとの会見

わが国の関税問題について、英外務省当局が商業会議所に意見を諮詢した事実を探知した森は、二月十九日、副議長のベーレンス（Jacob Behrens）と公使館で会見し、その見解を質した。席上、森が、国家財政にとって関税が不可欠な財源であり、税権回復は現今、国家の急務である、と力説したのに対し、ベーレンスは、この度の改正関税が「至当」のものであるならば、英国側としても改正談判を拒否する理由はなく、公正な改正を実施するであろうと答え、ある程度の理解を示した。ただ、課税方法について、森の従量税とベーレンスの従価税との間に対立が見られた。

ポンスフォートとの会談

こうした財界有力者との事前会談を経て、彼らの意向を確かめたうえ、三月十五日、森は外務次官ポンスフォートとの第一回会談に臨んだ。しかし、すでに総選挙直前でもあり、この時は、日本の税権回復が至当であることを提示するにとどまり、さしたる進展もなく会談は短時間で終わった。以後、英国の内閣交替に伴い交渉は一時中断することになる。

この間、森は、偶々帰米の途次ロンドンに立ち寄ったホイットニー一家の世話をしたり、留学中の徳川家達（いえさと）と音楽会に行ったりして、無聊を慰めている。また、日本公使館

キャヴェンディッシュ・スクエア九番地に転居

が移転したのも、この時期、六月一日のことである。転居先は、キャヴェンディッシュ・スクエア(Cavendish Square)九番地である。前の公使館とは、ケンジントン公園やハイド・パークをはさんで反対側にあたり、オックスフォード街とリージェント街の交叉する近くで、多少繁華ではあったが、公館としては地の利を得ていた。以後、このキャヴェンディッシュの公使館が森の英国における活動拠点となる。

新しい公使館に移って間もなく、外交折衝が再開された。六月二十五日のことである。森の交渉相手は新外相グランヴィル伯爵(George Leveson Gower, Second Earl of Granville)であった。

井上外務卿の訓令

これより先、五月二十二日付で、井上外務卿はわが国の欧米駐在各国公使宛てに新たな条約草案を送付し、同案の趣旨にそって改約交渉を進めるよう訓令を発した。この草案は、関税率を現在の従価五分から平均一割二分程度に引き上げることを主な目標としており、税権の完全回復をめざすものではなかった。その意味でこれは、国家の独立主権を主張したものではなく、たんなる協定輸入税率の引上げ交渉にとどまるものであった。一方、法権についても、軽度の罰則をともなったわが国の行政法規を在留外国人にも遵守させるという、きわめて控え目な提案にとどまっていた。また、森のもとには、新しい外務政務次官のチャールス＝ディルクは非常な親日家であるから、「程よく取入る」ようにとの外務卿の指示も届いていた。ディルクは、四年前に来日した経験もあり、とくに日本の法権回復要求には好意的な見解を示していた。

井上外務卿の改正方針に批判的

だが、森は井上外務卿の示した単なる税率改訂と法権の部分的回復という、消極的な改正方針には批判的であった。条約草案を受信した森は、この後もたびたび本国政府に意見書を送り、請訓を促している。七月下旬から八月にかけて、森は家族を連れ、オランダ・スイスを巡遊しているが、あるいは交渉開始前に国際情報を収集する意図も含まれていたかもしれない。帰英後、彼はポール・モールにあるアシニアーム・クラブの会員となる。これも、英国学界最高の知識人や文化人たちと知遇を得ることで、中産階級の意識を探り、彼らからの情報をもって外交交渉に役立てようという気持ちがあったような気がする。当時このクラブに登録された外国人は、そう多くは居なかったはずである。おそらく森が唯一の日本人会員であったろう。アシニアーム・クラブは、一流の学者、文人、思想家たちの集まる学術団体として、当時の英国ではかなり有名であった。

アシニアーム・クラブの会員となる

クラブでの交流関係

ハーバート＝スペンサー、経済学者のジェヴォンズ（William Stanley Jevons）やフォーセット（H. Fawcett）、それに心理学者のベイン（Alexander Bain）らは、いずれもこのクラブの会員であり、森とも交流のあった人々である。時期は少し下るが、一八八三年九月一日付のジャパン・ウィークリー・メイル紙は、森について次のような論評を載せている。

クラブにおける森の評価

森氏は外交官としてすぐれた成果をおさめたとは言えない。彼の才能は、むしろ文芸方面にあるように思える。事実、アシニアーム・クラブにおける哲学的な論争者としての彼の評判は恐るべきものであり、彼の論説の多くは少なからぬ注目を惹いたというわさである。無論、これは愉快なことには違いないが、駐英公使として日本が期待するものでは全くないのである。(Ivan P. Hall, *Mori Arinori*)

新聞は彼に学者としての評価を与えている。彼のロンドンでの文化的活動は、外交のそれをはるかに上回るものであったらしい。

グランヴィル外相との会談

明治十四年(一八八一)二月十五日、のびのびになっていたグランヴィル外相との会見が英外務省で行われることになった。席上、森が日本の改正草案についての所見を質したところ、グランヴィルは、ほぼ考案も立ったので、近い内に政府見解を自余の締約諸国に通牒するつもりである、と述べたにとどまり、その内容を明らかにしなかった。グランヴィルの冷淡かつ不遜な態度に、多少の憤懣を覚えた森であったが、貴政府考案を他の締約諸国に回付する際には、必ず自分にも通知されたい、との希望を伝えるのみで、帰館せざるを得なかった。しかし、英政府当局は、当時帰国中の駐日公使パークスの意見に基づいて、自国に有利な修正案を作成、森には何ら連絡することなく、これを締約各国に回付するに至った。英国は、自国主導のもとに締約諸国の意見を調整一致させ、日本の改正要求を最小限度にとどめて、現行条約の維持を図ろうとしたのである。しかも、その談判の交渉地についても、ロンドンを希望していた。

英国政府の見解

これに対して森は、三月二十二日付でグランヴィル外相に書簡を送り、何らの通知も受けなかったことに異議を唱え、会見を申し入れた。同時に二十四日付で井上外務卿宛ての改正意見書を草し、これを本国に送付した。

井上外務卿宛てに改正意見書を送る

意見書では、英政府の態度に強い不信を表明したあと、英国側にそうした行動をとらせた遠因は、わが国の要領を得ない外交態度にもあるのではないか、と鋭く指摘し、「我レノ以テ彼ヲシテ然ラシムル所以ノ大ナルモノ」として次の三点をあげる。

一ニ曰ク我ガ政府改正要求ノ政略其機軸ヲ変ズ。

二ニ曰ク我ガ改正案ヲ発スル其順序宜ヲ得ズ。

三ニ曰ク我ガ改正案文体其当ヲ得ズ。

外交方針の変転を論難

第一点では、外交政策の首尾一貫性を主張し、現在の政府における外交方針の変転は、英語に言う「チェーンヂ・ヲフ・フロント」(change of front) であって、諸外国に対してわが国「定見」なきを疑わせるものと論難する。

第二点では、交渉にあたっては本案発行以前に相手国に、わが改正要点を「預諾」せしめるのが順序であるべきを、直ちに全案稿定し、これを締約各国に送付するのは、わが国外交の未熟さを知らしめるものと難詰している。

日本外交の未熟を指摘

第三点では、外交は「文書体裁ノ当否」で事が運ばれる場合が少なくないから、このたびの法制約案のように「覚書」の体裁をもってすれば、相手国にわが国外交方法の稚拙さを知らしめる結果にもなりかねない、と指摘する。

この三点いずれも、外国政府がわが国改正案を信用しない原因であり、今後こうした弊害を取り除かねば真の外交交渉はできない、と言い切っている。さらに、わが国が要求主張すべき論旨を六項に大別して条陳、最後に、大事の成否は一にその決断力にかかっている、もし決断不可能の場合には、列強が相手と言えども、「一至強ノ違言(プロテスト)」を発して、断固として談判を中止し、他日を期すべきである、「今ニシテ外国ノ威力ニ畏怖シ不利ノ改正ヲ行フガ如キハ実ニ不幸ノ甚シキモノナリ」との直言をもって結んでいる(『日本外交文書』第十四巻)。

グランヴィルとの再会談

「官吏登用法並びに退休俸制度建言案」「法官任免条例ヲ建ツルノ議」

グランヴィル外相と森の会談は、四月九日、外相の私邸で、ポンスフォート、パークスの両者を交えて行われたが、グランヴィルは、旧条約の全面修正という森の見解には、直ちに同意し難いとして、修正すべき事項の逐条審議を要求、それを談判の基礎とすべきを述べた。このため、十三日、英外務省で森、ポンスフォート、パークスの三者会談が行われた結果、英国側は旧条約を談判の基礎とする従来の論を撤回し、日本政府案によって交渉に臨む方針を決定した。森は、この間の交渉経過を井上外務卿に書き送ると、その中で、英国が「全欧合力之威勢」をもって臨むつもりであったので、自分は英国の「不友誼」を暗に痛責したところ、ポンスフォートもグランヴィルも、ついにこれを認め従来の意見を撤回するに至った、と述べている(明治十四年五月十三日付公文案)。

たび重なる英国側の高圧的な態度を前に、国家の早急な近代化と国力のいっそうの充実とを期待する森は、自らもまた、日本の諸制度を改革するための努力を惜しまなかった。

政府宛てに、「官吏登用法並びに退休俸制度建言案」と、「法官任免条例ヲ建ツルノ議」の両案件を上申したのも、ちょうどこの頃であった。前者はわが国官吏の採用法と、恩給制度に関する草案であり、後者は司法権の独立と司法官任免制度の改革とを主張したものである。前者で「国民ノ体面ヲ間接ニ保全」するため、国家に忠実な官吏の養成を説く森は、後者では、法制重視の姿勢を堅持しつつも、法官個人が自主と独立の精神をもって裁判に臨むことを期待している。

グランヴィル外相の反対と東京合同予備会議の提案

その後、七月二十五日、予期に反して、グランヴィル外相は、日本政府の草案を交渉の基礎とすることに反対、関税事項の修正に関して協議するために、東京駐在各国代表が東京で合同予備会議を開き、その上で基礎案を作成するよう森に提案してきた。これに対し、森は、八月九日付で、グランヴィルに書簡を送り、英政府が日本の草案を完全に理解しないで棄却した理由、ならびに英国側発案にかかる東京会議開催の目的がどこにあるかを、言葉激しく質疑するに至った。しかし、返事はなかった。世界に冠たる大英帝国にとって、極東の一小国日本は取るに足りない存在であり、まさに欧米中心の国際場裡の外に置かれている現実を、森は改めて認識せざるを得なかった。彼は国力の貧困を以前にも増して痛感する。

日本の国力の貧困を痛感

国際社会で日本の地位を向上させ、その発言力を強めるには、どうしても国力そのものの充実を図らなければならない。国民の知識を啓蒙し、その近代市民としての自覚を待つという、従来の啓蒙主義政策だけではどうにもならない。国家の制度や組織の近代化と並行して、個人的利害をのり越えて積極的に国家に奉

小国外交官の悲哀と孤独

仕する国民を、早急に創り出す必要がある。森はそう考えるようになる。小国外交官の悲哀と孤独という英国での個人的体験が、彼の国家意識をいっそう闡明ならしめたのであった。

東京会議反対の意見書送付

英国が欧州諸国と連合して、東京での予備会議を提案してきた背景には、ドイツ帝国の勃興とビスマルク体制の出現という、当時のヨーロッパにおける新しい国際政治の動きが絡んでおり、東京開催を斡旋したのも、実際はドイツであった。この動きを探知した森は、十月十四日、早速、伊藤、井上に宛てて東京会議反対の意見書を送付した。彼は、反対理由をこう述べる。

第一に、英国が東京予備会議を開くのに同意したのは、「自己擅横ノ世評」を避け、諸国会同の「公議」を後楯として、東洋への出稼商人らを保護できるからであり、第二にドイツが斡旋に出たのは、欧州大陸の「牛耳ヲ執」り、英国と和同して東洋に勢力を拡張せんがためである。フランス、イタリア、ロシア、その他小国に至っては、会議開催によって何ら損害を受けないのみならず、その利益を分取することができるので、容易にこれに同意したのである。したがって、各国合同談判とは名ばかりにして、その実、「偏（ひとえ）ニ便利ヲ外国ニ与ヘ之ヲ我国ニ奪フ」のみならず、「欧州全力ヲ以テ我国ニ迫マリ其擅令(ダクテート)ヲ達セント試ル」ところの強迫行為にほかならない、と鋭く指摘する。そして、一度この「擅令」(dictate)を許容したが最後、その禍患は長くわが国を苦しめ、ついには「国歩ヲ遅ク」し、ために「東洋開進ノ便路」を曲げるに至るは必定であると痛憤し、政府の熟慮を促した(『日本外交文書』第十四巻)。

欧州諸国の「擅令」を危惧する

ついで、十一月十一日付の書簡で、英国以外の公使兼任を伊藤と井上に打診、英国の意図を欧州間に探り、新たに得た情報で英国の野望を打ち砕こうという、大胆な方略を提示したが、これは受け容れられなかった。ヨーロッパ外交を一手に引き受けている、という自負が森にはあったに違いない。

欧州他国の公使兼任を打診

当時、国内では一大事変がもちあがっていた。「明治十四年の政変」である。憲法問題をめぐる派閥対立と、開拓使官有物払下事件に端を発したこの政変で、参議大隈重信は政府を追われ、伊藤が実権を握った。政変の過程で、十年後を期して国会を開設する詔勅が発せられた。民衆の間に昂揚する国会開設の請願運動を抑えるための、政府側の方便ではあったが、一方で、近代的な立憲制度の採用が、難航している条約改正達成のための必要条件であることも、政府自身充分に認めていたのである。この政変により、新たに天皇制国家機構の再編が企てられることになった。だが、それは同時に、国民の意

明治十四年の政変

志と権利をはなはだしく無視した、外見的立憲主義への道を準備するものでもあったのである。

井上外務卿、東京合同予備会議を承諾

一方、条約改正の達成を急ぐ井上外務卿は、政変直後の十二月十七日、共同商議を今後の先例としないことを条件に、東京での各国合同予備会議開催を承諾する旨の回答書を、欧州諸国に発した。明らかに、列強の圧力に屈服した形となったのである。それは、森が危惧したように、英独両国の日本に対する「擅令」を生みだすものであり、「東洋開進」への道を塞ぐものでもあった。第一回の条約改正予備会議が東京で開かれたのは、年明けの明治十五年（一八八二）一月二十五日であった。井上は、改正交渉を有利に運ぶため、欧州各国代表に日本を信用させる手段として、積極的な欧化政策を採用するに至った。いわゆる鹿鳴館時代の幕開きであった。

二 パリ会談

自己の研鑽に励む

条約改正予備会議開催中、ロンドン滞在の回訓を受けた森は、わずかの閑暇を利用して自己の研鑽に励むことになる。勉学の対象は政治、経済、哲学、教育など人文・社会科学全般に及んでいたようである。そのため、ハーバート＝スペンサーを中心とするサロンの有力メンバーの一人として、アシニアーム・クラブでの討論にも積極的に参加した。近代天皇制国家の再編が進んでいる今、日本が国際社会で真の主権国家として認められるためには、制度や組織の改変もさることながら、それに相応しい国民を創出する必要がある。森は常にそう考えていた。したがって、明六社もつくり、商法講習所も建て、多くの啓蒙書を著し、国家に自発的に協力する近代的国民の養成に努力してきた。しかし、私的な啓蒙事業だけで、彼らに合理的な自立精神を植えつけることは不可能であり、国家的教育の枠の中で行われてはじめてそれは可能だと考えるようになった。ただし、その場合でも個人の主体性は充分に尊重し、国家が個人に不当な干渉を加えることは極力避けられねばならない。そこに森の研究すべき課題があった。本来的意味での国民国家を形成するためには、日本の伝統的歴史的状況の中で、いかにして個人と国家とを結びつけたらよいかということである。

近代的な政治理論の模索

この研究テーマを解決するには、それ相応の近代的理論が必要であった。そうした問題に対し、適切な解答を与えてくれたのが、スペンサーであり、アシニアーム・クラブでの討論であった。

当時、『社会学原理』第二巻第五部（*Principles of Sociology*, Vol. II, pt. V, Political Institutions）

を執筆中であったスペンサーは、日本の歴史と文化に非常な興味を抱き、その情報の多くを森から得ていたといわれる。スペンサーの著作のため、こうした日本に関する情報を提供した森が、同じ『社会学原理』の第一巻第二部を興味深く、かつ熱心に読んだであろうことは想像に難くない。その第二章（A Society is an Organism）には、スペンサーの社会有機体説が最も詳細に述べられていたからである。社会有機体説とは、社会を生物有機体との類推によって解釈しようとする学説のことで、ダーウィンの生物進化論からも強い刺激をうけつつ、十九世紀後半における社会学の基礎的な理論として一世を風靡した。

社会有機体説への関心

森は、スペンサーの難解な社会有機体説をある程度までは理解できたに違いない。彼自身、スペンサーと同様、産業社会の発展には楽観的な期待を抱いていたし、自由な経済競争や宗教に対する国家的不干渉が文明の進歩を促すと考えていた。社会が個々人の幸福のために存在することも認めていた。だが、文明的に「半開」の状態にあるわが国が、彼の理論そのままに適用されるとは考えなかった。スペンサーの言葉を借りれば、日本はいまだ高度の社会有機体ではなかったからである。そこで、森は、以前スペンサーが語った「保守的な忠告」を率直に受け容れ、それを制度改革上の基礎理論として援用することを思い立ったが如くである。

この時のスペンサーの「忠告」とは、次のような内容のものであった。

スペンサーの「保守的な忠告」

森氏に対する私の忠告は、新しい諸制度は連続性を破壊することを阻止するために、できるだけ現在の諸制度に接ぎ木 (grafted) されなければならない――新しいものによって古いものを取り換える(replacing)のではなく、古い形態を次第に大きな程度まで修正しなければならないということでした。（一八九二年八月二十三日付、金子堅太郎宛スペンサー書簡。山下重一『スペンサーと日本近代』）

すなわち、スペンサーは、自己の理論に含まれる漸進主義の見地から、社会諸制度はそれぞれの進化の段階に適応したものでなければならず、急速な変化はできるだけ避けねばならないと森に説いたのである。

「教育論―身体の能力」

森が、正しい意味での近代的国民の造出を目的として、新しい教育制度の創設に実際的関心を抱き、それが具体的な政策論として新たな展開を見せ始めたのは、この頃からである。渡英直前の明治十二年十月、森は、東京学士会院で、「教育論――身体の能力」と題する演説をしたことがあった。演説の論旨は、わが国の国民体力がきわめて貧弱であるのは、封建的因襲に馴染む生活慣習や風土的条件によるものであり、そうした弊害を取り除くために、国民に兵式に則った「強迫体操」を課し、彼らの身体を鍛錬して体力を改善する必要があるというものであった。国民教育の方法として、森がそれを採る理由は、「専ラ其教育セラルル所ヲ身体上ニ行フ」ためで、軍事的な目的は全くない。彼が真に意図したところは、身体の能力を高めることによって、国民各自に善行を助成しうる力と「敢為ノ勇気」とを養わせようというものであった。

そうした「兵式体操」をも含めて、国民は知識教育のみならず日常実用の教育を受けることで、下から国家の富強を支える能力と気質とを養う必要がある。それが教育の真の目的であり、それに見合った制度改革が早急に成されねばならない。森はそう思ったのである。

「教育令に関する意見書案」

同時期に森が認めたと思われる学政意見の草稿が残っている。文部大輔田中不二麿の作成した教育令案に対する意見書である。その中で、森は、田中の教育自理と地方分権に全面的な賛同を表しつつ、部分的な改善点として、中学校教育を「学者有志ノ私立」に委ねること、小学校教育については「人民自ラ之ヲ主トリ」なるべく政治家の干渉を避けること、教育制度を定めるには、教育法熟練者の会議諮問を経ること、小学校への国庫補助を廃して、これを大学に用い大学教育を強化すべきこと、など五策をあげている。ここには、教育を国民の自主的運営に任せ、国家はそのために設けられた制度を正しく管理し、それを円滑ならしめるよう機能すべきものという、建全な教育自理の精神が脈打っている。森は、教育政策の指導は国家が行うべきものであるが、教育の内的事項は学校にまかせ、政治的、宗教的立場から超然すべきものであると考えていた。こうして、正しい国家指導の下に、すべての国民が最低限の教育を受け、内的自立を果たし、各自の能力と資質に基づいてその義務をつくす時、はじめて国家の独立は全うされ、国際的地位の向上という課題も解決されると考えたのである。

英国義務教育制度の研究

　こうした森の教育行政観を補足するうえで役立ったのは、当時の英国における義務教育であった。英国で本格的に義務教育制度が確立したのは、一八七六年の初等教育令制定以後であった。この法律によって、五歳から十四歳までの少年少女たちが過酷な労働から解放され、学校教育を受けることができるようになった。彼らは現実に、英国の産業の発展と国家の富強を根底で支える力となりつつあった。しかも、厳格な国家管理の下で、彼らの人格は尊重され、権利も擁護されていた。森は、枢密院教育委員会の副委員長で、当時の文教責任者であるアンソニー＝マンデラ（Anthony John Mundella）に面会し、英国の教育行政の現況について質問したり、著名な生物学者でダーウィニストのト

アンソニー＝マンデラ

トーマス＝ハクスリー

ーマス＝ハクスリー（Thomas Henry Huxley）に会って、社会教育の問題に関して教えを乞うなど、英国の教育制度を熱心に調査研究している。一年後、伊藤博文に宛てた書簡の中で、森は、英国で義務教育制が全国に普及した結果、青少年の犯罪が減ってきている事実をあげて、これを称揚している。

英外務省との外交折衝で忙殺される合間をぬって、森の研鑽は続けられた。その成果がようやく実りかけた時、森は幸運を手にすることができた。たまたまヨーロッパに憲法調査に来ていた伊藤博文と、教育政策について意見を交換する機会にめぐまれたからである。

伊藤博文の渡欧

伊藤は、日本での立憲制準備のため、欧州各国における立憲制度の組織および運用を調査すべき勅命をうけて、ヨーロッパにやって来たのである。明治十五年三月に日本を出発し、ベルリンに到着したのが五月十六日であった。明治十四年の政変で、十年後に国会を開設することを決した政府は、当面の課題として憲法制定の準備を急いでいた。すでに政府関係者の間では、伊藤にプロシア憲法を参考に憲法起草にあたらせることで意見が一致していた。伊藤と親しい井上毅（こわし）の工作によるものであった。井上は司法省出身のプロシア主義者である。

伊藤の憲法調査

ドイツに着くと、伊藤は猛烈な勉強をはじめた。ベルリンでは主として、ベルリン大学教授で公法学者のグナイストや司法官モッセらについて講義を聞き、ついでウィーンに赴きウィーン大学教授シュタインに師事して、その所説を叩いた。滞欧一年余りのうち、約八カ月をベルリンおよびウィーンに過ごし、新興ドイツ帝国の実情に接した伊藤は、いよいよプロシア憲法に強く心をひかれ、わが国立憲制の構想に対し大いに自信を深めるに至った。伊藤はウィーンで、シュタインから毎週三回ヨーロッパ諸国の憲法および歴史の講義を受けたといわれるが、この間にシュタインに傾倒し、立憲制の根幹となる教育政策を彼に依頼しようとした。だが、シュタインは老齢を理由に、伊藤の招きをことわった。

森が伊藤をパリの客舎に訪ねたのは、その直後であった。伊藤のパリ滞在は、八月三十日から九月十三日までの約二週間ほどで、ドイツでの勉学期間のわずかの余暇を利用したものであった。それは、ロシア皇帝アレクサンドル三世の戴冠式に参列する有栖川宮を、パリで出迎えるためであった。八月二十三日、二週間のスコットランド旅行からロンドンに戻ったばかりの森も、同じく有栖川宮奉迎のため、ドーバー海峡を渡ってパリに出向いた。

伊藤とパリで会談

伊藤と森の会談がいつ行われたかは、はっきりしない。九月初旬、それも十日以前のかなり早い時期ではなかったかと思われる。日本の教育行政の将来を決めたパリ会談の内容を、ここで知ることはできない。しかし、ヨーロッパをめぐる国際情勢から憲法、教育問題まで、両者の話題はつきなかったであろう。

伊藤は、森が十年以前から、教育行政を担当したいと希望していた事実を知っている。駐米公使時代に森の文部省入りを援助したのも伊藤であった。この時、教育行政に対する森の抱負を聞いた伊藤は、シュタインへの期待を、彼に代行させてみようと思った。国家の富強を支える気力と精神の涵養(かんよう)を、国民教育の一大目標とすべきである、と森が主張したからである。だが、伊藤がプロシア的な純然たる国家主義教育を構想したのに対し、森はあくまで英国式の義務教育を念頭においてこれを発言したのであった。そこに両者の根本的な相違があることを見すごしてはならない。ただし、国家の富強に奉仕する国民精神の涵養という教育方針の基本線で、両者の意見はまさに一致をみたのである。

国民精神の涵養

ウィーンに戻った伊藤は、直ちに森に自分の見解を書き送った。

即今我国の学者中、教育の事に意を注く者なきに非(あらざ)るへしと雖(いえども)、将来我国の治安を図るの目的を以て教育の基礎を定むる識見あるの人を見す。愚見にては教育は徒に智力を進修せしめ利害を争はしむる為に非らす、必や幼童を薫陶して人の人たる所以を知らしめ、且之を養成して一国の精神を興起せしむるを要とすへし。（中略）僕か所謂教育の必要にして此事を担任するの賢哲を望む所の者は、乃ち国家の教育を提掌して将来の為に衆庶幼若の時に当り、其方を知らしむるの目的を以て教育の基礎を定むるの識見を有するの人なり。（中略）是僕か賢兄に向て誠に之を望む所以にして賢兄も亦敢て之を辞する能はさるものあるを信するなり。（九月十四日付書簡。木村匡『森先生伝』所収）

伊藤、プロシア流の国民道徳教育をめざす

教育とは、人間の知識能力を進めて、利害得失を弁別させるだけのものでなく、幼児期に人間本来の目的を教え、これを育成して「一国の精神」を喚起させるものである、と伊藤は言っている。すなわち、純粋な意味で国家に奉仕する国民精神の涵養である。主知的、功利的ではなく、まさにプロシア流の国民道徳的な方向において教育を択えようとする見解であった。

書簡の口調から、会談中すでに森に対し、教育行政の担当を要請したらしいことがうかがえる。森自身、二つ返事でこれを引き受けたであろうことは想像がつく。

「学政片言」

伊藤の書簡が届く前に、森も彼に宛てて長文の一書を認(したた)めていた。しかも、「学政片言」と題する意見書まで同封されてあった。日付は九月十二日である。

文字通り、学政構想の断片的草稿ではあったが、その一字一句に森のなみなみならぬ熱意が感じられる。パリで語ったことをそのまま書いた「片言」にすぎない、とことわったうえで、森は次のように述べる。

> 人ニ智能、徳能、体能アリ。薫陶涵養此三能ヲシテ均(ひと)シク上達ヲ得セシム、是ヲ教育ノ本旨トス。教育ノ事タルヤ、先(ま)ツ人民ノ気質ト古来ノ慣習トヲ審察シ、従前施行セル教育法ノ精粗長短ヲ明弁シ、而テ其適否ヲ較量スルヲ要ス。其際ニ鑑(かんが)

ミ最モ当サニ慎密注意スヘキ者アリ、即邦国固有ノ政基ニ由ル是レナリ。

「邦国固有ノ政基」

知識、道徳、体力、この三者を平均して向上発達させることが教育の目的である。したがって、国民の気質と伝統的慣習とを充分に考量したうえで、最善ノ教育法を施行しなければならない。その際、最も注意すべきは、「邦国固有ノ政基」を活用する必要のあることである。国民の知識、道徳、体力ともに向上させるためには、彼ら自身の「気力」が必要である。この「気力」なくしては教育の効用は期待できない。欧米諸国はそれぞれに、この「気力」を培養する歴史的条件を持っている。キリスト教しかり、自由主義しかり、民主主義しかりである。では、日本にとってその歴史的条件とは何か。それは、伝統的な国体、すなわち天皇制という特殊な政治形態にある、と森は見たのである。

「体軀ノ鍛錬」

次に、その「気力」を培養する具体的手段として、「鍛錬」による教育を主張する。

体軀ノ鍛錬ハ古来我邦最モ欠ケル所ニシテ、今日ニ至リ世人尚未タ其須要至重ナルヲ覚ラサルニ似タリ。抑モ一人一己ノ体軀健強ヲ保ツハ即全国富強ヲ致スノ大基礎ニシテ、凡ソ人間ノ幸福之レニ由ラサルハ無シ。身体強健ナレハ則精神亦自ラ発達シテ怠弛セサルナリ、又之ヲ鍛錬スル気質ヲ鍛錬スル為メニ不可欠之一事ナリ。

身体強健ならば健全な精神が宿る。したがって、身体の鍛錬は「気力」の鍛錬に直接つながるものである。国家富強の基礎を固め、人間の幸福を進めるためにも、身体の鍛錬は必要不可欠だというのである。体力の向上が、そのまま国民の気力の充実につながり、ひいてはそれが国家の発展を促すというのが、森の鍛錬主義教育の基本趣旨であった。

教育行政の不偏不党

最後に、「学政方向ノ良否ハ政治全体ノ伸縮ニ係リ、利害倶ニ久遠ニ亘ル」と、教育と政治の相互補完的関係を述べつつも、「教育ノ政責ニ当ルノ人ハ、党派ノ組織ニ属シテ進退不定ナル政治家ト同視スヘカラス、或ハ不レ得レ止シテ時政ニ参与スル事アルモ、可レ成タケハ顧問ノ地ニ置クヲ可トス」と、教育行政の不偏不党を強調している。

「学政片言」の補足

この意見書を送るのと入れ違いに、先の伊藤からの書簡を落手した森は、同二十六日付で再び返書におよび、「学政片言」を次のように補足した。

> 凡ソ政治家カ教育ヲ以テ時政ニ係リ急務ト做ス所ノ者ハ則専ラ国民ノ気質ト慣習トノ短弊ヲ詳知シ、其ノ左道ニ傾キ将サニ後患ヲ起サントスルノ機ヲ預察シ、欠ヲ補ヒ病ヲ除キ以テ国歩ヲ坦途ニ取ルニ在リ。学政ヲ振興シテ国家富強ノ基ヲ固クシ漸ク文運ヲ進メントスレハ、則許多ノ年数ト不易ノ力行トヲ要ス。学政ノ方向既ニ定リ任責ノ人ヲ得ハ、則深ク其人ヲ信用シ常ニ之ニ与フルニ親実ノ助力ヲ以テス

ヘシ。

教育と政治がともに協力すべき点は、儒教主義的徳育や因襲的な生活慣習によって、進歩を阻まれている国民の気質と慣習の「短弊」を矯正し、過激に陥るのを防ぎ、国家の富強を固めて、その安全を図ることだと説いている。ここでも、彼は国民の気力を減退させている封建卑屈の精神（森はこれを「奴隷卑屈の気」と呼ぶ）を取り除くことが、国家の急務であると重ねて強調しているのである。

いずれにしても、教育行政担当者が決まったならば、その人間に全幅の信頼をおいて、彼にすべてを任せなければならない。それが国民教育を発達させる最善にして最良の方法であると言っている。自分が担当者となった場合を予測して、伊藤に一本釘をさしたわけである。

文部省入りの黙契

こうして、伊藤と森のパリ会談は成功裡に終わり、森の文部省入りの黙契ができあがった。同時に、将来の教育行政に関する青写真も、森の脳裡にくっきりと描かれたのである。

文政家森有礼の誕生はもう間近であった。

三　代議政体論

板垣と後藤の外遊

民権派の総帥である自由党党首板垣退助と党常議員後藤象二郎の両者が、ヨーロッパにやって来たのは、明治十五年の暮れであった。板垣は、外遊するにあたって、欧州諸国を視察し、その立憲政の内容を独自に調査して党の将来に役立てたい、と党員たちに説明した。だが、両者の洋行計画の背後には、政府関係者の策謀があった。各地で昂揚する自由民権運動の弾圧強化を進める政府は、この年六月に集会条例を改悪する一方、運動を内部から分裂させる目的で、自由、改進両党党首の外遊を画策する。政府内で工作を担当したのは、外務卿井上馨であった。井上は三井財閥と交渉して外遊費調達に成功すると、後藤と通謀してこれを板垣に渡し、後藤から板垣に洋行のことを説得させた。板垣は、洋行費の出所については後藤の偽りの言葉を信じ、政府側の画策によるものであることを全く知らずに出発してしまう。この板垣の洋行問題は、政府の目論見通り、自由党に内訌(ないこう)をおこさせると同時に、自由、改進両党の対立をひきおこし、自由民権運動はしだいに退潮に向かいはじめるのである。

伊藤、両人の籠絡を指示

板垣と後藤がパリに到着すると、伊藤は部下の西園寺公望や欧州駐在の各公使に対して、民権派がかねて憧れているフランスや英国の裏面を彼らに見せ、幻滅感を抱かせたうえで籠絡するように指示した。板垣は、西園寺を介してフランス共和派のエミール＝アコラスや文豪ヴィクトル＝ユーゴーに会い、後藤は伊藤の勧めでウィーンに赴き、シュタインから憲法講義を聞いたりした。だが、彼らは容易に翻意しなかった。

両者に対する工作指令は、森のもとにも届いていた。明治十六年（一八八三）二月二十六日付の伊藤宛て書簡で、森は「板垣後藤諸士ハ必ス速（すみやか）ニ倫敦（ロンドン）へ来遊有レ之度旨御伝言ヲ願候」と、両者の早期渡英を促している。森には、彼らを洗脳する自信があったのかもしれない。森の切り札は、彼らが「民権の本尊」として渇仰するスペンサーであったに違いない。国民が政治に走ることを「軽薄浮躁」として批判する森は、自由民権運動に対してきわめて冷淡な態度をとっていた。

板垣とスペンサーの会見

その板垣とスペンサーの会見は、五月初旬に行われた。多分五月五日前後であったろうと推測される。森はこの時の会見の様子を、後日伊藤に次のように報告している。

> 同人（板垣）宿願之本尊スペンサー面謁も三日前河上通訳にて相済ミ余程之満悦と申事、但其面談の体ハ師弟換位にて、弟子の説法居多且例之無根拠之空論不レ少より、本尊之堪忍袋も破れ談半にて no,no,no, 之声と共に立ち上り其儘にて相別れたる

由、(明治十六年五月付書簡)

文面から推すと、森は会見の席にはいなかったらしい。おそらく通訳にあたった書記官河上房申からの伝聞であろう。板垣がむやみに手前勝手な民権論を説くため、スペンサーも業を煮やして、議論におよぶ前に会談を中止にしてしまったらしい。もっとも、

板垣の回想

板垣自身の回想によると、「先生時ニ脳ヲ病ミ、一切政治学術ニ関スル談論ヲ為スヲ得ズ。其ノ胸臆ヲ敲キ奥窔ヲ窺ハント欲シテ果サザル也」(明治十九年五月、高橋達郎訳『宗教進化論』序文)ということで、談論中止の理由をスペンサーの神経症に帰しているようである。また、この時、スペンサーは自身の邦訳書を送ってくれるよう板垣に頼むと、後日森に託して新著一巻を贈ったという。

板垣への説得工作

いずれにしても、両者の会見は、板垣の奇妙な一人舞台で終わったかの観がある。森の板垣懐柔工作は、みごと失敗に帰したのである。だが、その後も森の板垣説得は引き続き行われたらしく、西園寺も「板垣龍動に罷在候時は、森公使よりも説得有レ之候得共、馬耳東風のよし也」(五月十日付書簡)と、岩倉に書き送っている。結局、彼らの工作は奏効せず、板垣と後藤は思想的にも精神的にもさしたる変化を見せずに、五月十二日、マルセーユを出帆し、帰国の途についたのである。

一方、伊藤の渡欧は、しばらく停頓していた条約改正問題に一つの転機をもたらした。井上外務卿は、彼の渡欧にあたって、欧州各国が改正交渉に応じてくれるよう、その斡旋工作を依頼していた。伊藤はドイツとの折衝に努力を傾けた結果、その好意的態度に接し、ヨーロッパでのイニシアティヴをドイツに執らせようと考えていた。森の勧誘もあって、三月以来英国に滞在していた伊藤は、五月二日、ロンドンを発ってベルリンに戻ると、同十日、同地に森を呼び寄せ、青木周蔵駐独公使も交えて協議に入った。だが、そうしたドイツの好意的態度の背後には、森が危惧したように、アジアでの覇権をめぐる英国との確執が絡んでいたのである。

伊藤、青木とベルリンで協議

東京で開かれていた条約改正予備会議は、法権に関する井上案に対して、英仏両国公使が反対したため、明治十五年七月二十七日の会議を最後に、結論の出ないままに打ち切られた。閉会後も井上外務卿は、主として英独両公使と意見の調整を重ねていたが、問題は容易に解決しそうになかった。そこで日本政府は、税権問題だけを引き離して、法権と別個に新条約を締結することに方針を変更し、関係各国に通知した。ところが、英国は内容については賛同したものの、それを期限付きとすることに異議を唱え、これについて欧州各国と内談におよんだのである。日本が新条約の有期を主張したのは、期

東京条約改正予備会議の中止

新通商条約案を各国に通知

限後に関税自主権を回復する意図があったからである。

青木、蜂須賀とスパで会談

英国側の異議の内容を早くから見抜いていた森は、六月一日付公信で、「条約有限ニ関スル文字ハ可レ成之ヲ迂回ニスル」のが交渉上有利であると井上に具申している。英国の意図を事前に察知した森は、九月、ベルギーのスパで、青木駐独公使および蜂須賀茂韶駐仏公使と協議し、欧州諸国が英国の要求に応じないよう、各任国政府に運動することを決議した。この時、ヨーロッパの関係各国が、すべて日本側の意向に同調したのは、背後でドイツの力が働いていたからである。欧州各国から同意をとりつけることに成功した政府は、森に対英交渉の再開を命じた。

グランヴィル外相と会談

十月八日、早速森は、グランヴィル外相を、その別邸であるウォーマー館(Walmer Castle)に訪問し、新条約について忌憚のない意見をのべた。会談の席上、森は、定期立約の明文がなければ、わが政府は新通商条約に同意することは断固できないと明言、同時に、日本側要求の基本資料として、国勢の現況を記した覚書を交付し、毅然たる態度で臨んだ。その覚書に言う。

新条約に関する覚書

条約改正ノ商議如何タルコトハ、我政府ニテ未タ之ヲ秘密ニ付スルヲ以テ人民ハ其様子ヲ瞭知スル能ハスト雖トモ、其期望スル所ノ点ハ実ナリ。故ニ仮令ヒ政府ニテ

無期ノ通商条約ニ同意セント欲スルモ、国勢之ヲ許サザルアリ。(『日本外交文書』第十六巻)

七年後開設予定の国会をはじめ、法制、財政、学制など制度文物の開進状況を述べつつ、有期による新通商条約の締結は、まさに国民全体の希望であり、すでに政府のみの問題ではない、日本の国勢がこれを許さない情況にきている、と世論を重視した論理を展開、力説している。

英国側の覚書

森の説得も多少効果があったのか、それから二カ月後の十二月十一日、英国は、比較的好意的な内容を持つ覚書を、日本政府に送付してきた。覚書中に、日本が外国人に内地開放と不動産所有を許可する以上、税権回復を要求するのは当然であり、他国が同意すれば、改正関税条約中に一定の期限(十年もしくは十二年)後に条約を終了しうる「有期」の条款を入れてもよい、という一項が含まれていた。「有期」の問題に一応決着を付け得たことで、満足の意を表した森であったが、覚書中の他の諸件、通商条約廃棄前三年間開国の件、内地旅行免状規則拡充の件、最恵国条款の変更不同意の件などについては、翌明治十七年一月七日付のグランヴィル宛て書簡で、再考すべきを要望している。

英国をはじめ、列国の同意をようやくとりつけた日本が、彼らの反対意見もとり入れ

条約改正予備会議の再開

『日本政府代議政体論』

た改正案をつくり、列国共同の条約改正会議を東京で再開したのは、これから二年半もあとの明治十九年（一八八六）五月一日である。

英国との条約改正交渉が一段落したその年十二月、森は懸案の体系的憲政論を書き上げた。『日本政府代議政体論』（*On a Representative System of Government for Japan*）と言われるものである。私家版の形で欧米の知識人たちに配布されたものであったが、文字通り、代議制度を日本に適用する場合の具体的方策論をその内容としていた。立憲制採用にあたっては、わが国固有の伝統的な国体を充分考慮に入れる必要がある、というのがその論旨であった。

本文は九章よりなる。第一章は各国の代議制の歴史と現況、第二章はわが国固有の政体について、第三章が総論、以下、明治二十三年開設予定の国会、立法組織、元老院とその選挙法、内閣、天皇、要約、と詳細な論説が続く。森は、まず「日本帝国の諸制度に代議政体をいかに接ぎ木（engraft）するか」という根本命題を提示したあと、この問題を解決する指針として、立憲制を採用する先進諸国の「一般的な歴史的事実」（General Historical Facts）を述べ、これに対比させて、日本の政体を本質的に基礎づけている「歴史的事実」を「特殊」（Special）なるものと説く。その特殊事実とは、神武以来、いかなる外国の支配にも服することなく、同一の王朝が現在まで主権を行使し、国家の中心的存在となっている、という帝権統治の純粋性であり、そのことが日本国民に「帝位」(Imperial Throne)に対する深淵かつ無限の尊敬の念を抱かせ、同時に国家への強烈な愛情を植えつける要因ともなっている、と森は考察している。このように政体を構成している「一般」と「特殊」とを対置させたうえで、具体的に「立法者の選挙制度」(the system of selecting Legislators) の問題に移る。選挙制度は、各国の政治的発達と環境の差異によって決まる。

帝権統治の純粋性

立法者の選挙制度

したがって、わが国で採用さるべき制度も、その政治的発達と環境に最も適合したものでなければならない。だが、多くの先進国で採用されている立法者の「直接」(directly)選挙は、世論の自由な表現と両立しない「政党政治」(Party Politics) の弊害をもたらすだけであり、極力回避されねばならない。すべての個人の法的権利、所有財産、良心の自由とを保護するのが国家の主要任務である以上、それを効果的に導くよう立法行為はなされる必要がある。人間の知的、道徳的、身体的能力の不平等という普遍的事実を前に、国家はその不均等性を是正し、そのための法を管理し、彼らの財産と自由とを保護するよう機能しなければならない。したがって、国民はそうした国家の働きを円滑ならしめるために、納税の義務を負っている。ただ、財産が政治上で重要な役割を担ってきたヨーロッパの場合と違い、日本において財産資格ないし納税額による制限選挙を実施するのはよろしくない。そこで、彼はわが国における伝統的家族制度たる家父長制を重視し、この家父長という構成単位をもとに、選挙制度を維持すべきだと考える。その際忘れてならないのは、階級の高低、貧富の差、収入の多寡などに差別されることなく、全ての国民が公平に国政に参与できる権利を獲得することである。こうした特殊な代議制度を運営する資格のある人物は、地方業務、農業、工業、商業、衛生、教育、科学、芸術など各専門分野の知識にすぐれ、知・徳・体を兼備した特別の資質を有する者でなければならない。このように、日本の伝統的な政体としての「特殊」と西欧的な立憲政体という「普遍」とが結び付いた固有な制度——森の言葉によれば「帝国の歴史的性格と発展との調和に見出しうる最も健全な政治的原則」——に基づいてわが国の代議政体は準備される必要がある、と森は結論づけたのである。

家父長制の重視

つづいて森は、立憲制の具体的組織について述べる。

立法府は個人権の保護機関

立法を、「政府ヨリ発シ、或ハ政府ヲ経由シテ発スル所ノ国皇ノ諸公告ニシテ、国ト臣民トノ間若クハ臣民相互ノ間ニ於テ当サニ存在スヘキ交際ヲ明定限制スル者」と規定したあと、立法府の管掌すべき第一の事項として、「生活并信教及財産所有自由権ヲ亨有セシムルカ為メ、各個人体或ハ会全体ヲ保護スル」ことをあげる。明らかに個人権の保護機関として立法府を捉えている。また、第三項では、国民相互の約束に基づいて法律規則を制定した以上、それを「破約償還」するための法も設ける必要のあること、第四項では、国民の幸福増進に役立つと考えられる方法はすべて、これを「設立制合」することをあげている。では、こうした国政の重要な議決機関ともいうべき立法府の議員は、どのようにして選ぶべきか。森は言う。「立法者は選抜制度（a system of selection）を経た者がなるべき」であり、「立法権は二、三の独立した組織体によって占有されるべき」であると。森の言う「選抜制度」とは、「最高の資格を与えられた人物をだんだんに選び抜く制度」（a system of gradually selecting the best qualified）であり、普通の選挙制度（a system of election）とは明らかに異なるものであった。

「選抜制度」による立法者選挙

こうして、彼は、「皇帝ハ依前従前（ママ）ト同ク国ノ至尊ナル頭首ニシテ陛下ノ令ヲ奉シテ活動スヘキ者ハ機関也」という天皇主権の大原則のもとに、立法機関たる元老院、参議院の両院、行政機関たる内閣、そして代議機関としての国会とを提示するに至った。だが、肝心の議決機関である立法府の両院は、元老院に「諸法律ニ服従スル人民ノ名代」として、選抜制による国会議員若干を含む以外は、いずれも「法官」、「地方長官」、「政府ノ

天皇主権の大原則
元老院と参議院は立法機関
内閣は行政機関

国会は政府の諮問機関

高官」らの専門官によって占められている。しかも、国会は単なる政府の諮問機関にすぎず、その議員の選挙方法は、前に述べたように独特の選抜制度によるものであって、三分の二は「各地方会」の代表、三分の一は農業、商業、工業、教育、学術などの「各種ノ協会」からの代表が充てられ、選挙権は家父長たる戸主に限定するというものであった。そして、内閣は、その貴賤貧富にかかわらず、「最良ノ資格アル者」を「精撰」して組織すべきである、と規定したのである。

以上が、『日本政府代議政体論』の要旨である。国会に立法権を与えず、間接選挙の方法として独特の「選抜」制度を提案したのも、すべて人物主義に基づく森独自の合理主義の所産にほかならない。

立法者の資格

国政の中心人物たる立法者は、国民の財産や良心の自由を保護すべき国家の代理人である以上、知識、道徳ともにすぐれた「確実有能ノ専門家」でなければならなかった。彼らはまさに、公的な立場において精選された人間であった。そして、一般人民からも「俊秀賢良ノ人」を、文字通り選り抜くことで、彼らを立法者たちの補佐役たらしめようとした。彼らは前者よりもその気質と能力において劣るのみならず、一部地域社会の代弁者たるにすぎないと考えられたからである。また、彼らの選挙人を戸主に限定したの

森の国家主義の性格

も、地域社会の利害を代表し、すべての家族の行為に対して責任を負う立場にある人間が「家長」にほかならなかったからである。

この論文を通して、われわれは森の国家主義の性格を読みとることができる。森にとって国家とは、生活、財産、良心等個人の自由権を保護し、国民の幸福増進を促すために機能すべき装置以外の何物でもなかった。すべての諸制度は、この装置を円滑に動かすための歯車のようなものと考えられていた。したがって国民自身の安全と幸福とを守るために、諸制度は国家の厳格な管理下に置かれる必要があった。しかも、国家と国民ないし国民相互の約束に基づいて作られた制度である以上、その制度を円滑に運営し、自己の自由権を守るために、国民自らもまた、国家に対して厳しい責務を負っている。国家は全国民に、この義

エール大学教授セオドア・D・ウールゼー宛書簡（1884年1月10日付，『日本政府代議政体論』送付につき批評依頼）〔エール大学所蔵〕

務を忠実に励行させるための装置として機能すべき役割も与えられていた。そうした責務を明確に自覚し得る気質と能力とを備えた国民を創り出すことこそ、制度としての教育に与えられた使命である。森はそのように思ったのである。

合理的で健全な国家主義

したがって、森の国家主義は、国民の安全と幸福とを達成する合理的手段として考案されたものであって、本質的に個人の自由を侵害する性格のものでは決してなかったのである。むしろ、それは、「個の精神」を内に秘めた合理的で健全な国家主義であった、と私は考える。

積念伸発

『日本政府代議政体論』の完成を見た翌明治十七年（一八八四）一月、森は本国からの帰朝命に接した。伊藤の強い推輓があったからであろう。伊藤はこの頃、憲法起草とともに、太政官制に代わる新たな内閣制度の設立準備にとりかかっていたのである。早速、森は伊藤に宛てて、「不レ遠積念伸発乞レ教之期を可レ得と楽ミ折角旅装に取かかり申候」（二月二十五日付書簡）と、喜びの一書を認（したた）めた。この「積念伸発」の一語には、国政にかける森の烈しい意欲が感じられると同時に、新たな生への喜びが満ち溢れている。それは、二十年にわたる研学と苦闘のすえに、ようやく森が手にし得た「新生」（New Life）であった。

帰国の途に就く

二月二十六日の朝、森と彼の家族は、ロンドンのチャリング・クロス駅を発ち、帰国の途に就いた。帰国に先立ち、森は、ポール・モール・ガゼット紙のインタヴューに応えて、日本の文化を語り、日本人の「愛国心」について次のような見解を述べた。

日本人の愛国心について語る

外国や外国文化からの思想、制度の移入がわれわれ日本人の力を弱め損わしめたとお考えでしょうか。私は日本人の心に絶大な信頼をおいています。世界中のあらゆる場所に行って、おすきな日本人を選んでごらんなさい。その日本人が、たとえどんなにアメリカナイズされ、ヨーロッパナイズされていようとも、彼の心には祖国の人民の胸中で脈打っているものと同じ、強靭な心があることを発見なさるでしょう。日本人のこの熱烈な国家への愛着——時や距離をも弱めることのできないこの愛着が、なぜ、どうしておこるのか私にはわかりません。でも、おそらくそれは二つの大きな原因によるものだと思います。一つは、二千五百年間にわたって、日本がかつて一度も征服民族の支配下におかれなかったという事実——その全時代を通じて、日本は自由で征服されたことはなかったのです。そして、そのような事実は、われわれ日本人がつねに誇りをもって思い出すものの一つなのであります。第二は、同じ二千五百年の間、われわれが同じ王朝のもとにとどまっていたということです。

（中略）他のいかなる国にも、このような記録は指摘できませんから、われわれが祖国に誇りを感じるのも当然といえます。しかも、それは蒸気機関や電信、あるいは議会の移入が、日本人の心にある程度影響を与えることができるという考えを、笑いとばせるほどの誇りなのです。（"Japanese Progress", Pall Mall Gazette, February 26, 1884）

「英国退去に際する日本公使会見記」

会見記事は、森の出発当日、「英国退去に際する日本公使会見記」（The Japanese Ambassador of Public Affairs, An interview on his departure from England）として掲載された。インタヴュー内容は、清仏戦争、治外法権、関税自主権、文明論、議会論、商業から婦人論まで、日本文明の現状を国際的な視野から論じた比較文明論であったが、彼が力点をおいたのは、日本人の「愛国心」であった。

国民の「愛国心」に期待

「万世一系」の伝統的な国体と、「征服されざる民」としての民族的誇りが、日本国民の「愛国心」を形づくっていると、森は信じて疑わなかった。帰国後、彼は国民の「愛国心」に期待し、時にそれを政治的手段として利用しつつ教育行政を指導し、国家の富強と近代化とに努力した。国家の指導のもとで、すべての国民が「愛国」の精神を土台に、彼らの責務を果たす時、はじめて国家の独立は確保され、日本の国際的地位も向上する、と森は考えていた。だが、あまりに独創的な国家観に基づいていたが故に、その

「愛国」の心理が、祖国日本の一般民衆に理解されず、彼らとの間に埋めようのない意識のギャップをもたらしたところに、森の悲劇そのものが存在したと思われるのである。

第七　文政の府

一　入　省

横浜に帰着

森は、明治十七年四月十四日、フランスの郵船ヴォルガ号に搭じて横浜に帰着した。

鹿鳴館時代

この頃、日本では、政府の欧化政策が最高潮に達していた。外国高官の接待用として建てられた鹿鳴館を舞台に、籠絡外交が展開され、連日のように洋式宴会や舞踏会が催されていた。世上では西洋模倣の風潮がもてはやされ、伝統文化の改良運動が次々とおこる有様となった。いわゆる鹿鳴館時代である。

政府の意図は、西洋人に日本も彼らの国と同様、文明国であることを知らせ、彼らの好意を獲得して、条約改正交渉を有利に導こうとする点にあった。しかし、こうした皮相な欧化を快しとしない連中も、政府内外に多くいた。自由民権派は、政府の外交方針を卑屈軟弱と批判し、国民の強い支持を受けた。折しも、軍備大拡張に伴う増税負担と極端なデフレに苦しむ中小農民層は、自由民権左派と連携して、反政府運動に立ち上がった。条約改正の早期達成と軍拡実現とをめざす政府側は、全国民的な規模での政治運動へと発展しつつある自由民権運動に対し、過酷な弾圧政策をもって臨んだ。自由民権運動は、いよいよ不穏、過激な様相を呈しはじめ、明治十六年から翌十七年にかけて、政府転覆を目的とする直接行動が、自由党員の手で次々と企てられていった。福島事件、高田事件、群馬事件、加波山事件など、激化諸事件といわれるものがこれである。

激化諸事件

外に条約改正、内に自由民権運動と深刻な危機状況に喘ぐ政府は、五年後の国会開設をめざして憲法起草と近代的な国家機構の整備を急いだ。ヨーロッパより帰朝した伊藤は、十六年十一月、参事院に憲法取調所を設置、ついで翌十七年三月には宮中に制度取調局をおいて、自らその長官となって明治憲法体制づくりの作業に励んだ。

制度取調局

帰国歓迎会

帰朝二週間後の四月二十八日、森の帰国歓迎の宴が上野精養軒で張られた。牧野伸顕、日下義雄らの主催で、出席者は富田鉄之助ら七、八名、かつての英国公使館での部下がほとんどであった。その同じ日、参議兼宮内卿伊藤博文は、パリでの黙約通り、太政大臣三條実美に対して、森を参事院議官に任じ、文部省御用掛兼務とすることを要請していた。参事院は、内閣の命により法律規則の制定や審査に参与する政府中枢機関で、政策決定の主導権を握っていた。議長は無論、伊藤の兼任であった。森の文部省入りについ

参事院

て、伊藤は事前に参議兼文部卿大木喬任(たかとう)の内諾を得ていたが、この時省内から異議が差し挿まれたらしい。急先鋒は文部少輔の九鬼隆一であった。これには省内派閥の問題も絡んでいたと思われるが、背後に天皇侍講である元田永孚(ながざね)ら宮廷一派の策謀があった。

元田永孚の反対

元田は、森の文部省入りの事実を知り、これを阻止すべく直ちに三条と左大臣有栖川宮に事を謀った。理由は、「森ノ教育ニ関スルハ其従来宗教家ニシテ、将来ノ国害ヲ招ク測ルベカラザル」(『元田永孚文書』)というものであった。すなわち、元田はその儒教主義徳育家としての立場から、キリスト教徒と信じた森が、文教の府の責任者となることに反対したのである。森の文政担当後も、この元田の反対は執拗に続くのである。

こうした事情から、大木文部卿は森の入省見合せを伊藤に相談したが、伊藤は強硬な態度でこれを排して入省を実現させた。

参事院議官文部省御用掛兼勤

森が正式に参事院議官を拝命、文部省御用掛に任じられたのは五月七日である。省内反対分子であった九鬼は、全権公使へ転出して文部省を去った。ために、森は独り省内に重きをなし、世人これを評して、「文部省は二人の卿を戴けり」と言ったという。

自由民権運動が烈しく高揚する中で、政府の文教政策は試行錯誤を繰り返しつつも、大幅な転換を迫られていた。明治五年の「学制」発布以来、実利主義的な方針に基づい

教育令

教学大旨

改正教育令

て実施されてきたわが国の教育行政は、明治十二年九月に至って、時の文部大輔田中不二麿の手で「教育令」が制定され、欧米式の自由主義的教育の方向が定められることになった。これに対し、儒教的徳育を重視する侍講元田は、同年、天皇の意を受けて「教学大旨」を草し、学制以後の欧化主義的な知育偏重政策を批判、儒教主義的徳育を国民教育の基本とするよう政府に強く要望した。伊藤は、直ちに「教育議」を提出、儒教的徳育を教育の根本方針とすることに真向から反対し、これを斥けた。だが、過激化する自由民権運動を前に、ほどなく伊藤はその抑圧手段として、元田的な教学刷新の企図との妥協を余儀なくされた。こうした意図のもとに、明治十三年十二月、「改正教育令」が公布された。それは、教育に対する政府干渉を大幅に認め、近代的な自由教育への発展を大きく阻むものであった。さらに翌明治十四年五月には、補足規定として「小学校教則綱領」が制定され、「修身」が教科中の首位に置かれることになった。同時に、文部省編纂の小学修身書が出版され、教科書についても、自由主義的思想を内容としたものは、その使用が一切禁止されるようになった。このように、修身を中心とする儒教主義的徳育の復活と、教育への政府干渉が強まりつつある中で、森の文政はその第一歩を踏み出すことになった。

参事院議官就任後の森は、その資格において、かつての書生で今は農商務省商標登録局長となっている高橋是清が作成した「専売特許条例案」審議通過に尽力したり、「徴兵令改正ヲ請フノ議」を起草し、徴兵猶予の特例条項についての改正意見を述べたりしたほかは、あまり会議にも出席せず、もっぱら文部行政の改革に専念、制度の立案やその整備に心を傾けた。東京大学や東京女子師範学校の卒業式に臨席し、官立最高学府の実情を視察したほか、御用掛としての立場から東京学士会院の機構改革に従事したのもこの頃である。東京学士会院が、近代的で純然たるアカデミックな学術団体となったのは、この時の森の功績に帰せられるといっても過言ではない。当時、学士会院会長であった西周の日記を見ると、森は西とたびたび会談している。西は文部省御用掛を兼務しており、文部省とも深いつながりがあったほか、明六社創立以来の同志として啓蒙教育に関する良い相談相手でもあった。六月一日に、上野精養軒で久しぶりに森を迎えて明六社の会合が持たれ、さらに、九月二十五日には森と会って、「文部省手当之件」を決めている。学士会院の補助金について、森の援助を期待したのであろう。また、十一月一日、再び明六社会が開かれ、西、森のほか福沢、杉、箕作、杉田玄端(げんたん)らが出席している。森の帰国で、明六社も往時の盛況をとり戻したかに見える。この年十一月から十二月にか

文部行政の改革に専念

東京学士会院の機構改革

西周との交友

けて、森と西の接触は頻繁である。おそらく森は、学士会院改組問題とともに、アカデミックな学術分野での西の協力を促したのであろう。そうした二人の周辺を彩っているのは、明六社の同人たちであった。この点からも、明六社の森文政に対する底の深い影響力といったものを、見逃すわけにはいかない。

甲申事変

漢城条約

明治十八年正月、世論は前年末に起った甲申事変の噂で沸いていた。朝鮮の内政改革をめぐる派閥抗争に日本が加担し、クーデターを計画、これに失敗した事件である。背後に朝鮮支配に対する日清両国の覇権争いがあったことは、言うまでもない。事の真相を全く知らされていない一般国民は、清の横暴を詰（なじ）り、世論は反清感情一色で塗りつぶされた。外務卿井上馨は、直ちにソウルに急行し、一月九日、漢城条約を結び、朝鮮政府に遭難邦人および公使館焼失に対する賠償と謝罪などの条件を認めさせた。この事件が朝鮮国内における反日感情を煽り、以後の日本の立場を著しく悪化させたことは、よく知られている。この時、森は、対清交渉に従事した経験を踏まえて、一月二十五日付で伊藤と井上に意見書を送付し、政府の一連の行動を批判、事件対策について自らの所見を開陳した。その文書に言う。

「朝鮮事件に関する所見案」

即チ支那ノ朝鮮ニ対シテ所レ負（おうところ）ノ責任果シテ何モノタルカ……平時ニ於テハ内政外

交共ニ朝鮮ノ自治ニ任スルモ、若シ難起ルトキハ之ニ汗(ママ)渉シテ「舒(じょ)難善隣」以テ宗国ノ属邦ニ対シタル分際ヲ行フニアリ……斯ノ如キ宗属ノ関係ハ類例甚タ稀ナリト雖トモ、両方殊ニ属邦甘シテ之ヲ維持スル間ハ更ニ他ヨリ喙(くちばし)ヲ容ルヘキニ非ラサルヘク……然レハ則朝鮮ノ内乱ニシテ支那兵之ヲ鎮定シ能ク其法ヲ得ルトキハ他国ハ唯タ之ヲ傍観スルノミ、

対朝鮮不干渉主義を表明

森は冊封による宗属関係という清国と朝鮮の特殊な外交体制を基本的に認め、変事においては特にそれが適用されてしかるべきとの見解を示し、朝鮮に対する不干渉主義を表明したのである。改進党の領袖犬養毅や尾崎行雄が連名で朝鮮への「内事干渉」を主張する意見書を提出したり、福沢諭吉が有名な「脱亜論」を発表したりして、対清強硬論が世論の大勢を占めていたなかで、森の不干渉論はきわめて注目に値する。

天津条約

この後、政府は伊藤を全権大使として清国に派遣、四月、天津条約が両国の間で締結された。だが、条項中には、両国が朝鮮に派兵を必要とする際の相互事前通告が明示されてあり、明らかに対朝鮮干渉を意識した内容となっていた。ここに、十年後の対清開戦を予測しうる因由が胚胎することになったのである。

関西地方学事巡視

天津条約締結の報がもたらされた頃、森は関西方面学事巡視の途にあった。巡視先は、

京都、大阪二府のほか、兵庫、滋賀、岡山、広島、徳島、高知、愛媛等七県である。大阪着後、森は大阪商法会議所で、「商業学校を設くへきの理由」と題して、商業教育の振興を説く演説を行った。この中で、彼は商業戦争を軍備戦の先鋒と目し、これに勝たねば日本の将来は危いと警告を発する。「一国の基礎たる農工商の状態にして今日我邦の如く憔悴（しょうすい）を極むる間は、縦令（たとい）海陸軍を張るも決して国力を張るに足らさるへし」と述べる森は、対清戦を予測して軍備拡張が叫ばれる中にあって、軍備よりも経済力充実を先決とし、それを対外策の基本方針とする姿勢を堅持したのである。しかも、商人の模範とすべき対象として「支那商人」とその商売方法を推奨している。「眼中君主なし政治なし」として世界中を股にかけて商利を求める、その逞しい気力と商魂に学べ、というのである。世論の烈しい反清感情をよそに、森はあえて「支那商人」の気力を称揚し、国民の商業に対する再認識を促そうとしたのである。

「商業学校を設くへきの理由」商業教育を重視

さらにこの後、兵庫、岡山、広島と巡り、四国に渡って、愛媛、徳島を経て五月八日、高知入りした森は、県令田辺良顕以下の出迎えを受けて中島町迎賓館に投宿した。民権派の牙城ともいうべき高知の教育事情を視察することは、森にとって西国巡視中最大の関心事であった。翌九日、森は権少書記官吉村寅太郎、御用掛青木保ら随員を従えて、

高知の教育事情を視察

県下師範学校並びに高知中学校を巡覧、教育事項につき両校教員と質疑応答あった後、懇篤なる演説を行ったという。さらに十日の日曜には、市内玉水新地にある得月楼で大懇親会が催されたが、県令以下重立った県職員、教員、学務委員ら百余名が集まり大盛会であった。

旧自由党幹部と会談

森が板垣退助、片岡健吉ら旧自由党の幹部と会談したのも、あるいはこの時であったかもしれない。森は大木文部卿に、会談の模様を次のように書き送っている。

高知にて板垣片岡其外自由党トヤラノ中重立候人物緩々面会仕候処、政党心を教育上ニ及ボスコト不可ナリト申迄ニは充分承知為致置候、彼等専握之共立学校之義ニ付而も前途困苦且右之理由ニより何トカ善キ工夫付ケ呉候様ニト内情依頼之次第有之候ニ付一寸御含まで申添候、（五月十六日付書簡）

高知共立学校

前年十月に自由党を解党後、高知に引退して再起を図っていた板垣、片岡、植木枝盛ら土佐民権派幹部連は、自由教育論を主張して郷里に共立学校を設立、教育の自主的運営を推進して行こうとしていた。「干渉教育」を批判する彼らではあったが、その維持は甚だ困難であったようで、彼らの趣旨を生かすことを条件に、文部省当局の指導を仰ごうとしたことが、文面から推測できる。

その共立学校を十二日に訪ねた森は、さらに伊野、佐川、須崎と高知県下の各所を巡回した後、五月十五日夕刻、汽船出雲丸で帰京の途に就いた。

「教育令ニ付意見」

六月九日、帰京した森は、翌七月付で大木文部卿に対し、「教育令ニ付意見」と題する教育制度改革案を提出した。「改正教育令」発布以後の文部当局の学政方針を批判し、森自らの文政の基本方針を披瀝したものである。従来森が抱懐してきた学政理念が、学事巡視による実地体験を経て、ようやく具体的政策論として結実したとみてよいであろう。その意味で、単なる「教育令」の改正意見ではなく、森文政の基本綱領とも言うべき性格を有したものであった。その要旨を紹介しておく。

森文政の基本綱領

従来の教育令は、文意正確ならず、要不要の区別なく、その趣旨も一定せず漠然としている。そもそも学政を定めるにあたって留意すべき点は、教育と生計との関係如何、教育と学問との区別如何、国家の各個人に対して要求すべき教育学問の種類及びその程度如何、各個人が自分のためにする教育学問につき、国家が便宜と補助を与える分量如何、などについてである。しかも、教育の事業は、もっぱら経済の要旨に基づいて計画されなければならず、教員の気質精神を養練し、彼らが教育に専心しうるに足る待遇法を設けることが教育の最善の方法である。

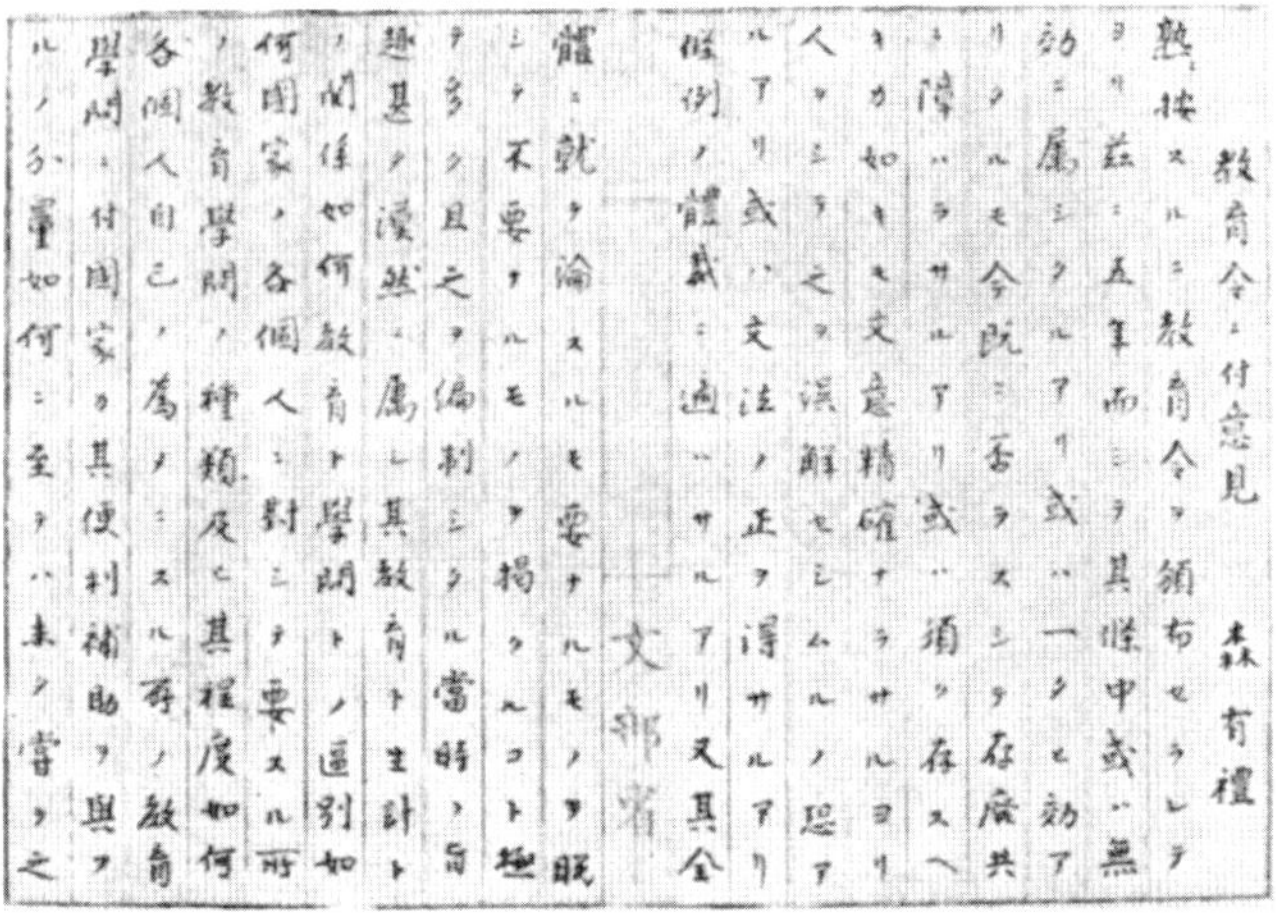
教育令ニ付意見　森有禮

熟按スルニ教育令ヲ頒布セラレテヨリ茲ニ五年而シテ其條中或ハ無効ニ属シタルアリ或ハ一タヒ効アリタルモ今既ニ否ラスシテ存廃共ニ障ハラサルアリ或ハ須ツ存スヘキカ如キモ文意精確ナラサルヨリ人ヲシテ之ヲ誤解セシムルノ恐アルアリ或ハ文法ノ正ヲ得サルアリ假例ノ體裁ニ適ハサルアリ又其全體ニ就テ論スルモ要ナルモノヲ脱シテ不要ナルモノヲ掲クルコト極テ多ク且之ヲ偏制シタル當時ノ旨趣甚タ漠然ニ屬シ其教育ト生計トノ関係如何教育ト學問トノ區別如何國家ノ各個人ニ對シテ要スル所ノ教育學問ノ種類及ヒ其程度如何各個人自己ノ為メニスル所ノ教育學問ニ付國家カ其便利補助ヲ與フルノ分量如何ニ至テハ未タ嘗テ之

文部省

付意見」

以上の基本方針にそって、森は二つの具体案を示す。一つは、大学、中学、小学以下各種学校のために個別の法令を定めること、もう一つは、地方財政逼迫の折から、地方民費節減のため学務委員を無給の名誉職とし、町村学事は主として戸長に管掌せしめること、以上である。

ここには、教育と学問の分離、教育自理の原則、経済主義、鍛錬主義など、以後の森文政の基本的性格を形づくる諸要素が、余す所なく明示されている。具体案の第一策は、翌年三月の「帝国大学令」以下の諸学校令によって果たされ、第二策も、この年八月に公布された「再改正教育令」により実現を見た。

師範教育の重視

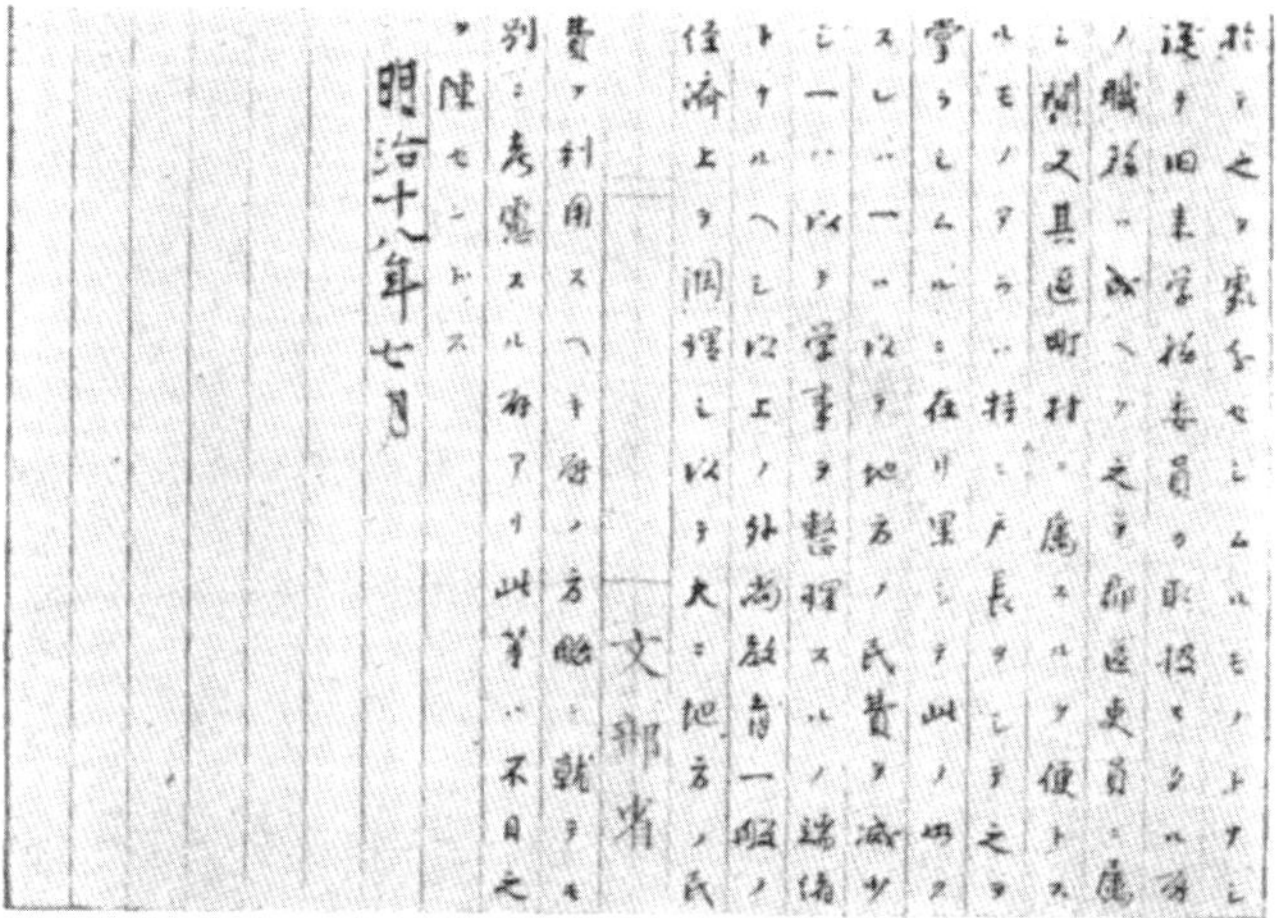
於テ之ヲ[illegible]セシムルモノトナシ
従テ旧来学務委員ノ取扱ヒタル事務
ノ職務ハ総ヘテ之ヲ郡区吏員ニ属
ニ関スル其区町村ニ属スルヲ便トス
ルモノヲラハ特ニ戸長ヲシテ之ヲ
掌ラシムルニ在リ果シテ此ノ如ク
スレハ一ハ以テ地方ノ民費ヲ減少
シ一ハ以テ学事ヲ整理スルノ端緒
トナルヘシ以上ノ外尚教育一般ノ
経済上ヲ洞観シ以テ大ニ地方ノ民
費ヲ利用スヘキ為メノ方略ニ就テモ
別ニ考慮スル所アリ此等ハ不日之
ヲ陳セントス
明治十八年七月
文部省

「教育令ニ

この意見書にも示されているように、森は特に師範教育を重視していた。森の教育の目的は、国家の富強を根底で支える気質と能力を持った、自立的国民の養成であった。この「気力」に基づいて、彼らが自らの責任において義務を果たす時、国家の独立は確保されるはずであった。この重要な目的を達成するために、教員は格別重い役割を担っていた。師範学校は、そうした国民を創り出すための指導者の養成場として、厳しく管理運営される必要があった。森の鍛錬主義の発想に基づき、師範教育に「兵式体操」が導入されることになったのも、人間としての確かな気質と精神とを彼らに植え付けるためであった。

東京師範学校監督に就任

新潟県へ出張

校外教育の必要性

四恩への義務

六月十一日、東京師範学校長の事務を委託されていた西周は、森を訪ね、「学士会院并ニ兵式体操云々」を報知し、相談している。その採用に当って、森自身の見解を質したかったからであろう。ひと月後の七月十一日にも師範学校の件で、森と西は熟談している。そして、翌八月二十六日付で、西と入れ替って、森が東京師範学校監督に任じられることになった。この日、経費節減と管理上の単一化を図るため東京女子師範学校が併合され、女子部となった。ついで、十月、新潟県下へ学事巡視のため出張を命じられた森は、同二十七日、弥彦にある県立中学明訓学校開校式に臨席し、教育に関する所見を演説した。その中で彼は、わが国の国民が進取活発の気性に乏しいのは、「教育外ノ教育」が軽視されているからだとして、智勇兼備の人間を造出するために校外教育の必要性を強調したほか、生徒に対して「四恩」(天子・父母・学校・学校設立者の恩)への義務を説き、すべからくそうした義務の観念が、自己への責任感をもたらし、ひいては国家に対する責務を自覚たらしむと主張したのである。そして、最後に、こうした教育に従事する教員の職は、実に貴重にして責任重大である、と結んでいる。

このように、初等教育、師範教育に意を注ぐ一方、森は高等教育も重視し、大学の整備と専門研究者の養成に力を入れた。新潟巡視に先立つ十月十五日、森は学士会院で「博士号議案」について、一場の演説を試みている。欧米の学位制度に倣い、学問分野での最高指導者に博士号を与えることで、日本の学問水準を高めようというものであった。この構想は、文部大臣就任後の明治二十年五月、「学位令」として実現をみることになる。

学位令

埼玉県へ出張

新潟から帰京後の森は、席のあたたまる間もなく、十二月十九日、埼玉県浦和に赴き同地の尋常師範学校で演説を行った。この演説内容は、森の師範教育論の基調をなすものとして名高い。要旨は次の通りである。

三気質の養成

普通教育の効能は、一に教師の人物如何にかかっている。幼年子弟を教育する教師たるものは、善良にして確かな人間でなければならない。では、そうした人間を養成するにはどうしたらよいか。「従順」、「友情」、「威儀」の三気質を養成すること、これである。物事の是非や善悪の判断力に乏しい青年子弟は、その信頼すべき上長に対して従順であること、友誼の情が深ければ篤厚の風俗を生み、ひいては真正の文明の発現となること、人の命を奉じ、人に命を下すも自己に威儀が正しく備わっていなければならないこと、以上が三気質養成の理由である。その養成方法はどうか。「道具責ノ方法」、すなわち兵式体操による訓練である。兵式体操を課すのは、軍人養成のためでも、戦事に備

道具責ノ方法

兵式体操

えるためでもない。軍人の敢為の勇気と、従順、友情、威儀を有したその規律正しい集団行動を見習うことで、生徒各自に善をなし得る確かな人間としての気質と能力を養わせることである。それが国民一般の気力向上と、国家富強の発展へとつながる。森はそのように述べている。

森において、窮極のところ教育は、日本の国際的地位の向上と、国民国家としての自立という目的に結び付けられていたのである。

そして、浦和での演説を終えて帰京した森を待っていたものは、文部大臣任命の報であった。

二 文部大臣

明治十八年（一八八五）十二月四日、参議兼宮内卿伊藤博文は、兼ねて用意していた一大官制改革案を、三条太政大臣のもとに提出した。ヨーロッパから帰朝以来、憲法制定準備と諸制度改革の調査にとりくんできた伊藤は、新たな立憲政治の実現をめざして、思い切った行政機構の改革を断行しようとしたのである。旧来の太政官制の下では、参議は直接天皇に政治責任を負うものではなく、施政の中心は太政大臣、左大臣および右大臣の三大臣であった。現実に政治の実権が参議兼卿に移るにつれて、それは事実上不自然な形となり、早急な機構改革が必要となったのである。このような実情を考慮して、伊藤は太政官制を廃止して、西洋式の内閣制度の導入を図ろうとした。すなわち、三大臣、参議をやめて、新たに内閣総理大臣および各省大臣を設け、これらが合して政府を構成し、天皇を直接輔弼するものとしたのである。提案を受けた三条は、直ちにこれを上奏、七日裁可を得て、伊藤に内閣総理大臣就任の内命が下ったのである。二十二日に至って、新内閣官制が公布され、伊藤を首班とするわが国最初の内閣が誕生した。閣僚には、文部、農商務、逓信以外は全て旧参議があてられ、その人的構成において薩長藩閥政権であることに変わりはなかった。

内閣制度の創始

文部大臣に就任

森はこの日、旧参議以外の新参閣僚の一人として、伊藤内閣の文部大臣に就任した。藩閥出身とは言え、閣僚中最年少の三十八歳、伊藤専断による大抜擢であった。この人事を喜ばない者がいた。侍補の元田永孚である。一年前の入省の時と同じく、元田は天皇に訴えてまで、森の文相就任を阻止しようと図った。天皇自身これを憂慮し、伊藤を呼んで是非を質したところ、伊藤は、自分が内閣首班たる以上、閣僚の一人たりとも決して叡慮を煩すが如き言動には出させない、と断固たる決意で奉答したという。それだけ、伊藤の森に対する信頼は厚かったのである。

「自警」

その信頼に応えるべく、文相就任直後の明治十九年一月、森は、「自警」と題して自戒の句を書き記し、これを官邸自室に掲げた。それには、こう記されてあった。

> 文部省ハ全国ノ教育学問ニ関スル行政ノ大権ヲ有シテ其任スル所ノ責随テ至重ナリ、然レハ省務ヲ掌ル者ハ須ラク専心鋭意各其責ヲ尽クシテ以テ学政官吏タルノ任ヲ全フセサル可カラス、而テ之ヲ為スニハ明ニ学政官吏ノ何モノタルヲ弁ヘ、決シテ他職官吏ノ務方ヲ顧ミ之レニ比準ヲ取ルカ如キコト無ク、一向ニ省務ノ整理上進ヲ謀リ、若シ其進ミタルモ苟モ之レニ安セス、愈謀リ愈進メ終ニ以テ其職ニ死スルノ精神覚悟アルヲ要ス、

自律と合理と責務の精神

かつて十七歳の折に記したあの「自戒の句」と同じ精神の緊張がそこにあった。自律と合理と責務の精神である。森は死してなお、自らのそうした精神に忠実たらんとしたのであろう。「終ニ以テ其職ニ死スルノ精神覚悟アルヲ要ス」には、重い言葉の響きが感じられる。森は死を賭して、教育の自由を守り抜く覚悟であった。そうすることで、国家の独立が全うされると信じて疑わなかったからである。

森は前年末までに、すでに自らの学政方針を、「学政要領」、並びに「教育経済要項」

「学政要領」という形でまとめている。前者の「学政要領」には、いくつか草稿が残っており、森の方針決定に至る苦心の跡が見られる。その成案第一項の冒頭で、森は、「学制ハ国設教育(ナショナルエジュケーション)ヲ主トシ、其政ハ国家経済(ナショナルエコノミー)ノ要理ニ本ツクヘキコト」と、自らの学政方針が、「経済主義」に基づく「国設教育」であることを、明白に主張している。

国設教育

「国設教育」とは、教育制度がまさに国家目的のために設定されている、という意味である。しかし、これは、教育の厳格な国家統制を意味したのではなかった。学政には、「国家公共ノ福利」と同時に、「人民各自ノ福利」を増進させるという重大な目的がある。教育はこ

「学政要領」草案二

の目的にそって機能しなければならない。したがって初等教育も、国民各自に国家を担う「臣民」としての自覚を持たせ、それぞれが自己の福利を享受しうるように行われる必要がある。そのためにも、「気質」を鍛錬して、正確な人間を創ることが必要である。

純正学と応用学

第三「教育」の項で、森はそう言っている。さらに、第二項では、学問を「純正学」（ピューアサイエンス）と「応用学」（アップライトサイエンス）の二部門に分け、前者は「深ク事物ノ真理ヲ攻究スル」ための専門学であって、国家永遠の福利に貢献すべき学者を養成し、後者は「専ラ実際ノ職務ニ従事スヘキ人士」を養うための実用学である、と説く。森の教育と学問の分離、帝国大学と大学院という高等教育の基本構想はここに胚胎している。

「教育経済要項」簡易教育

最後の第四項で、学校経済の要項を、教育自理並びに地方分権の主義をもって述べている。すなわち、教育費は専ら教育税（スクールタキス）をもって支弁し、税制の大綱は政府が管掌するも、その小目は地方各庁これを分担管理し、その責に任ずべきであるとしたのである。その最も具体的な表れが、「教育経済要項」に述べられている「簡易教育」の実施であろう。国民一人一人が必要最低限の教育を受けることによってのみ、国家の独立は全うされると信じていた森は、授業料を納めることのできない貧家の子弟のために、特別に小学校簡易科を設けて無月謝で就学せしめ、経費は全て町村費をもって支弁すべきを定めたのである。森は、この簡易科を基礎として、将来全国に無月謝、教科書貸与による真の義務教育制度を布くことを考えていたようである。

文部省内局課の改置

二月二十七日、各省官制が公布され、文部省内局課の改置が行われた。森は大臣就任直後から省内局課の改廃統合には積極的にとりくみ、すでに大臣官房、学務局、編輯局、会計局が置かれていたが、新官制施行と同時に新に総務局を設け、視学官を置いて視学部を発足せしめた。地方学事の視察は森の最も力を入れた施策の一つであり、視察制度の組織化によって、徹底した近代教育の整備普及を図ろうとしたのである。

視学部の発足

省内人事

省内人事においても、次官の辻新次以下、局長クラスに小牧昌業、久保田譲、伊沢修二等文政実務のベテランを配置し、視学官には野村綱、中川元、吉村寅太郎等気鋭の文部官僚を起用配属せしめた。こうして新体制成った文部省を基盤として、森の教育行政大改革が断行されることになる。

学校組織の再編成

森文政最初の大改革は、学校組織の統一的再編成であった。「帝国大学令」以下のいわゆる諸学校令といわれるものが、これである。外交官として欧米各国に駐在、先進諸国の教育制度を眼のあたりにしてきた森にとって、高等教育の充実強化と専門研究者の養成は国家発展の急務と痛感されていた。大学は国家の需要に応じた実際的で実用的な高等教育の場であると同時に、国家将来の発展に役立つ有為の指導的人材養成の場でなければならない。森はそのように大学教育を考えていた。大学令制定の際、森自ら筆を執り、心血を注いでその立案にあたったことを、秘書官であった木場貞長が回想している。

「帝国大学令」

三月二日、勅令第三号を以て、「帝国大学令」が公布され、従来の東京大学は、法科大学、医科大学、工科大学、文科大学及び理科大学の五分科大学を以て構成する総合大学へと統一再編成されることになった。そして、「帝国大学」の名称が新たに冠せられるとともに、大学の目的は「国家ノ須要ニ応スル学術技芸ヲ教授シ及其蘊奥（うんおう）ヲ攻究スル」ものと、明確に規定されたのである。ここにはじめて、わが国の大学は近代的理念を具備するに至ったのである。

帝国大学の誕生

ところで、帝国大学の「帝国」なる語についての木場の談話が残っている。

東京大学ハ其前より英文でハ Imperial University of Tokyo と称し来つたので、其れハ恐らくハ官立大学といふ意味であつたらうと思ふが、森氏ハ Imperial の語を帝国と訳し、帝国大学なる字句を案出せられしものと思ハる。蓋（けだ）し日本語にて帝国の文字を用ひし例ハ多々あれとも、Imperial の語を帝国と訳せしは森氏の創作デハなかつたかと思ふ。（「帝国大学令制定に関する木場貞長氏の追憶談筆記」）

森は、平素談話の際、この大学を「インペリアル・ユニヴァーシティ」と英語で呼んでいたという。「帝国」(Empire)という語は、森が好んで使った言葉である。それは彼が常に国際社会の中で日本というものを意識してきたからにほかならない。対外的にも、「インペリアル」の語は、世界の中の日本を強く印象づけるうえで効果的であったのである。良きにつけ悪しきにつけ、この「帝国」の語は以後の日本社会で好んで使われるようになって行く。

「帝国」の語の由来

帝国大学には「学術技芸ノ理論及応用ヲ教授」する各分科大学の上位に、新しく「学術技芸ノ蘊奥ヲ攻究」する大学院が設けられることになった。「純正学」と「応用学」という、森の学問二分法論がここに生かされたわけである。大学院は、当時米国でようやく採用されつつあった新しい制度であり、ヨーロッパにはまだなかった。それを森が敢えて採用したのは、欧米諸国に匹敵する高度の研究者を養成したいがためであった。こうして、大学は、高等の教育とともに研究を本質的な任務として課せられ、名実共に近代的な様相を帯びることになったのである。

大学院の創設

ついで四月十日、「小学校令」、「中学校令」、「師範学校令」が制定された。

「小学校令」

国家富強の根源として、国民全ての気力の向上に期待する森は、国民のそれぞれが必要最低限の実用的教育を受けることを願った。したがって、小学校は国民の全てが学ぶ場とならなければならない。義務教育による国民皆学が彼の理想であった。しかし、民度の低さから財政的にも実現は不可能である。そこで彼は、小学校を尋常と高等の二種に分かち、修業年限を各々四カ年と定め、義務教育年限を従来より一年延長したうえ、別個に無償の「簡易科」を設け、貧しい子弟の就学を促そうとした。彼らの家庭事情を考慮して、授業時間を短縮、修身は課さず、算術は必ず総授業時間数の半ば以上たるべきことと定めたのである。ここに、数理能力の開発に重点を置いた、合理的な小学校義務教育制度が実現することになったのである。この「小学校令」も、「帝国大学令」と同じく、森自ら精神を込めて起草し、自己の責任で閣議に提出、勅裁を請うたものであった。

義務教育年限の延長
簡易科の設置

一方、中学校は、「実業ニ就」く者と「高等ノ学校ニ入ラント欲スル」者とに必要な教育を施す所と定められ、尋常と高等の二等に分かち、前者を府県立、後者を官立として全国に五カ所設けることとした。尋常中学が社会の中堅階層の実学的養成を目的としていたのに対し、高等中学は、大学への進学を予定されたいわばエリートの養成機関であった。そのため、高等中学には法、医、工、文、理、農、商の各科を設けられるものと

「中学校令」

高等中学の新設

して、大学予科の体裁を整えたうえ、修業年限を二カ年と定めたのである。わが国中学校並びに高等学校制度の基礎がここに固まったわけである。

「師範学校令」

ところで、普通教育の効能が教師の人物如何にかかっているとして、師範教育を重視していた森は、「師範学校令」にも特別意を注ぎ、その起草にあたった。これは従来の師範教育を根底から変えた画期的なものであった。森は師範教育の指導精神として、「順良」、「信愛」、「威重」の三気質を重視し、これを第一条に掲げた。但し、森の原案では「従順、友愛、威重」とあったのを、元田の意見でこのように改められた。森がこの三気質養成を特に重視した理由は、前節に書いた。さらに気質養成の効果的手段として、「兵式体操」を教科課程に導入したことも、前に述べた通りである。森は文部省直轄の高等師範学校を東京に置いて各地師範学校教員の養成機関とし、地方には府県立の尋常師範学校を設けて、卒業生は公立各小学校教員に任ずべきものとした。また人物養成を重視

推薦入学制の実施

する立場から、試験以外に推薦による入学制度を実施、生徒全員に軍隊式寄宿制の義務を課した。いわば軍隊式の規律ある厳しい集団生活の中で、彼らは教員としての自覚を促され、確かな人間として自立し得る気質と能力とを鍛えあげられたのである。森は教

教育の僧侶

員を称して「教育の僧侶」と呼んだ。まさに教育の聖職者の養成場として、師範学校は

文部大臣時代の森

組織されたのであった。これが、後に画一的な師範生タイプと称される人間を生み出す原因となり、世の批判を浴びるに至ったことはよく知られている。

さらに、この諸学校令中特筆すべきは、小学校並びに中学校の教科書は、「文部大臣ノ検定」したものに限り、師範学校のそれは「文部大臣ノ定ムル所」とし、教科書の

教科書の検定制

検定制を明確に規定した点であろう。この方針に基づき、翌五月十日、改めて文部省令第七号をもって「教科用図書検定条例」が公布され、教科書検定制が実施される運びとなった。実施に際して、森は編輯局を改組し、伊沢修二を局長に抜擢、教科書編纂の事業にあたらしめた。従来小学校教科書は、文部省の許可を得て、各地方庁が選定することになっていたが、森は伊沢の意見を容れて、小中学校の教科書は、民間からの公募とし、懸賞法を用いて最良のものを選んでこれを買い上げ、さらにその草案を広く世に示して「普ク(あまね)公衆ノ意見」を問うべしとした。この結果、多くの優れた著作が民間から寄

せられ、平易な口語体による実用的で廉価な教科書が出来るようになっていった。このため、大打撃を受けた一般書店や出版社は、教科書検定の反対運動を起こし、森は思わぬ誹謗に遭ったという。

森は属僚の仕事をもどかしがり、政策上の大綱は常に自ら起案して閣議に付することが多かった。日本の教育を担う為政者としての意識が、そこには常に働いていた。それは、森が若き日に感じた、「政府の要路に立つ人間は国民の運命を形づくる」という、あの恐ろしいほど重い責務の念であった。だが、同時に、彼は省内外より多くの意見を徴して、それを深思熟考したうえ、最善最良の策を打ち出すという「公議世論」の精神を、決して忘れることはなかった。

父有恕の死

こうして、森文政がようやくその軌道に乗り始めた時、森は自身にとって生涯の大きな節目ともなったある悲しい出来事に遭遇する。父有恕の死と妻常との離婚である。父有恕が八十歳の高齢で大往生を遂げたのは、七月十三日の火曜日であった。五年前に母里が病没して以来、森は一心に父への孝養を尽くしてきた。逸話が残っている。母の死後、有恕の身の廻りの世話をする婦人が必要だろうと、心配してくれる者もいたが、森はそれを丁重に断わった。父には気の毒だが、他の事をもって十分慰めるようにと家人に言い含め、自ら父のために歌会や碁会を催したり、父が三幅対の軸をかけるような座敷が欲しいと言えば、直ちにこれを新築したという。森は自己のみならず家族に対しても、常に身辺上の潔癖さを求めた。父といえども例外ではなかった。有恕の葬儀は、十六日の朝八時から青山墓地でしめやかに行われた。実に質素な葬儀であった。柩は小さな馬車で運ばれ、参会者もさほど多くはなかった。大臣の地位と権力を誇示するような盛大な葬儀を営むことは、森の好むところではなかった。虚礼を廃し、俗交を断つことが、森の社交信条であったという。父の死によって、十一月十二日、森は本家に復籍、分家した森の家は次男の英に相続せしめた。血脈上、森家第八世の当主となったわけである。森は日本の伝統的な家族制度、並びにその家長の地位と責任を殊のほか重視した。日本の国家存立の基本に、家父長制が存在していると考えられたからである。

森本家に復籍

父の跡を嗣いで本家を相続した二週間後の十一月二十八日、森は妻の常と合意のうえ、「婚姻契約」を破棄し、離婚に踏み切る。破局の事情はよくわからない。あるスキャンダラスな事件が原因であったといわれるが、真相は全く不明である。また、真相を知る必要もないであろう。要するに森と常との生活信条の極端な相違が、この悲劇をもたらしたと解釈してよいように思う。好くも悪くも常は日本の「新しい」タイプの女性であっ

妻常と離婚

たのかもしれない。ある時、森は秘書官の木場にむかって、ふとこんなことを言ったという。

日本の教育のない女にあんなことをしたのは自分の誤りであつた。日本の女をああ云ふ風に扱つたのは悪かつた。女が離縁をされないと云ふ保証を受けたので軌道を逸し、自分は飛んだ目に遭つた。(『森先生追憶座談会』)

常は離婚後にショックで精神異状をきたしたといわれる。夫を愛し、子を愛した常がたった一人になった時、彼女はその孤独に耐えられなくなったのであろう。彼女がその後どうなったのか、いつ死んだのかは全く不明である。むろん墓の所在もわからない。だが、彼女の死は森の暗殺より後であったと伝えられる。森の面影は最後まで彼女の胸に生き続けていたことであろう。

旧い家族関係との絶縁

この時期、父を失い、妻を離別したことは、森にとって旧い家族関係との絶縁を意味していた。為政者として一国の文政に従事する森には、その方がむしろ都合が良かったかもしれない。事実、これ以後、森の行動の基準は以前にも増して「国家」に焦点が合わされるようになって行く。行政上の施策においても「国家ノ為ノ教育」が強く前面に押し出されてくる。無論家族は私的部分に属し、政治という公的部分とは何ら関係がない。森という人間は、公私の区別を極めて厳格に処断した。だが、家族とのしがらみを断ち切ったこの時の森の解放感が、以後の堰を切るように展開されていく国家主義的政策やその論説に多少なりとも影響しているように、私には思えるのである。

九州地方学事巡視へ出発

明治十九年の年もおしつまった十二月二十五日、森は九州諸県及び京都府下の学事巡視に出発した。木場秘書官、川上彦次視学官ら属官数名が随伴した。一行は、翌年正月二日に佐賀武雄に到着、以後佐賀、福岡、熊本、鹿児島を経て、二月六日沖縄に渡り、四日間滞島の後、再び鹿児島に戻り、さらに長崎、大分と巡って三月四日海路横浜に帰着した。この間彼は、各地で精力的に演説を行い、学校経済、人事管理、授業法の改善、女子教育の振興等について教育関係者に示諭し、その徹底化を要望した。中でも森が力を込めて説いたのは、女子教育と小学校簡易科の普及とについてであった。森は言う。

女子教育の重要性

そもそも教育の目的は、人を薫陶して「善良」な人間を造り出すことである。したがって男性のみ「開化」しても、教育が完備されたとは言えず、女子の教育も並行して行われねばならない。女子は人の妻となり人の母となる大切な役割を担っている以上、その教育はすべからく「良妻良母」の養成を目的として行う必要がある。

こうした観点から女子教育を国家将来にわたって「至大至重」なるものと説く森は、

良妻良母教育を受けた女子教員を増やし、これを尋常小学校の教員に当てるよう奨励する。すなわち、「幼稚者ヲ教育スルハ至難至重ノ事ニシテ特ニ女子ノ長所ニ係ル」からというのが、その理由であった。森は、別の地方巡視の際にも、「女子ハ天然ノ教員」であり、女子教育は「人間ヲ造出スル所ノ土台」を立てることである、と説き、女子教育が進歩普及しなければ国家の安全は期し難いとまで言っている。それは、女子教育を国家の富強と結びつけ、女子を国家安危の分担者として位置づけた、いわゆる「良妻賢母」主義の域を出るものではなかったが、人間教育の根本における女子の必要性を重視した点で、以後の女子教育と女性の社会的地位の向上に大きな影響を与えたことは言うまでもない。

小学校簡易科の重要性

小学校簡易科についても、発想の基本に「元来国ハ人民ノ集合体」に他ならないという、強い国民国家の観念があった。全国の学齢児童の三分の二が授業料を払えない家庭に属している現状から見て、今後の日本は簡易科の教育を受けた人々によって成り立つと言っても過言ではない。したがってこの簡易科は国家全体の盛衰にかかわる大切なもので、決して軽視してはならない。将来真の義務教育制が布かれる時が必ず来る。その時こそ簡易科の効験が実証されるに違いない。森はそのように言っている。しかも、教科は読書、習字は第二とし、専ら力を算術に注ぎ、生徒をして暗算に習熟せしめろ、と言う。理由は、生徒の脳力を発揚し精神を鋭敏ならしめるのみならず、「事物ヲ比較シ事ノ利害ヲ弁スルノ能力」を養成するのに最も必要なものだからである。

善良正確な気質と合理的な能力

こうした数理的な能力の開発と、教授法の合理的工夫によって、貧困家庭からも英才が育ち、中学、大学へと進学する道が開かれるはずである。国家はこうして、その富強を支える力を広い国民的基盤の上に築くことができる。森はそう考えたのである。

国際場裡での烈しい競争に打ち勝ち、国家の独立を確保するためには、性急な知的訓練も、また空疎な修身教育も役立たない。この課題を解決する唯一の方法は、人間の内部から善良正確な気質と合理的な能力を育て上げることだということを、森はよく知っていたのである。

三　国家と教育

条約改正交渉も大詰めの明治二十年（一八八七）四月二十日、伊藤博文主催による大仮装舞踏会が永田町の首相官邸で開かれた。当夜集まった貴顕淑女のいずれもが、奇態な出立ちに装いを凝らし浮かれ合っていた。新聞が「欧化主義の珍ばけものが競ひ集まつて大

裁判管轄条約案

夜会」と揶揄すれば、内閣法律顧問ボアソナードは、「今日は贅沢の時に非ず」と、夜毎宴会に現をぬかし、歓楽に耽る政府要人たちを批判した。列国共同による第二十六回条約改正会議が開かれたのは、その翌々二十二日であった。この日、懸案の裁判管轄条約案が議定されたが、それは二年後の内地開放とひきかえに、外人に日本人と平等の権利を与え、わが国主要裁判所に外国籍の判事、検事を任用、内外人交渉の訴訟を扱う場合には、外国人判事が過半数を占めた合議裁判で審理するなど、わが国主権の制約を大幅に認める内容となっていた。この条約案の内容が、ボアソナードや谷干城（農商務大臣）の反対意見書の形で、民間に流布されるや、世人の政府批判の声は囂然として沸き起るに至った。政府攻撃の世論の急先鋒は、これまで沈滞気味であった自由民権派の人々であった。自由民権派は政府の外交方針を卑屈、軟弱として痛撃、議定された裁判管轄条約案をわが国主権を侵害するものと論難した。

こうした全国的規模での民権派再起の動きに憂慮した伊藤は、板垣、後藤、大隈等民権派の巨頭に対して爵位を授け、彼らを華族の列に引き入れることで、運動を内部から分裂させようと図った。三年前の「華族令」制定の意図は、旧公卿諸侯以外の勲功華族を創り出し、将来における上院構成員の補給基盤として保守・官僚陣営を固めるためで

子爵を授けらる

あった。民権派三巨頭授爵の余沢で、同じ五月九日、森は子爵を授けられ華族に列せられた。この時、授爵の栄誉を受けたのは、森のほかに勝海舟(伯爵)、田中不二麿、岩下方平、青木周蔵、吉田清成、田中光顕(以上子爵)ら十七名であった。

宮城・福島両県へ出張

自由民権運動再燃の動きが高まりつつある中で、森は再び地方学事巡視に出発する。当初は北海道、東北諸県を巡る予定であったが、諸般の事情が絡み、宮城・福島両県のみとなり、六月十六日に東京を発った。白河、郡山、福島を経て、十八日午後仙台に到着、同地で宮城高等中学校用地や監獄、集治監等の実情を視察している。二十一日、宮城県庁において一場の演説を試みた森は、その中で高等中学校の役割を述べ、「上流ノ人ニシテ官吏ナレハ高等官、商業者ナレハ理事者、学者ナレハ学術専攻者ノ如キ、社会多数ノ思想ヲ左右スルニ足ルヘキモノヲ養成スル所」と規定し、中等以下の者を教育する尋常中学校と明確に区別する見解を示した。また、世事に疎く実用に役立ち得ない人間は必要ない。今、国家にとって必要なのは、諸外国との激しい経済競争に打ち勝ち、日本の国際的地位を向上させるに足る気質と才能を持った人物であると主張、「上流ノ人」の担う国家に対する責任の重要性を説いた。さらに、自分の教育方針を、自由主義でも干渉主義でもなく、経済主義であるとして、次のように語った。

高等中学校の役割

余ノ経済トハ智力若クハ労力金力トヲ問ハス苟クモ其費ヤシタル力ヲシテ充分ノ効験ヲ顕ハサシムルヲ云フナリ、故ニ今其消費シタル力ノ効験充分ナルトキハ之ヲ経済主義教育ニ適スト云フヲ得ヘシ、夫レ然リ、教育事務ニ当ルモノハ人ヲ使用スルモ金ヲ支消スルモ其目的ハ唯効験ヲ充分ナラシムルニ在リ、（「宮城県庁ニ於テ県官郡区長及学校長へ説示ノ要旨」）

森の言う経済主義とは、単なる金銭支出の多寡を問題にするような狭義の経済を意味するものではない。およそ人間の智力なり労力なり金力なりの資本を投下した時に、最大の効果をもって回収することのできる合理的組織法のことである。したがって、学校の管理運営、教員の任免、教授法など、学校教育にかかわるすべての事物が、彼の言う「経済主義」によって処理されるよう森は望んだのである。この主義に合致している限り、教育の効果はあがると森は信じた。これは当時の教育財政の逼迫という実情に即して、地方教育費節減のために森が案出した合理的な国家経済策であった。「学政要領」における「其政ハ国家経済ノ要理ニ本ツクヘキコト」の意味が、ここに明白に示されたわけである。

つづけて森は、教育の政治的中立とその無宗教性について述べる。

教育の政治的中立と無宗教性

蓋シ教員ノ職ニ在ルモノハ政治主義ノ如何ヲ問ハズ、苟モ政党ニ傾キ易キ政治思想ヲ学校内ニ擔込ムコト無ク唯教育ニ熱心尽力シ他ヲ顧ミルニ遑アルヘカラズ、又政党ニ類スルモノハ宗門ナリ、但宗門ヲ宗教ト混同スヘカラス、宗教(レリジョン)ノ心ハ人皆天性之アリ、蓋シ宗教ハ智識ニ基カス専ラ感覚ニ由リ信仰スル所ノモノナリ、(中略)年長シテ人各自ラ信スル所ノ宗門ニ赴クハ措テ問ハサルモ、学校ニ於テ教育ヲ受クル者即チ齢丁年ニ至ラス思想モ亦独立セサル者ヲ驅リテ宗門ニ引込メントスルハ、不法ノ甚キモノナリ、

未成年者の思想と信仰の自由

教員個人がいかなる政治的信条を有するも、また信仰心を持つも、それは自由である。思想並びに信仰の自由は、人間固有の権利に属するものだからである。だが、教員の資格において子弟を教育する時、自己の政治的信条や信仰様式を思想の未熟な子どもたちに強制し、押しつけることは不法の甚きものであり、教員各自は極力これに注意せねばならない。森がこのように発言する時、その背後に当時増えつつあった地方民権派教師への牽制があったことは否めないであろう。しかし、宗教教育を否定し、未成年者の思想と信仰の自由を強調している点に、われわれはその後の「国教主義」教育とは相容れない森文政の革新的性格を読み取ることができる。

林子平の墓へ詣でる

演説終わって、森は仙台城の鎮台を訪ね、兵士調練を見学、さらに宮城控訴院から若き日に感奮を覚えた『海国兵談』の作者林子平の墓域に至り参詣、想いを昔日に馳せている。翌日は福島に戻り県会議事堂で演説、福島県下各学校を巡視の後、六月二十六日東京に帰着した。

岩倉寛子と再婚

帰京後、森は再婚した。相手は岩倉具視の五女寛子である。寛子の方も再婚であった。若くして旧久留米藩嗣子有馬頼萬（よりつむ）に嫁し、一男一女を生んでから、理由もなく岩倉家へ呼び戻されたという。再婚同士の両者を結びつけたのは、伊藤であったと言われる。寛子は当時二十三歳、森より十七歳も年下であったが、優しく気品がある反面、至誠の念と憂国の情に厚く、内に情熱を秘めた女性であった。寛子は語る。

寛子の森の印象

森　寛子

森にまいりました時私は二十三歳で、森はちょうど四十でございました。それで齢から申しましても及ばないのは当然でございますが、はっきり結婚ときまりますまでに幾たびも訪問を受けまして、その態度というものが、こういう男の方もあったのかと一々わたくしにはおどろきでございました。そんなことと申したいぐらい、いろいろの細かいことまで自分を披瀝されまして、わたくしのそれに対します思いようも求められたりして、一対一での申し合わせで、はじめてこう、心を開かれるという気がいたしました。（島本久恵『明治の女性たち』）

常との苦い経験をもつ森は、寛子の人格を尊重しつつ、彼女を優しく導いてやった。森の誠実な愛に接した寛子も、彼を人格者かつ理想的な夫として尊敬し、よく仕えた。二人の生活は、わずか一年半ではあったが、破局後の苦痛を癒す森にとって、最も平穏で幸せな一時であったかもしれない。寛子は、昭和十八年（一九四三）十一月二日、敬虔なクリスチャンとして、八十三歳の長い生涯を閉じた。常と違い、周辺の人々からも敬慕された幸せな一生であった。

この年の夏、森は「閣議案」並びに「兵式体操に関する建言案」を起草している。両案ともに、この時期の森文政の精髄を余すところなく記した重要な文献である。大久保利謙氏は、用紙と井上毅の講演内容（明治二十二年三月九日演説、「故森文部大臣の教育主義」）から、「閣議案」は森の要請で井上が起案し、「建言案」の方も同時期に井上が森の意を承けてまとめたもの、と判断しておられる（大久保利謙編『森有礼全集』第一巻「解説」）。以下、両案の内容を簡単に触れておく。

「閣議案」

まず、「閣議案」の冒頭で、森は、「今夫国ノ品位ヲシテ進ンテ列国ノ際ニ対立シ以テ永遠ノ偉業ヲ固クセント欲セハ、国民ノ志気ヲ培養発達スルヲ以テ其根本ト為ササルコトヲ得ス、此レ乃チ教育一定ノ準的ニ非ス乎」と述べ、教育の目的は国民の気力養成にあることを改めて強調している。だが、欧米先進諸国の国民意識、愛国の精神と比較して、わが国人民の精神状況はいかにも弱く渾沌としており、「茫然トシテ立国ノ何タルヲ解セサル者」が多すぎる。「学ヲ力メ智ヲ研キ一国ノ文明ヲ進ムル」も、「生産ニ労働シテ富源ヲ開発スル」も、また「万般ノ障碍を芟除シテ国運ノ進歩ヲ迅速ナラシムル」も、すべて国民の気力ひとつにかかっている。ではこの気力を培養するに必要な条件、すなわち「資本」とは何か。森は言う。

「無二ノ資本至大ノ宝源」

顧ミルニ我国万世一王天地ト与ニ限極ナク、上古以来威武ノ耀ク所未タ曽テ一タヒモ外国ノ屈辱ヲ受ケタルコトアラス、而シテ人民護国ノ精神忠武恭順ノ風ハ亦祖宗以来ノ漸磨陶養スル所、未タ地ニ堕ルニ至ラス、此レ乃チ一国富強ノ基ヲ成ス為ニ無二ノ資本至大ノ宝源ニシテ、以テ人民ノ品性ヲ進メ教育ノ準的ヲ達スルニ於テ他

ニ求ムルコトヲ仮ラサルヘキ者ナリ、

森にとって、「無二ノ資本」とは、天皇制国家という伝統的国体そのものであった。しかし、伝統的な国体と言えども、それ自身絶対のものではありえず、利用され得なければ棄てることも可能であった。「資本」なり「宝源」なりの言葉には、そうした手段として利用すべきものという、ある功利的な響きが感じられる。それは、森の合理主義に起因している。したがって、森は国体意識に基づく国民精神（気力と品位）の涵養を、文字やことばによる知育、徳育に求めようとはしない。「道具責め」と呼ばれる、間接的な環境教育や体育によって、それを達成しようとする。その具体的方法が、「兵式体操」であった。彼は、これを、学校生徒のみならず全国民に課すことを提案している。こうして、

「奴隷卑屈ノ気」

「国ノ全部ヲ挙テ奴隷卑屈ノ気ヲ駆除シテ余残ナカラシメ」れば、「国本ヲ鞏固（きょうこ）ニシ国勢ヲ維持スル」に至ることは必至である、と森は述べている。

「兵式体操に関する建言案」

「兵式体操に関する建言案」は、その具体策である。中学校以上諸学校においては、体操科目を陸軍省の所轄となし、武官をもって純然たる兵式体操の訓練を実施すべきこと、学校生徒以外の未就学者は、各地区において「隊団」を編成してこれを「郡区ノ郷勇」とし、陸海軍に託して操練を施すこと、この二策をもって国民に護国の精神と敢為の勇

気とを培養すべし、と言うのである。森自身に軍事的意図がなかったとしても、こうした兵式体操の軍事的専門化が、のちの軍事教練への道を開き、国民に軍国的意識を植え付ける一助ともなったことは否めないであろう。

国体意識の闡明

この時期、森が以前にも増して「国体意識」を闡明にしたことの背景には、当時の国民の政治的な動きが絡んでいた。盛りあがりつつある反政府運動を前に、政府は条約改正会議の無期延期を関係各国に通告し、当面の危機を乗り切ろうとしていた。だが、反対派はこれを承知せず、広く国民に訴えて政府反対運動を展開しようとした。外交政策転じて内政改革に進むべきを論じた板垣の長文意見書が、秘密出版によって流布されるや、各地の反政府運動はますます過激の度を加えて行った。こうした不穏な動きに対処すべく、九月十七日、伊藤はついに井上外相を解任し、自らもまた宮内大臣の兼任をやめた。政府の内閣改造がもたついている間に、反対派諸勢力の団結は着々と進行し、十月には、言論の自由、地租軽減、外交の挽回を要求した「三大事件の建白」運動が各地に拡がり、各府県代表者の上京、建白書の提出が相ついだ。

三大事件建白運動

近畿北陸地方学事巡視へ出発

こうしたさ中の十月十九日、森は三たび近畿、北陸方面への学事巡視に旅立った。名古屋、敦賀を経て、二十五日に金沢に到着、第四高等中学校の開校式に列席して、さらに富山を巡り、反転して彦根に至り、十一月十三日には大津より大阪に入った。翌日からは大阪を中心に和歌山、神戸、京都等の近辺主要都市を巡回して、二十二日岐阜より名古屋に向かい、一巡ののち二十五日三重に入り、桑名、津を経て二十八日、宇治山田に至り伊勢神宮に参詣した。この時、いわゆる「不敬事件」がおこる。

伊勢神宮「不敬事件」の真相

この日森は地元の小学校を視察した後、二、三十名の吏員属官とともに外宮を参拝し、さらに神官の案内で内宮へ向かった。鳥居をくぐって内宮の前に進むと、木場秘書官、石井県知事、川上視学官らを随えた森は、先の神官の先導で石段を上り白布の御帳前に至った。その時である。神官は突然身を翻すと御門の右側に蹲（うずくま）ってしまった。直ぐ後にいた森は、何等狐疑することなく、そのまま内部に参進しようとしたが、傍に蹲っていた神官に押し止められ、一、二言、言葉を交わしたあと、引き下って神前に向かい直立最敬礼をなし、そのまま退出したのである。側門より内部へは誰でも入れるはずであった。それを知らずに、神官の策謀にはまった森が、御帳をくぐり参入しようとして遮られた。それが、現場に居た木場秘書官の語る不敬事件の真相である。帰宿後、森は憮然とした面持で、木場に向かって、「どうも神官というものは分からない。はるばる神徳を慕って来た者を門前払いとはひどい」と言って慨嘆したという。

事件は神官の手で巧みに捏造(ねつぞう)されて、文部大臣の不敬行為として世間に喧伝された。森が土足の儘で昇殿した、あるいは御帳をステッキで掲げて内部を覗いたといった類のデマが飛んだのである。神官の策謀の背後には、森に対する彼らの根深い偏見があった。森を極端な欧化主義者、キリスト教信者と誤断していた神官たちは、彼が神道の国教化を否定し、編暦事業を内務省から文部省に移管させ、神宮司庁での出版をやめて大学当局で暦を作成するなどのことを決定すると、自分たちの死活問題でもあるとして、森の排斥運動を起こすに至ったのである。この神官との激しい対立が、森の不敬事件を生み、さらに一部国粋主義者たちを刺激して彼への反感が増幅されて行ったのである。

神官たちの森への偏見と策謀

四　憲法制定会議

十一月三十日、四十余日に及ぶ巡視を終えて帰京した森を待っていたものは、全国各地から参集した自由民権派の壮士の群れと、物情騒然たる市内状況とであった。高官暗殺、クーデター計画、火薬庫爆破等の流言飛語が巷に飛び交い、人心は動揺し、壮士連中の言動は殺気に満ちていた。不安に駆られた政府は、十二月二十五日、突如として保安条例を発布して即日これを施行し、治安妨害を理由に自由民権派の中核分子約六百名

保安条例の発布

を東京から追放、退去を拒否した片岡健吉ら十五名は投獄された。激昂した壮士連の蜂起を警戒して、市内各所には巡査、憲兵が配置され、赤坂の仮皇居は近衛兵をもって固めるなど、あたかも戒厳令が布かれた如く厳重な警備体制がとられる有様となった。

「保安条例施行に関する意見書」

警戒さ中の二十九日、森は「保安条例施行に関する意見書」を草し、伊藤総理に呈した。彼は保安条例施行を、「異常ノ世ニ異常ノ政ヲ行フ」ものと歎じ、「世間政治上思想ノ反対者」を単に「不真実」、「無見識」といった道義的理由で処罰すれば、かえって肝心の「政治思想異同」の点が等閑にされ政治的弊害は増大するであろう、と政府の強引な弾圧政策を批判した。そして、「政ヲ為スニハ人ハ主ナリ法ハ従ナリ」の考えのもとに、政府内部の改良が早急に行われ、法の健全な施行がなされるよう要望した。

大同団結運動

森の危惧は正しかった。保安条例によって自由民権派の気勢を削ぐことはできても、彼らの政治的信念を捨てさせることは不可能であった。旧自由党の領袖後藤象二郎は、旧自由党員や改進党員に内外の危機打開のために「小異を捨てて大同につけ」とよびかけ、いわゆる「大同団結」を提唱、各地を遊説して歩いた。局面の早期打開を企てた伊藤は、翌明治二十一年（一八八八）二月、十四年政変来の仇敵である大隈重信を外相として入閣させ、改進党勢力を政府側に引き付けて自由民権派の分裂を図った。だが、大同団結運動は、さしたる打撃も受けずに、旧自由党系の人々を中心に、その後も活動を続けて行く。運動が終熄するのは翌年の後藤入閣以後のことである。

枢密院の創設

黒田清隆内閣成立

一方、明治十九年以来、井上毅、伊東巳代治、金子堅太郎らの側近と、極秘のうちに憲法草案の起草を進めてきた伊藤は、四月初旬に至って成案を脱稿し、これを天皇に奏上した。つづいて、草案の討議機関として枢密院が新設されると、伊藤は首相の座を黒田清隆に譲り、自ら枢密院議長となって憲法審議に専念することとなった。黒田新内閣成立にあたって、森は伊藤に一書を送り、文相としての留任を希望した。それにはこう認めてあった。

弟ハ素ト兄ノ知ル如ク何テモ間ニ合フ人器ニ非ラス、且ツ現任内命ノ時申シタル如ク、兄ノ示導ヲ重ンシ且ツ忌憚ナク所見ヲ述ヘテ以テ文部ノ事業ダケハ後世ノ害因ヲ遺サザルヘシト心ニ誓ヒタル者ナリ、（四月二十七日付書簡）

文部大臣に留任される

改革事業半ばで文部省を去ることは、森にとって耐えられなかったに違いない。「文部ノ事業ダケハ後世ノ害因ヲ遺サザルヘシ」の言葉には、燃え尽きることを知らぬ激しい情熱と文政に賭けた森の使命感とが感じられる。森の希望は容れられ、黒田内閣は彼をそのまま文相に留任させて、四月三十日発足したのである。

『倫理書』の出版

森の言う「害因」とは何であったか。この前の月の三月、森は部下の能勢栄（のせさかえ）に編述させた『倫理書』を出版し、道徳教育を根本から改革することを企てた。『倫理書』は中学校・師範学校用の倫理教科書として編纂されたものであったが、これによって彼は普遍的合理的な倫理観を生徒各自に示そうとした。それは儒教主義的徳育への挑戦を意味していた。昔ながらの儒教主義による修身教育は、時勢に適合しないのみならず、人間の精神そのものを萎縮させてしまう。倫理的真理とは、「普通感覚ニ於テ、道理トスル所ノ者」にほかならない。したがって、人間社会を律している「自他併立」（the Co-operation of Self and Other）の原則を行為の基準として、各々がその正邪善悪を断判できればよい、と森は極めて常識的な立場から倫理を説いている。森は儒教的徳育を、教育の自由、人間の良心の自由を侵害する元凶とみて、これに果敢に立ち向かおうとしていたのである。

憲法制定会議の開始

六月十八日、枢密院において天皇臨御の下、いよいよ憲法草案の逐条審議が開始された。森は閣僚の一人として会議に列席、当初から多くの発言をなし注目を浴びた。順次審議が進み、第一章第五条「天皇ハ帝国議会ノ承認ヲ経テ立法権ヲ施行ス」が上程されるや、森は第一に発言を求め、「承認」の文字を「賛襄」に改めるよう提案、賛否をめぐって議論が沸騰した。

「承認」の文字

「承認」とは「下ヨリ上ニ向テ用ユル」言葉であり、これではあたかも天皇の大権と議会の権力とが同等のようになり、「君民同治の姿」に等しいものとなってしまう、というのがその理由であった。六月二十日午前中の会議で再度この件を持ち出し、立法権は天皇の「不可与権力」であって、「是非トモ承認ノ権ヲ取ラサルヘカラスト云ハハ実ニ臣民タルノ分義ヲ知ラサル者ナリト謂ハサルヘカラサルナリ」と痛論、「帝国議会ノ議ヲ経テ」と改訂するよう重ねて要望した。そして、最後に「国会ハ憲法上天皇陛下ト均等ナル権力ヲ有スルヲ得ス……其衆議ヲ採ルハ参考ノ為タルニ過キサレハ則チ諮問会ナリ」と述べ、国会は国政の議決機関ではなく単なる諮問機関に過ぎないとの保守的見解を示した。ここには、あの『日本政府代議政体論』に示された「接ぎ木」的憲政論の構想がそのまま活かされていることが知られよう。

「臣民ノ分際」論

つづいて、六月二十二日、第二章の「臣民権利義務」の条文審議に移った。再び森は第一番に発言、「臣民権利義務」を「臣民ノ分際」に修正すべしと提議した。森の「分際論」として名高いものである。森は言う。

「権利義務」は法律に記載すべきものであって、憲法に掲げるのは穏当ではない。臣民とは英語の「サブジェクト」であって、天皇に対して「分限」と「責任」はあるが、権利関係はない。したがって、「人民ノ天皇ニ対スル分際」と記すだけで充分である、と主張した。森の言う「分際」とは、責任（responsibility）の意である。これに対して伊藤議長は、そもそも憲法を創設する精神は「第一君権ヲ制限シ、第二臣民ノ権利ヲ保護スル」ことにある。もし権利を記さず臣民の責任のみ載せれば、憲法を設ける必要はなくなる。森の意見は憲法に反対する説である、とこれに反駁した。だが、森は、臣民の財産及び言論の自由等は、「人民ノ天然所持スル所ノモノ」であって、法律の範囲内で保護または制限すべきものであり、憲法によってこれらの権利がはじめて生じたように記すのはよくない、たとえここに「権利義務」の文字を削除するも、人民が財産及び言論の自由等の権利を有することに変わりはない、と自己の主張を一歩も譲ろうとしなかった。

伊藤の反駁

　すなわち、森が人民と臣民とを明確に分け、憲法と法律の機能を区別し、人民としての固有の自由権（天賦人権）を認めていたのに対して、伊藤は個人の自由権をも臣民としての権利義務関係に含め、これを巧みに制限しようとしていたのである。天皇の大権を中心に、国民の権利を著しく制限的に規定したプロシア流明治憲法の基本姿勢がここに見られる。

明治憲法の矛盾

一方、森の「分際論」は、この明治憲法に内在する矛盾を鋭く指摘しつつも、その特殊な伝統的国体観の故に、自ら天皇主権の絶対性を強調するあまり、結果的には伊藤の言う外見的「臣民権利論」に妥協せざるを得なかったのである。だが、天皇主権の絶対性も、人民天賦の自由には及ばないことを強調した点で、大久保利謙氏も言うように、「分際論」者森のほうが、「権利論」者伊藤よりもはるかに進歩的であったと言えよう（大久保利謙『明治憲法の出来るまで』）。

箱根に保養する

第一審会議終了後の八月、久しぶりで賜暇を得た森は、家族と箱根宮ノ下、芦の湯に遊ぶ。保養とは言え、中川元、久保春景両秘書官同伴の忙しい旅であった。箱根滞在中も連日のように来客があり、人の出入りも多かったようである。ひと月近い箱根滞在を終えて、森が帰京したのは九月二日であった。それから一ヵ月後の十月四日、森は再び東北六県学事巡視に出発する。宮城仙台を振り出しに、岩手盛岡、青森、秋田、山形、福島と巡り、十一月六日には帰京している。巡視中、森は各学校長、郡区長、議員等を集めて精力的に演説を行っているが、その中で「地方自理の精神」を強調し、「地方教育会」の組織を提案していることが注目される。この年四月二十五日公布され、わが国初の近代的自治法と言われた「市制・町村制」を意識しての発言であったことは言うまでもない。森はこの新法公布の精神が「自理和働」にあるとし、彼がこれまで主張してきた教育の地方分権主義にいささかも抵触しないのみならず、かえってこの主義を助長させるものと、大いに喜んだ。彼は言う。「自理和働トハ一人一家一村一郡一市一府一県ヲ

東北地方学事巡視に出発

「自理和働」の精神

シテ各自其区域ニ属スル責任ヲ尽シテ、以テ日本帝国ノ独立ノ実ヲ愈々正確ナラシムルモノヲ云フ」と。すなわち、各地域がそれぞれの行政責任を分担してはじめて、国家の独立は全うされる。それが「自理和働」の精神であり、地方分権の真義だと言うわけである。学校の運営、教員の人事管理など教育に関するすべてのことが、この「自理」の精神に基づいてなされねばならないとし、地方教育会の再編強化を提案するのである。

地方教育会の再編

それは二十五歳以上管内不動産所有者、教員、教育功労者、学校寄付者などの有資格者の中から、公選により選ばれた人々によって組織され、学校長選任権、職員任免権など大幅な自治的権限を与えられるように構想されていた。これは戦後の教育委員会組織にも一部類似したきわめて画期的な構想であり、人事、運営、教科等教育の内的事項に関して、森がいかに国家的干渉からこれを守るか、腐心していた様子がわかる。

「大日本帝国憲法」の完成

憲法会議は、翌年も引続いて行われた。明治二十二年(一八八九)一月十六日に第二審会議、同二十九日から三日間第三審会議が開かれ、三十一日をもって審議完了し、二月十一日の発布を待つばかりとなった。ここに七章七十六条から成る「大日本帝国憲法」並びに「皇室典範」とその付属法は完成した。天皇大権を中心に、国民の権利を著しく制限したプロシア流の欽定憲法ではあったが、この完成によって、日本はアジアで最初の立憲制近代国家となった。憲法完成で、名実ともに近代国家となったことを、森ほど喜んだ者はいなかったかもしれない。この新しい立憲制国家を、国民の愛国心培養の手段として、彼らの一人一人に国家を支える気質と能力とを与えることこそ、教育に課された責務である。森はそう思ったに違いない。明治二十二年一月二十八日、文部省で直轄学校長に対し、「国家ハ命数無限ノ活体ニシテ、命数短期ノ一個人ノ如キモノニ非ス、而テ其隆盛ハ国人全体ノ有スル国家公利的志操ノ発達、其衰頽ハ各人ノ有スル一己私利的欲念ノ増長ニ由ルモノトス」と説き、同二月五日、同じ文部省修文館で、道府県学務課長を前に、「国家ト云フコトヲ仏門デ本尊ト立テ、政府デ行フテ居ル方ノ教育学問ニ就テハ国家ト云フ事カ本尊デアル」と演説したのも、自立的国民を養成する手段として、いかに「国を愛する精神」が必要であるかを強調したいがためであった。「公利的志操」なり「本尊」なりの熟さぬ言葉には、国家を機能的に捉えようとして苛立つ森の焦りのようなものを感じる。森がすべての国民に対して求めたのは、本来的な「愛国心」であって、天皇への「忠誠心」ではなかった。彼が求めていたのは、国家が、国民の自発的な献身の対象として機能し、彼らが内的自立を果たしうるための手段として機能することであった。欧米の近代国家の存立を支えているキリスト教のような献身の精神が、日本

「国家公利的志操」

森の国家主義の本質

の国民にも造出されることを森は期待したのである。天皇を神格化し、国体信仰を絶対化する「国教主義」や、その後に来るファナティックな超国家主義とはまさに相容れない、「合理」と「機能」とが、森の国家主義の本質であったのである。

五　最　期

「大日本帝国憲法」の発布

明治二十二年二月十一日、大日本帝国憲法発布の当日である。夜来の雨が雪に変じ、あいにくの空模様であったが、市中は溢れんばかりの熱気に満ちていた。市中狭しとばかりに、日の丸の大旗小旗や提燈が飾られ、折からの粉雪を舞わせて祝砲が殷々（いんいん）とこだましていた。憲法発布の式典は、午前十時半から宮中正殿の大広間で挙行されることになっていた。

西野文太郎の来訪

その朝、いつもより早く目覚めた森は、沐浴（もくよく）で身体を清めたのち、家族と祝杯をあげ、大礼服に威儀を正して参内の時刻を待った。この頃、羽織袴の正装をした一人の若い男が、永田町の森の邸に訪ねて来た。書生とも官員とも見えぬ風体である。名を西野文太郎と言った。山口県士族である。取次ぎの家令が来意を尋ねたところ、大臣の参朝途次を狙って暗殺を企てる者がいるので、至急それを伝えに来た。詳しくは閣下に直接面会してお話し申し上げたい、と告げた。家令はそれを居合せた中川秘書官に伝えた。中川は、すぐに階上の森にその旨伝えたところ、森は着替え中のため聞いておくようにと命じた。中川は、階段下の応接室に西野を招じ入れると、その子細を尋ねた。西野は容易に口を開こうとしない。時刻は八時をいくらかまわっていた。大礼服姿の森は、いつもの癖で、ズボンのかくしに両手を入れて、二階の自室から降りてきた。

その時である。

西野の兇行

突然西野は応接室から飛び出すと、懐中に隠し持っていた出刃庖丁で、森の左下腹を突き刺した、森は烱眼鋭く賊を睨みすえたが、発する言葉もなくその場にくずおれた。突然の兇変に動転した秘書官が、「狼藉者」と叫ぶのもつかの間、西野は庖丁片手に奥の間へと逃げ込んだ。出口をふさがれ逃げ場を失った西野を、追いかけた文部七等属座田重秀が、仕込み杖で一刀のもとに斬り殺した。死体の懐中に斬奸状があり、「森有礼暗殺主意書」としたためられてあった。それに言う。

「森有礼暗殺主意書」

謹テ按スルニ伊勢大廟ハ万世一系天壌ト窮リ無キ我皇室ノ本原タル天祖神霊ノ鎮座シ玉フ所ニシテ、実ニ我帝国ノ宗廟ナレバ其神聖尊厳何物カ之レニ加ヘン、宜ナル哉天子尊崇敬事敢テ或ハ懈リ玉ハサル事、然ルニ文部大臣森有礼之レニ参詣シ勅禁ヲ犯シテ靴ヲ脱セズ殿ニ昇リ、杖ヲ以テ神簾ヲ掲ケ其中ヲ窺ヒ、膜拝セズシテ出ス、是レ其無礼亡状豈啻ニ神明ヲ褻瀆セシノミナランヤ、実ニ又皇室ヲ蔑如セシモノト謂ツベシ、(中略)有礼ノ不敬ヲ大廟ニ加ヘシハ即チ皇室ヲ蔑如シタルモノニシテ、立国ノ基礎ヲ傷リ、国家ヲ亡滅ニ陥ルルモノナレハ、余ハ帝国臣民ノ職分トシテ袖手傍観スルニ忍ヒス、敢テ宝剣ヲ以テ其首ニ加フ、

事件の異常性

要するに、一国の教育を担当する文部大臣たる者が、伊勢神宮において働いた不敬行為は、神に対する冒瀆、皇室への侮蔑のみならず、立国の基を破る不届き千万な振舞いであり、到底許し難い、というのが斬奸の理由である。神官らの捏造した不敬事件のデマを、純粋に信じての兇行であった。西野は内務省土木局に奉職する一小吏であり、ファナティックな国粋主義者であるにすぎなかった、兇行直後、森に対するよりも、暗殺者西野への同情を呼び起こした点で、それはまさに異常な事件とも言えた。世間は彼を天下の志士をもって遇し、谷中墓地に改葬すると、盛大な葬儀を営んでやったのである。

ベルツの批判

森とも親しかったドイツ人医師ベルツは、この事件のもつ異常性を批判して、次のように述べている。

憲法で出版の自由を可及的に広く約束した後に、政府はすぐその翌月、五種を下ら

ぬ帝都の新聞紙の一時発行停止を、やむを得ない処置と認めている。それは、これらの新聞紙が森文相の暗殺者そのものを賛美したからである。（中略）上野にある西野の墓では、霊場参りさながらの光景が現出している！　特に学生、俳優、芸者が多い。よくない現象だ。要するに、この国はまだ議会制度の時機に達していないことを示している。国民自身が法律を制定すべきこの時に当たり、かれらは暗殺者を賛美するのだ――森の行為に対して、いかなる立場をとろうとも、それは勝手ではあるが。（菅沼竜太郎訳『ベルツの日記』、三月十九日の項）

一般民衆の無理解

森は、このベルツが鋭く指摘した国民の愚昧なる精神を啓発し、真の自立的、近代的な国民意識を育て高めるために、あれほどの苦闘と努力とを重ねたのではなかったのか。だが、彼の合理主義的な教育法は一般民衆に理解されなかったばかりか、その「愛国心」までが疑われる破目となった。それは、上からの合理主義だけでは、国民の気力を奮い立たせ、彼らの気質を改善することは到底不可能であるとの証明にほかならなかった。森と一般民衆との近代化に対する意識の落差は、あまりに大きすぎた。凶報が宮中に届いた時、参内中の子爵海江田信義（かえだのぶよし）は、剣を握って語気激しく「左も有るべきことなり」と叫んだという。海江田は森と同郷の保守派官僚であった。藩閥仲間でさえ、彼に同情を寄せる者は稀であった。政治家として、この時森ほど孤独な男は居なかったかもしれない。

森の傷は、腸に達するほどの深手であった。応急処置後、直ちに医学博士橋本綱常の許に急使が飛ばされたが、折悪しく参内後で不在であった。大学関係も重立った者が、すべて宮中に召されていて不在であるという不運が、これに重なった。事件後一時間あまりも経って、赤十字社の医師小山善が駆け付け、さらに十二時近くになって、ようやく橋本と大学の宇野朗の両医師が姿を現す始末であった。森の大網膜は露出し、多量の出血が認められた。小山と宇野は、その場で直ちに止血、執刀の後、傷口を縫合し、応急処置を施した。手術後、暫時小康を得た森は、時々目醒めて氷片と葡萄酒とを求めた。枕辺に控えていた妻の寛子が、そのままの状態で動かすことのできない森を不憫に思い、足許の方だけでも蒲団に載せようと少し動かすと、森は、「よしよし、同じことになるのだから何もしなくともよろしい」と、優しく諭したという。夕刻より脈搏不良となり、カンフル注射を反覆するも回復の兆し見えず、夜に入って容態はますます悪化した。午後十時頃に至り、政府高官、閣僚の多くが大礼服姿のまま続々と参集、時の内閣総理大臣黒田清隆が、森の枕辺に座り、「安心せい。憲法発布の式は無事終了したぞ」と、大典

臨終 終了の無事を告げるや、森は苦悶のなかにも微笑さえうかべて、僅かに頷きこれに応えたという。黒田の言葉に安心したのか、森はそのまま昏睡状態に陥り、再び意識の戻ることはなかった。医師団の必死の努力も空しく、翌十二日早朝危篤状態となった森は、

逝去 その日午後十一時三十分、家族と多くの友人たちにみとられながら、その波瀾に富んだ生涯を閉じた。亨年四十二歳であった。

葬儀 森の葬儀は、二月十六日、青山の墓域でしめやかに営まれた。故人平生の意に基づき、万事質素を旨とし、造花の類は多くこれを省いた。だが、葬列は盛を極め、会葬者の列は跡を断たず、沿道は拝観の人垣で埋め尽くされた。午後一時、永田町の官邸を出棺、儀仗兵が霊柩を護り、朝野の貴顕、外国高官など文武百官の列が続いた。午後二時、墓所に到着、勅使富小路敬直、以下皇太后宮、皇后宮よりの使者が霊前に玉串を供し、続いて多くの弔文が朗読され、故人の生涯を

森の墓（青山墓地）

偲んだ。

その日、横浜の各国領事館でも半旗を掲げて弔意を表すとともに、諸新聞は挙って森の追悼記事を載せ、その突然の死を惜しんだ。中でも、『時事新報』に載った福沢諭吉の弔辞は、森の平生を知るだけに、正鵠を得たものであった。福沢は言う。

福沢の弔辞

> 抑も大臣は少年の時より西洋主義の教育を受け、近代改進先達の一人と呼ばれ又自からも任じたる人物にして、平生の言行都て文明の流儀なるは無論、これに加ふるに天性剛毅率直の気に富み、敢て他を憚らざるの風なれば、古流古主義の眼を以て之を見るときは、其言行、時としては不愉快なることもある可し。(中略)今更言ふて甲斐なきことなれども此西野なる者が偶然の縁を以て兼て森大臣の家に出入し、親しく大臣の言を聞き又その挙動を目撃することを得たらんには、僅に数週間の交際にても談笑の間に互に心事を解して、暗殺などの念を発せざるは無論、假令へ既に其念あるも忽ち消散して自から悔悟す可きや万々疑ある可らず。

剛毅、果断にして、いささかも言辞を飾らず、思う所は卒直に述べたという森の真率な気性を語って余りある。その気性、気質故に命を落としたとの見方もあるであろう。

国民への問いかけ

だが、彼は、現実の状況の中で、常に国民への問いかけを忘れず、万人に胸襟を披くを厭わない政治家であった。西野が森の言動に親しく接していたら、という福沢の言葉は、まさにそのことを意味している。森の合理的な国家主義も、斬新な思想、言論活動も、また近代的な教育施策の数々も、すべて国民への問いかけをその精神的土壌としていた。彼の死は、以後の教育からその問いかけの精神を奪い去ることでもあった。森の生涯を顧みる時、われわれは森が志した教育の意味を、もう一度改めて考え直す必要があるように思われるのである。

森家略系図

- 有直⑥（喜右衛門・自安　嘉永六年歿）
  - 有恕⑦（喜右衛門・鶴陰　明治十九年歿）
    - ＝大山氏女
      - コト（伊集院新六に嫁す）
    - ＝阿里（隈崎氏女　明治十四年歿）
      - 有秀（喜藤太　元治元年歿）
        - 有祐（熊太郎　明治十五年歿）
      - 喜八郎（青山家を嗣ぐ　青山良顕・文久三年歿）
      - 三熊（嘉永六年歿）
      - 喜三次（横山家を嗣ぐ　横山安武・明治三年歿）
      - ……
        - 清⑨（昭和十三年歿）
          - ＝淑子（松平康民長女　昭和十八年歿）
            - 有剛⑩
            - 君子

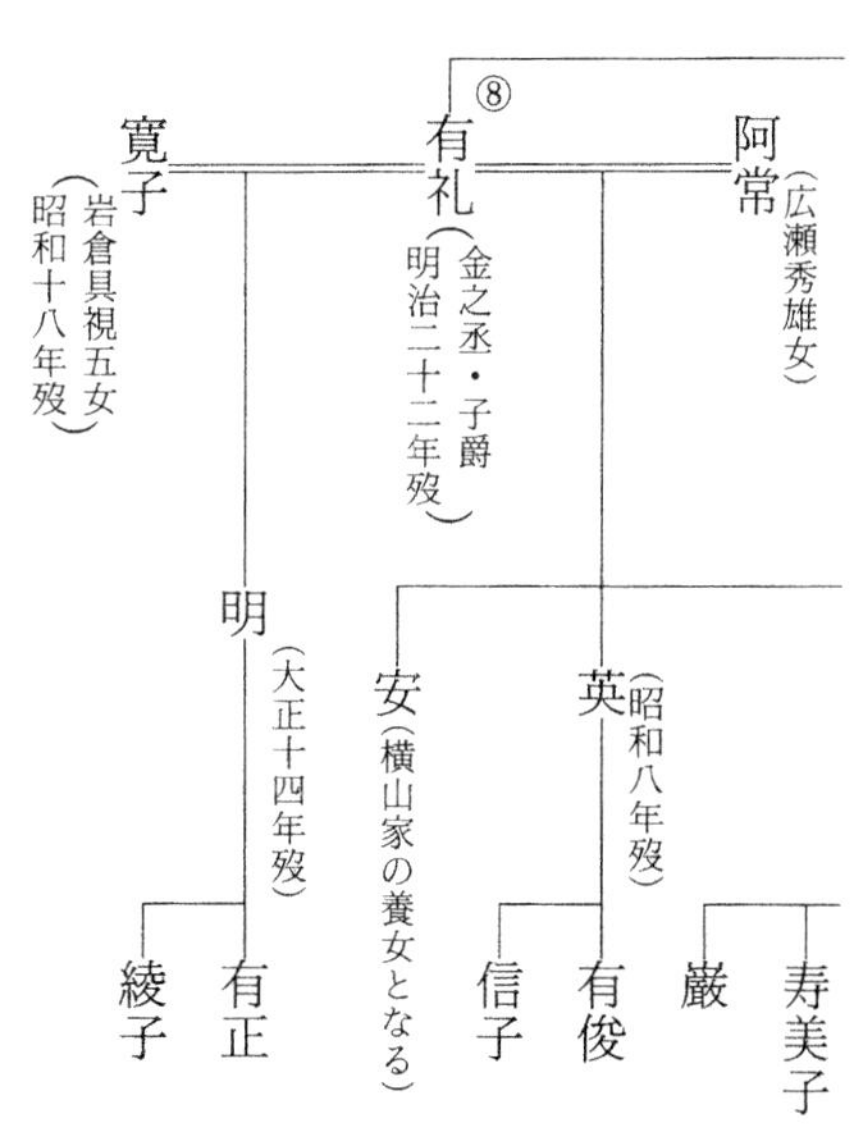
⑧
阿常（広瀬秀雄女）
有礼（金之丞・子爵　明治二十二年歿）
寛子（岩倉具視五女　昭和十八年歿）
英（昭和八年歿）
安（横山家の養女となる）
明（大正十四年歿）
寿美子
巌
有俊
信子
有正
綾子

略年譜

（注）明治五年まで日付はすべて旧暦。〔英〕〔米〕〔独〕〔仏〕〔露〕は、英国、米国、ドイツ、フランス、ロシアでの歴史的事件を示す。年齢は数え年。

年次	西暦	年齢	事蹟	国内外関連事項
弘化四	一八四七	一	七月一三日、薩摩国鹿児島城下（現春日町）に、藩士森有恕（喜右衛門）の五男として生まれる	弘化年間、英仏艦隊が琉球に来航
嘉永四	一八五一	五	八月二八日、祖父森有直が八二歳の高齢の故をもって、藩主島津斉彬から賞される	二月二日、島津斉彬、第二八代薩摩藩主となる
嘉永六	一八五三	七	二月八日、三兄三熊没す（享年一二歳）○八月一六日、祖父有直没す（享年八四歳）	六月三日、米国のペリー提督、浦賀に来航
安政五	一八五八	一二	この年、藩校造士館に入学する	六月一九日、日米修好通商条約調印○七月一六日、藩主島津斉彬没す○九月、安政の大獄はじまる
万延元	一八六〇	一四	この頃、林子平の『海国兵談』を読み、洋学に志す	一月一八日、幕府遣米使節出発○三月三日、桜田門外の変
文久元	一八六一	一五	藩英学者上野景範の塾に入り、英学を学ぶ	一月二一日、〔露〕農奴解放令を発布○三月三日、〔米〕南北戦争はじまる○五月二八日、第一次東禅寺事件○一二月二三日、

二	一八六二	一六	この年、『妙薬集秘伝』を書写する	幕府第一回遣欧使節出発○一月一五日、坂下門外の変○四月二三日、寺田屋事件○八月二一日、生麦事件
三	一八六三	一七	七月二日、長兄有秀（喜藤太）、薩英戦争に什長として参加（新波戸台場）○一一月一二日、次兄青山良顕没す（享年二六歳）○この頃、藩校造士館句読師助に挙げられる	五月一二日、長州藩英国留学生一行五名、横浜を出帆○七月二日、薩英戦争○八月一八日、八月十八日の政変○一一月一日、薩英講和成立
元治　元	一八六四	一八	この夏、藩洋学校「開成所」に入学し、英学専修生となる○八月八日、長兄有秀没す（享年二七歳）○一一月七日、自戒の句として「士可嗜条々」を自書する	五月、開国貿易並びに留学生派遣に関する「五代才助上申書」が薩摩藩庁に提出される○六月、薩摩藩立洋学校「開成所」創設される○六月五日、池田屋事件○七月一九日、禁門の変○八月五日、四国連合艦隊下関砲撃○八月一〇日、第一次長州征伐
慶応　元	一八六五	一九	一月一八日、英国留学生に選抜される○一月二〇日、沢井鉄馬と変名し、鹿児島城下を出発する○一月二一日、串木野郷羽島浦に到着、網元川口成右衛門方に投宿○三月二二日、英船オースタライエン号に搭乗し、羽島沖を出帆する○五月二八日、英国サウサンプトンに入港、同夜ロンドンに到着し、サウスケンジントン・ホテルに投宿する○五月二九日、ベースウォーター街	一月二日、長州藩高杉晋作ら、下関に挙兵○三月一四日、（米）南北戦争終わる○五月一六日、第二次長州征伐始まる○閏五月五日、外国奉行柴田剛中一行、フランスへ向け横浜出帆○七月二八日、幕府ロシア留学生一行六名、箱館を出帆○七月二八日、長州藩士伊藤俊輔、井上聞多

慶応 二

一八六六

三〇

の下宿に転居し留学生全員による共同生活開始○閏五月一〇日、長州藩士山尾庸三、野村弥吉、遠藤謹助の三名来訪○六月七日、ロンドン郊外ベッドフォード市に鉄工場見学に出かける○六月二八日、磯永彦輔、スコットランドのアバディーンへ出発○七月初旬、化学教師グレイン宅に転居○八月中旬、ロンドン大学ユニヴァーシティ・カレッジの法文学部に聴講生として入学する○一二月二六日、新納、五代、堀の三名、マルセーユより帰国の途に就く（翌年三月一一日、鹿児島帰着）

六月二一日、松村淳蔵とロシア旅行に出発する。この時、旅中日記『航魯紀行』を誌す○六月二二日、ニューキャッスルに到着○六月二四日、聾唖院と盲院を見学○六月二八日、タインマウスを出帆○七月一四日、ロシアのクロンシュタットに到着○七月一五日、ペテルブルグに着し、ホテル・ド・フランスに投宿。同夜幕府留学生たちを訪問○七月二一日、ペテルゴフを見物○七月二二日、英商モルガンの別荘でプチャーチン提督と会う○七月二五日、クロンシュタットを出帆、帰途に就く○八月二日、キングストン・アポン・ハルに入港、同夜ロンドンに帰着する○九月七日、第二次

ら、薩摩に至り、大久保らと薩長融和につき会談○八月二六日、新納、五代、仏人モンブランと貿易商社設立に関する仮条約に調印○八月二九日、（英）英国首相パーマストン卿没す○九月一八日、（英）第二次ラッセル卿内閣成立○一〇月五日、条約勅許さる（兵庫開港は不勅許）○一一月一八日、長州藩士伊藤俊輔、井上聞多の両名、英商グラヴァーから汽船購入

一月二一日、薩長連合の密約成立○三月二六日、第二次薩摩藩米国留学生一行五名、長崎を出帆○四月七日、幕府、学術・商業貿易のための海外渡航を許す○五月四日、（独）普墺戦争始まる○五月一四日、（英）ダービー卿第三次保守党内閣成立○六月七日、第二次征長の役の戦闘始まる○六月一六日、駐日英国公使パークス、鹿児島を訪問○七月一四日、（独）普墺戦争終わる○七月二〇日、第一四代将軍徳川家茂没す○九月二日、幕府、長州藩と

慶応 三 一八六七 二三

薩摩藩米国留学生一行五名、ロンドンに到着○九月八日、仁礼平輔らを蠟人形館に案内する○九月一一日、仁礼らと汽車製造所を見学、終日彼らと行動を共にする○九月一四日、仁礼ら一行ロンドンを出発、米国へ向かう

一月二日、川路太郎、中村正直ら、幕府留学生たちをウッズ・ホテルに訪ねる○二月二七日、パリ万国博覧会の開会式に町田久成らと出席する○三月上旬、米国の宗教家トーマス＝レイク＝ハリスがロンドンに来る○四月八日、吉田清成らとスコットランドのハリスを訪ねる。同日、町田久成、帰国の途に就く○六月九日、鮫島尚信らと連名で、藩庁に建言書を提出する○六月二六日、英人ローレンス＝オリファント、米国渡航を決意し、リヴァプールより出帆○七月上旬、吉田、鮫島、畠山、松村、長沢とともに、ロンドンを出発し、米国に向かう○七月一四日、米国のボストンに到着し、直ちにニューヨーク州アメニアに向かう○アメニアのコロニイで、料理、洗濯、パン焼きなどの家事労働に従事しつつ、勉学に励む○九月、ハリスのコロニイが、エリー湖畔のブロクトンに移転する○一二月四日、ア

休戦を協定○一〇月二六日、幕府英国留学生一行一四名、横浜を出帆○一一月一〇日、薩摩藩パリ万博使節団一行、鹿児島を出発○一二月五日、徳川慶喜、第一五代将軍に宣下さる○一二月二五日、孝明天皇崩御

一月九日、睦仁親王践祚（明治天皇）○一月一一日、幕府遣欧特使、徳川昭武一行、横浜を出帆○五月、薩摩藩、日本最初の洋式機械紡績所を設立○五月二四日、兵庫開港勅許される○六月九日、土佐藩士坂本龍馬、「船中八策」を作成○六月二二日、薩摩藩、土佐藩との間に、大政奉還の「薩土盟約」を結ぶ○七月一六日、〔英〕第二次選挙法改正案、英議会を通過○一〇月一三日、薩摩藩に「討幕の密勅」下る○一〇月一四日、将軍慶喜、「大政奉還」を上表○一一月一三日、薩摩藩主島津忠義、藩兵を率いて上京する○一二月九日、王政復古の大号令が発せられる

明治　元	一八六八	三

メニアよりブロクトンに移る。同日、日本人学校の開設を祝して茶会がもたれる

この頃、コロニイで、牛の世話、靴みがき、料理、皿洗いなどの労働に従事する○四月下旬、ハリスと留学生たちの間で、「日米戦争」に関する論争がおこり、留学生の半数がコロニイから退去する○閏四月一七日、ハリスの勧告により、鮫島とともに帰国を決意する○閏四月一八日、ブロクトンを出発、帰国の途に就く○閏四月一九日、ニューヨークに到着、同日パナマに向け出帆○閏四月二七日、米国残留の同志に宛てて、アスピンウォールから告別の書を送る○六月、帰朝し直ちに上京、岩倉具視を訪ねる○七月二五日、徴士外国官権判事に任じられる○九月一〇日、鮫島と連名で、減俸願書を上申する○九月一九日、議事体裁取調御用を命じられる○九月中旬、横井小楠を訪ね、意気投合する○九月二〇日、大久保利通と京都を出発、東京へ向かう○九月二一日、大阪に到着し、五代友厚を訪ねる○九月二三日、汽船浪花丸に搭じ、海路東京へ向かう○九月二七日、品川に到着○神田錦町に住む○一〇月一五日、香港監督官オールフォード博士の歓迎会に出席する○一一月四日、学校取調兼勤を命じられる○

一月三日、鳥羽伏見の戦、戊辰戦争はじまる○三月一四日、五カ条の誓文を発布○四月一一日、江戸開城○閏四月二一日、政体書を公布○五月三日、奥羽越列藩同盟成立○五月一五日、上野戦争○七月一七日、江戸を東京と改称○九月八日、明治と改元○九月二〇日、明治天皇、東京へ行幸（一〇月一三日、着京）○九月二二日、会津若松開城○一〇月二六日、（英）第一次グラッドストン自由党内閣成立○一〇月二七日、学校取調御用掛設置○一〇月二八日、藩治職制を定める○一一月一九日、議事体裁取調所を開設○一二月五日、東京に公議所設置を布告○一二月一五日、榎本武揚ら蝦夷地を平定し、五稜郭を本営とする

年号	西暦	年齢	事項	参考事項
			一一月九日、議事体裁取調所へ出仕○一二月八日、東京在勤となる○一二月、仙台藩士の高橋是清、一条十次郎、鈴木知雄ら書生として住み込む○一二月下旬、神田孝平と神奈川へ赴き、同地で年を越す	
明治 二	一八六九	三三	一月四日、英国公使館書記官アーネスト=サトウの帰国送別会に出席する○一月一八日、軍務官判事に任じられる（議事取調兼務、外国官権判事兼勤）○一月二五日、郡県制採用を大久保利通に建議○三月二三日、公議所議長心得を命じられる○三月二四日、「御国体之議ニ付問題四条」が『六合新聞』に公表される○四月七日、「通称ヲ廃シ実名ノミヲ可用事」が公議所に上程される○四月一七日、制度寮撰修となる○四月一九日、制度寮副総裁心得を命じられる○四月二三日、「士分以上通称ヲ廃シ実名ノミ可用事」が公議所に上程される○この頃、「租税之議」、「刑罪ハ其一身ニ可止議」が公議所に上程される○五月一日、「廃刀案」建議に付、大久保利通を訪ね相談する○五月一八日、制度取調御用掛を命じられる○五月二七日、「官吏兵隊之外帯刀ヲ廃スルハ随意タルヘキ事」（廃刀案）が公議所に上程される○六月二日、「廃刀案」が、公議所再審議で否決される○六月中旬、辞表を提出○六月二〇日、「徴士並是迄	一月五日、横井小楠、暗殺される○一月二〇日、薩長土肥四藩主、版籍奉還を上奏○二月二二日、通商司を設置○三月七日、公議所を開く○五月一三日、議政官を廃し、上下議局を開く○五月一八日、制度寮を廃し、制度取調掛を置く○五月一八日、五稜郭開城し、榎本武揚ら降伏する（戊辰戦争終わる）○六月一七日、諸藩主の版籍奉還を許す○七月二日、（独）ドイツ社会民主労働党創立される○七月八日、官制改革（二官六省、集議院、開拓使等を設置）○八月一五日、蝦夷を北海道と改称する○一〇月一四日、（仏）スエズ運河が正式に開通する○一二月、薩摩藩、英人医師ウィリスを招き、西洋医学校を設立○一二月二五日、東京・横浜間に電信開通

明治 三 一八七〇 二四

ノ職務」を免ぜられ、位記を返上する○七月二日、東京を出発し、帰郷の途に就く○七月六日、海路長崎に寄港し、兄横山安武を佐賀城下に訪ねる○七月二〇日、佐賀を発ち、鹿児島に向かう

二月、この頃、興国寺跡に英学塾を開く○五月二二日、藩知事島津忠義に洋学学習について、上申書を提出する○七月二七日、四兄横山安武、時弊を憂えて自刃する（享年二八歳）○この頃、種子島の地方検者古市庄兵衛の長女静と知り合う○九月二五日、東京出府の朝命を受ける○九月二八日、鹿児島を出発○一〇月一日、長崎より米国郵船ニューヨーク号に搭じて東京へ向かう○一〇月三日、神戸に寄港○一〇月六日、東京に着き、鮫島の所に仮寓する○一〇月一一日、鮫島、名和道一と向島に遊ぶ○一〇月一二日、町田久成と大久保利通を訪ねる○一〇月一五日、弁務使として米国差遣が閣議で決定される○一〇月一九日、大久保より内諾を求められる○一〇月二八日、秋月種樹と橋場の山内容堂の別荘を訪ね、土方久元、安岡良亮らと会談する○閏一〇月三日、仮寓を幸橋外兼房町平野屋に移す○閏一〇月四日、鮫島が少弁務使としてヨーロッパへ出発する○閏一〇月五日、少弁務使に任じられ、米国在

一月三日、大教宣布の詔が発布される○六月二一日、〔仏〕普仏戦争が始まる○七月一〇日、民部、大蔵二省を分離○八月九日、〔仏〕フランス、共和国を宣言○八月二五日、〔伊〕イタリア、統一を完成○八月二七日、大学南校、最初の留学生として目賀田種太郎ら四名を米国へ派遣○九月一〇日、藩制改革を布告○閏一〇月二日、外務省に在外使臣制度を設ける○閏一〇月二〇日、工部省を設置○一一月二八日、〔独〕ドイツ帝国成立○一二月二〇日、「新律綱領」頒布○一二月二二日、「海外留学生規則」制定される

			明治 四	一八七一	三五	勤を命じられる○閏一〇月二一日、横浜出張、米国公使館にデ=ロング公使を訪ねる○一一月二〇日、参朝し天皇に拝謁する○一二月三日、横浜を出帆○一二月二七日、パブリック号に搭じて、横浜を出帆○一二月二七日、サンフランシスコに到着。ただちにハリスに宛てて、翌年一月一日にサンフランシスコを出発し、同僚とコロニイを訪ねる旨を書き送る(一月七日、ハリス受信)一月初旬、ニューヨークに到着、セント・ニコラス・ホテルに投宿する。ニューヨーク滞在中、目賀田種太郎と会う○一月一二日、ワシントンに至り、国務長官ハミルトン=フィッシュに信任状を提出○一月一六日、再びニューヨークに戻り、この頃ボストンに滞在○一月二一日、名和道一、新井常之進を伴い、ブロクトンのコロニイに赴く○一月二二日、ハリスの説教を聞き、感銘を受ける○一月二三日、長沢鼎と話し合う○一月二四日、ハリスと懇談する○一月二五日、ブロクトンを出発、帰途ボストンで新島襄と会う○ワシントン帰着後、M街と二四番街の角地に日本最初の弁務使館を開設する○二月一二日、黒田清隆と、農務省にホーレス=ケプロンを訪ね、日本招聘を打診する○二月一九日、ブロクトンの長沢に書簡を送り、「新生社」に対する黒	一月一日、開拓次官黒田清隆、横浜を出帆(一月二三日、サンフランシスコ到着)○一月二四日、東京・京都・大阪間に郵便開始を定める○二月八日、(仏)パリ・コミューン成立を宣言○二月一三日、薩長土三藩より御親兵を編成する○四月五日、戸籍法を定める○五月一〇日、新貨条例を定める○七月一四日、廃藩置県の詔書を出す○七月一八日、大学を廃し、文部省を置く○七月二九日、太政官制を改め、正院・右院・左院を置く○九月七日、田畑勝手作を許可○一一月一二日、岩倉具視特命全権大使ら、米欧へ向け横浜を出帆(一二月六日、サンフランシス

明治 五　一八七二　二六

田の偏見を批判する○三月一四日、ケプロンの招聘に成功する（契約成立）○五月、新島襄の留学生公認に尽力する○七月、公使館書記チャールス＝ランマンに命じて、『米国における生活と資源』を編纂させ、序文を書く○一〇月二三日、故国の吉田清成に書簡を送り、「暴習」が一段落したことを告げる○この頃、公務の傍ら、スペンサーやミルの学説を研究し、学者・政治家らと交友を結ぶ○一一月三〇日、ジョセフ＝ヘンリー、下関償金返還に関する意見書を、米国国会図書館合同委員会へ提出、森の具体的プランを参考に付す○一二月二五日、米国各界有識者一五人に宛てて、日本の教育に関する質問状を送る（翌年二月二〇日までに一三名から回答が寄せられる）

一月二一日、岩倉使節団一行をワシントンの中央駅に出迎える○一月二五日、ホワイト・ハウスにおける使節団の大統領接見式に出席○二月三日、対米条約改正交渉が始まる○二月、この月、辞表を提出する○四月八日、大蔵少輔吉田清成、外債募集のためワシントンに到着。以後、吉田との間に論争絶えず○四月一五日、エール大学教授ウィリアム＝ホイットニーに宛てて、日本の国語に関する質問状を送る（五月二四日、返書が

コ到着）

二月一五日、土地永代売買の禁を解く○三月九日、御親兵を廃し、近衛兵を置く○三月一四日、神祇省を廃し、教部省を置く○五月二九日、東京に師範学校を設立○八月三日、「学制」を頒布○九月一二日、新橋・横浜間に鉄道開通する○一一月九日、太陽暦を採用する○一一月一五日、国立銀行条例を定める○一一月二八

明治　六	一八七三	二七	届く）○四月一八日、中弁務使に昇任される○五月一日、英文をもって外債問題に付、反対意見を公表する○六月一七日、対米条約改正交渉が打ち切られる○六月二一日、岩倉使節団の歓送会が弁務使館で催される○九月、地質学者ベンジャミン＝ライマンを開拓使の採鉱技師として雇い入れる○一〇月一一日、外務卿副島種臣に宛てて、弁務使解任を督促する旨の書簡を送る○一〇月一四日、弁務使廃官となり、代理公使に任じられる○一〇月二五日、『日本における宗教の自由』が、私家版としてワシントンで公刊される 一月一日、『日本における教育』の序文を記す○二月二二日、日米郵便交換条約取組調印全権を命じられる○三月三十日米国より賜暇帰朝の途に就く○四月初旬、ロンドンに到着、ハーバート＝スペンサーと会見する○四月二十四日フランスに渡る○六月四日パリの日本公使館で、鮫島、寺島、中井弘、木戸らと会食する○六月八日、フランス郵船「フーグリー号」でマルセーユより帰国の途に就く○七月二三日、横浜に帰着、東京に向かい、木挽町五丁目五番地の高島徳右衛門方に仮寓する○八月、西村茂樹にはかり、「明六社」を結成する○九月一日、明六社の第一回会合が森の家で開かれ	日、徴兵の詔書が発せられる 一月一〇日、徴兵令を布告○二月二六日、外務卿副島種臣、キリスト教禁制の高札除去を公表○六月二四日、集議院を廃止する○七月二八日、地租改正条例を布告する○八月一七日、閣議で西郷隆盛の朝鮮派遣が決定される○九月一日、（仏）パリで、第一回国際東洋学者会議が開かれる○九月一三日、岩倉使節団、帰国する○一〇月二二日、（独）ドイツ、オーストリア、ロシア三国間に、三帝協商成立○一〇月二五日、明治六年一〇月の政変（西

明治 七	一八七四	三六

る○一〇月一四日、ケプロン、駐日米国公使ビンガムと浜離宮で会食○一二月一二日、外務大丞に任じられる○この頃、父有恕、母里、義姉広子、甥有祐ら一家をあげて上京する○この年、ワシントンの書肆から『日本における教育』を出版する

一月七日、地方視察のため、半年の賜暇を大久保に願い出る○二月一六日、明六社の会合が釆女町精養軒で開かれる（以後会場となる）○三月九日、『明六雑誌』の発刊予告が、『郵便報知新聞』に掲載される○四月二日、『明六雑誌』第一号発刊される○四月、この月、『明六雑誌』上に、「学者職分論ノ評」（第二号）、「開化第一話」（第三号）、「民撰議院設立建言書之評」（第三号）を発表する。この月、「日米条約試案」を編纂する○五月、『明六雑誌』に、「宗教」（第六号）、「独立国権義」（第七号）を発表する○五月二〇日、外国条約改締書案取調理事官（主任）に任じられる○六月一二日、太政官正院並びに三条太政大臣に「外国交際ヲ正スノ議」を提出する○六月一五日、同じく「情実法ヲ非トスル説」を提出する○六月、この月より翌年一月まで、『明六雑誌』に「妻妾論」（第八、第一一、第一五、第二〇、第二七号）を連載する○この年、木挽町一〇丁目一三

郷、副島、後藤、板垣、江藤の五参議辞職）○一一月一〇日、内務省を設置する

一月一四日、岩倉具視、赤坂喰違で襲撃され負傷○一月一七日、板垣、副島ら、民撰議院設立建白書を提出○二月四日、佐賀の乱おこる（三月平定）○二月六日、台湾征討を決定○四月一〇日、板垣退助、土佐に立志社を創立○四月一三日、江藤新平、刑死する○八月一日、台湾征討問題に付、大久保利通を清国に派遣する○一〇月三一日、台湾事件に関する談判成立

明治八	一八七五	二九	番地に二階建洋館を新築して居住する 二月六日、幕臣広瀬秀雄の女阿常と結婚、「婚姻契約」を交わす○この月、『明六雑誌』に、「明六社第一年回役員改選ニ付演説」を掲載する○六月九日、外務少輔に任じられる○八月一九日、ウィリアム=ホイットニー一家が木挽町の洋館に転居○九月一日、『明六雑誌』の廃刊の件に付、箕作秋坪の提案に反対する○九月二四日、銀座尾張町二丁目二三番地の鯛味噌屋にて、商法講習所が仮開校する○一一月一〇日、特命全権公使に任ぜられ、清国在勤を命じられる○一一月二四日、特務艦高雄丸に搭じて品川を出帆、清国に向かう○一一月二六日、神戸に寄港し、柴田屋に投宿○一一月二八日、神戸を出帆するが、途中舟輪を損じて引き返す○一一月三〇日、広島丸に搭じて東京に向かう○この月、東京会議所と、商法講習所を同所に引渡す「約書」を交わす○この月、『明六雑誌』廃刊となる○一二月四日、横浜を出帆○一二月七日、神戸に到着○一二月八日、玄武丸に搭じて神戸を出帆○一二月一二日、芝罘に入港○一二月一四日、芝罘のホテルで午餐会を催す○一二月一六日、芝罘を出発し陸路北京に向かう○一二月三〇日、長男清生まれる○一二月三一日、芝陽に到着	一月二七日、英仏公使、横浜駐屯軍隊の引揚を、寺島外務卿に通告○二月一一日、大久保、木戸、板垣ら大阪で会談（大阪会議）○二月二二日、愛国社創立○四月一四日、漸次立憲政体樹立の詔勅を発する○五月七日、ロシアと千島・樺太交換条約を調印○六月二〇日、第一回地方官会議開く○六月二八日、讒謗律、新聞紙条例を定める○九月二〇日、江華島事件おこる○一一月一〇日、寺島外務卿、関税自主権回復のため、条約改正交渉開始を上申○一一月二五日、（英）英国政府、エジプト保有のスエズ運河の株一七万六〇〇〇株を購入○一一月二九日、新島襄、同志社英学校を京都に創立○一二月九日、江華島事件談判のため、参議黒田清隆、特命全権弁理大臣として朝鮮に派遣される（翌年一月六日、東京出発）

明治 九	一八七六	三〇	一月四日、北京に到着。同夕公使館にて新年会を催す○一月五日、英国公使館にウェード公使を訪ねる○一月六日、総理衙門に就任挨拶に赴く○一月一〇日、総理衙門で清国との間に外交談判始まる○一月一五日、ロシア公使館の新年会に出席○一月二〇日、北京を出発し、保定府に向かう○一月二四日、保定府で李鴻章と第一回会談を行う○一月二五日、第二回会談○一月二七日、保定府を出発○一月三〇日、北京に帰着○二月一一日、総理衙門諸大臣、各国公使を招いて、公使館で紀元節の祝宴を開く○三月四日、電信をもって、二カ月間の賜暇を願い出る○三月七日、湯山の温泉に赴く○三月一一日、北京に帰着○三月一二日、上海より朝鮮談判成立の公信届く○四月一五日、賜暇帰朝が許可される○四月二〇日、北京を出発し、帰国の途に就く○五月八日、品川に到着○五月一〇日、朝鮮琉球問題に付、復命書を提出する○六月二日、天皇東北巡幸の行列に参加○六月二二日、三条太政大臣に招かれ、出頭する○七月二三日、クラーク博士を自宅に招き、大久保、黒田、鮫島、中井、ビンハム公使らと会食する○一〇月一八日、東京丸にて横浜を出帆、北京に向かう○一〇月二二日、長崎に寄港○一〇月二六日、上	二月二六日、日朝修好条規が調印される○三月二八日、軍人・警察官・官吏制服着用の場合を除き、帯刀を禁止(廃刀令)○四月二五日、文部大輔田中不二麿ら、フィラデルフィア博覧会出席のため出帆○八月五日、金禄公債証書発行条例を定める○九月六日、元老院に憲法起草を命ずる○一〇月二四日、熊本神風連の乱おこる○一〇月二七日、福岡秋月の乱おこる○一〇月二八日、山口萩の乱おこる○一二月三日、前原一誠刑死する○一二月二〇日、三重、愛知、岐阜、堺の四県下で農民一揆おこる

年号	西暦	年齢	事項	一般事項
			海に到着○一一月六日、天津に到着○一一月一三日、北京に到着○この頃、公務の傍ら、政治学の研究に専念する○この頃、麹町永田町一丁目一九番地に、五〇〇〇坪の土地を購入する	
明治一〇	一八七七	三二	五月下旬、北京より帰国する○六月七日、外務卿代理を命じられる。同日、大久保に宛てて、英国公使への転出を希望する旨の書簡を送る○八月三〇日、広島丸で横浜を出帆、北京へ向かう(妻阿常と長男清を同伴)○九月二六日、北京に到着する○この月、麹町永田町一丁目十九番地に新居を建て、転居する	一月一日、(英)ヴィクトリア女王、インド皇帝となると宣言○一月四日、地租を減ずる詔書が出る○二月一五日、西南戦争始る○四月二四日、(露)露土戦争始る○六月九日、立志社の片岡健吉ら、国会開設建白書を提出○八月二一日、第一回内国勧業博覧会を開く○九月二四日、西郷隆盛、城山で自刃する(西南戦争終結)
明治一一	一八七八	三三	二月四日、帰朝命に接する○三月四日、次男英生まれる○五月上旬、北京を発し、帰国の途に就く○ウィリアム=ホイットニー、商法講習所の教師を解雇される○六月上旬、東京に帰着する○六月二七日、外務大輔に任じられる○七月四日、ホイットニー一家が永田町の家に越してくる○七月二五日、亜性伝染病予防規則取調委員長となる○この頃、「教育令に関する意見書案」を書く	二月七日、寺島外務卿、関税自主権回復の条約改正方針決定○五月一四日、大久保利通、刺殺される(紀尾井坂の変)○六月一三日、(独)東方問題に関し、ベルリン会議開催○七月二二日、地方三新法公布○七月二五日、米国と吉田・エヴァーツ条約が結ばれる○八月二三日、近衛砲兵大隊の反乱おこる(竹橋事件)○九月一一日、愛国社再興大会開かれる○一

和暦	西暦	年齢	事項	一般事項
明治一二	一八七九	三三	四月五日、伊豆熱海ふじやに滞在する○五月二八日、東京学士会院会員に当選する○七月四日、グラント元米大統領の歓迎会に出席（精養軒）○七月一六日、グラント元大統領の招待観劇会に出席（京橋新富座）○七月一八日、中央衛生会長となる○八月二八日、永田町の自邸で、グラント元大統領の招待晩餐会を催す○一〇月一五日、東京学士会院例会に於て、「教育論―身体ノ能力」を提案する○この月、駐英公使に内定する○一一月六日、特命全権公使に任じられ、英国駐在を命じられる○一一月一九日、新橋を出発、横浜に向かう（妻阿常、長男清、次男英、甥有祐を同伴）○一一月二〇日、フランス郵船ボルガ号に搭じて横浜を出帆、香港でゼムナ号に乗りかえる○一一月二九日、香港を出帆○一二月三一日、地中海マルタ島に到着	二月五日、参謀本部が設置される 一月一五日、東京学士会院を創設○四月四日、琉球藩を廃し、沖縄県を設置する○七月三日、米国前大統領グラント来日○八月、天皇、侍講元田永孚を通じ「教学大旨」を示し、儒教的徳育の強化を促す○九月、伊藤博文「教育議」を天皇に提出、「教学大旨」を批判。元田「教育議附議」を草して反批判する○九月二九日、「学制」を廃し、「教育令」を定める○一〇月、〔英〕アイルランド土地同盟結成される
明治一三	一八八〇	三四	一月四日、ロンドンに到着、ケンジントン・パーク・ガーデンス九番地の日本公使館に入る○二月四日、ヴィクトリア女王に謁見する。当日、ウィンザー城の待客室でディズレーリ首相と会見○二月五日、英国議会の開院式に列席○二月一八日、英国商業会議所の年次総会に招待される○二月一九日、商業会議所副議長べ	三月一七日、愛国社第四回大会、国会期成同盟と改称○四月五日、「集会条例」を施行する○四月一七日、片岡健吉、河野広中、「国会を開設するの允可を上願する書」を太政官に提出する○四月二八日、〔英〕第二次グラッドストン自由党内閣成

			ーレンスと関税問題に付会談○二月二〇日、妻の阿常がヴィクトリア女王に謁見○三月一五日、条約改正問題に付、外務次官ポンスフォートと会談○四月一〇日、ホイットニー一家が公使館に来訪○四月一三日、ホイットニー一家を、馬車でロンドン塔とセントポール寺院に案内する○四月二四日、妻阿常、富田鉄之助、クララ＝ホイットニーとクリスタル・パレスに赴き、徳川家達を訪ね、一緒に音楽会に行く○六月一日、日本公使館が、キャヴェンディッシュ・スクエア九番地に移転する○六月二五日、条約改正問題に付、グランヴィル外相と会談○七月下旬、家族とオランダ・スイスを巡遊。この頃、アシニアーム・クラブの会員となる○一二月八日、パリに赴き、駐仏公使鮫島尚信の葬儀に参列○一二月九日、グランヴィル外相に条約改正交渉再開を打診	立○七月六日、井上外務卿、条約改正案を、米・清両国を除く各国公使に交付○一一月五日、工場払下概則を定める○一二月二八日、「改正教育令」を発布
明治一四	一八八一	三六	二月一五日、グランヴィル外相と第二回会談○三月二四日、条約改正に関する意見書を、井上外務卿に送付する○この月、「官吏登用法並びに退休俸制度建言案」を三条、有栖川、岩倉の三大臣宛てに上呈する○この頃、「法官任免条例ヲ建ツルノ議」の草案を書く○四月二二日、甥有祐、ロンドンの公使館を出奔する（九月帰	三月、参議大隈重信、憲法意見書を提出○三月一三日、(露)皇帝アレクサンドル二世、暗殺される○四月七日、農商務省を設置○六月一八日、(独)ドイツ・オーストリア・ロシア間に三帝同盟成立○八月一日、北海道官有物を関西貿易商会に

明治一五　一八八二　三六

国させる）○五月一九日、アシニアーム・クラブにおけるスペンサー主催晩餐会に招かれる○七月二五日、グランヴィル外相、日本側提出の改正案に反対し、東京での各国合同予備会議を提案○八月九日、グランヴィル外相の提案に反対する書簡を送る○一〇月一四日、東京での合同予備会議反対の意見書を、伊藤・井上に送付○一〇月二二日、母阿里没する（享年七四歳）○一一月一一日、英国以外の公使兼任を希望する書簡を本国に送付○一二月五日、帰国を希望するも、ロンドン滞在を回訓される

五月一六日、クララ＝ホイットニーが公使館に来訪○六月二〇日、東京学士会院に対し、「恭呈学士会院諸賢」を送り、組織改革方案について提案する○八月二一日、甥有祐没する（享年二〇歳）○八月二三日、二週間のスコットランド旅行からロンドンに戻る○九月初旬、伊藤博文をパリの客舎に訪ね、教育問題に付、談論に及ぶ○九月一二日、伊藤に宛てて、「学政片言」を書き送る○九月二六日、再び伊藤に教育意見書を送付する

払下げ決定○一〇月一一日、明治二三年に国会開設の詔書が発せられる。同日、大隈参議罷免、北海道官有物払下げ中止が決定（明治一四年の政変）○一〇月一八日、自由党結成会議が開かれる○一〇月二一日、松方正義、参議兼大蔵卿となる（松方財政開始）○一二月一七日、井上外務卿、東京での各国合同予備会議開催を受諾

一月四日、「軍人勅諭」を発布○一月二五日、条約改正に関する第一回各国合同予備会議を外務省で開催○三月一四日、参議伊藤博文、憲法調査のため東京を出発、ヨーロッパに向かう（五月一六日、ベルリン到着）。同日、大隈重信、立憲改進党を結成する○四月七日、板垣退助、岐阜で遭難○五月二〇日、（独）ドイツ・オーストリア・イタリアの間に、三国同盟成立○六月三日、集会条例改正○七月二三日、朝鮮ソウルで壬午事変おこる

年号	西暦	年齢	事蹟	一般事項
明治一六	一八八三	三七	四月五日、アーネスト＝サトウ、公使館に来訪○四月九日、ハーバート＝スペンサー、アーネスト＝サトウらと、アシニアーム・クラブで会談○五月五日、ハーバート＝スペンサーと板垣退助の会談が行われる。この頃、板垣の懐柔工作を試みる○五月一〇日、ベルリンにおいて、伊藤博文、青木周蔵駐独公使と、条約改正問題に付、協議する○九月一日、「ジャパン・ウィークリー・メイル」紙に、森についての論評が掲載される○九月、ベルギーのスパで、青木駐独公使、蜂須賀茂韶駐仏公使と会談○一〇月八日、グランヴィル外相をウォーマー館の別邸に訪問し、会談○一二月一一日、グランヴィル外相、条約改正に関する覚書を送付する○この月、『日本政府代議政体論』が、私家版として出版される	三月三日、伊藤博文、ロンドンに来訪（五月二日まで滞在）○三月二〇日、高田事件おこる○四月一六日、新聞紙条例改正○五月一二日、板垣退助、後藤象二郎、マルセーユを出帆し、帰国の途に就く（六月二二日帰着）○七月七日、鹿鳴館落成する○七月二〇日、岩倉具視没する○八月三日、伊藤博文、ヨーロッパより帰国する○一一月、参事院に、憲法取調所を設置する○一二月二八日、徴兵令改正
明治一七	一八八四	三八	一月、帰国命令を受ける○二月二三日、在英邦人による帰国送別会が、公使館で催される○二月二五日、「ポール・モール・ガゼット」紙のインタヴューに応え、「日本の文化」について、所見を述べる○二月二六日、家族とともに、ロンドンのチャリング・クロス駅を出発する○四月一四日、フランス郵船ヴォルガ号にて、横浜に帰着する○四月二八日、牧野伸顕らの主催による帰国歓迎会が、上野精養軒で開かれる○五月七日、	三月一七日、宮中に制度取調局設置○四月一〇日、英公使、条約改正に付、新覚書を井上外務卿に手交○五月一三日、群馬事件おこる○六月二三日、（仏）清仏戦争はじまる○六月、鹿鳴館で舞踏会開催。鹿鳴館時代はじまる○七月七日、「華族令」制定○九月二三日、加波山事件おこる○一〇月二九日、自由党解党○一〇月

年号	西暦	年齢	事項	一般事項
			参事院議官に任じられ、文部省御用掛兼勤を命じられる○五月九日、富田鉄之助と上野精養軒で会食○六月一日、明六社の会合に出席（上野精養軒）○八月六日、「神祇官再置に関する意見書」を、山県内務卿宛てに提出する○この月、「徴兵令改正ヲ請フノ議」を上提○九月二五日、西周と学士会院「手当之件」に付会談○一〇月二五日、東京大学学位授与式に列席する○一一月一五日、東京学士会院に、「本院組織改正案」を提出する○一二月八日、長女安生まれる○この年、「発明専売法令案」を、参事院に上呈する	三一日、秩父事件おこる○一二月四日、朝鮮ソウルで、甲申事変おこる○一二月六日、飯田事件おこる
明治一八	一八八五	三九	三月九日、内閣委員となる。同日、西周と会い、「学士会院規則之事」を定める○四月九日、文部御用掛として学事巡視のため、関西方面に出発する○この月、大阪商法会議所において、「商業教育の必要性に関する演説」をなす○五月八日、高知に至り、中島町迎賓館に投宿する○五月九日、師範学校並びに高知中学校を視察○五月一〇日、市内玉水新地得月楼で大懇親会が催される。板垣退助、片岡健吉らの自由党幹部と会談○五月一一日、女子師範学校、共立学校、海南学校等を巡視○五月一二日、伊野小学校等を視察し、同地で泊す○五月一五日、汽船出雲丸で浦戸を出発、神戸に向	四月一八日、清国と「天津条約」を締結する○四月二五日、井上外務卿、条約改正新草案を各国公使に送り、条約改正会議の予備交渉を開始○六月九日、(仏)フランス、清国との間に、天津講和条約を調印○八月一二日、教育令を再改正（地方教育費の節減を目的）○八月一九日、文部省、府県立、町村立学校で原則として授業料徴収を指示○八月二七日、文部省、東京女子師範学校を東京師範学校に合併し、同校女子部とする○九月二五日、

かい帰京の途に就く○六月九日、東京に帰着○六月一一日、西周が来訪、学士会院並に兵式体操に関する報告をなす○七月二〇日、音楽取調所卒業式に出席、祝辞を述べる○この月、大木文部卿に「教育令ニ付意見書」を提出する○八月二六日、東京師範学校監督となる○九月二一日、東京商業学校監督となる○一〇月一五日、学士会院において、「博士号議案」について演説する○一〇月二一日、新潟県下学事巡視のため、東京を出発○一〇月二五日、新潟に到着○一〇月二七日、弥彦に至り、明訓学校において演説をなす○一〇月二九日、県下有志教育会主催の懇親会に出席（行形亭）○一〇月三〇日、帰京の途に就く○一一月三日、この頃帰京する○一一月一五日、学士会院において、組織改正案を提案する○一一月二二日、体操伝習所秋季大演習会に出席する○一二月一九日、埼玉県浦和に至り、尋常師範学校において演説をなす○一二月二〇日、帰京する○一二月二二日、第一次伊藤内閣に入閣し、文部大臣に任じられる○この年、「学政要領」を立案する

五代友厚没する○一一月一八日、兵式体操実施のため、体操伝習所での教員養成を決定する○一一月二三日、大阪事件おこる（大井憲太郎逮捕される）○一二月二二日、太政官制を廃し、内閣制度を創設する（第一次伊藤内閣成立）○一二月二八日、文部省に視学部を設置

明治一九　一八八六　四〇

一月、「自警」を書し、官邸自室に掲げる○二月一日、明六社会合に出席○二月二五日、箕作秋坪辞任に関し、西周の来訪を受ける○三月二日、「帝国大学令」を公布

一月二六日、北海道の三県を廃し、北海道庁を設置する○二月二七日、各省官制公布○五月一日、第一回条約改正会議が

明治二〇	一八八七	四一	する○三月一一日、勲一等に叙せられ、旭日大綬章を授けられる○四月一〇日、「師範学校令」、「小学校令」、「中学校令」、「諸学校通則」などを公布する○同日、休養のため、伊豆熱海に出発する（四月二一日、帰京）○五月一〇日、「教科用図書検定条例」を公布する○五月一八日、教育関係者を官邸に招き、立食の宴を張る○六月、第一地方部府県学務課長、師範学校長を文部省修文館に召集、新学政に付、演説をなす○七月一三日、父有恕没する（享年七七歳）○八月、伊香保に入湯する○九月二〇日、西周を訪ね、会談に及ぶ○一〇月一九日、従二位に叙せらる○一一月一二日、父の死により本家に復籍する○一一月一三日、分家を次男英に相続せしめる○一一月二八日、妻の阿常と双方合意の上、「婚姻契約」を解除して離婚する○一二月二五日、九州地方学事巡視のため、東京を出発する○一二月二七日、京都に滞留し、第三高等中学校用地を点検する一月二日、佐賀武雄に到着○一月一四日、福岡久留米を出発○一月一七日、熊本に着し、師範学校、中学校、医学校などを巡視する○一月二三日、鹿児島に到着○二月六日、沖縄に到着。那覇の本願寺出張所で訓示をなす○二月一三日、長崎に滞留○二月二四日、大分に	外務省で開催される○六月一三日、静岡事件おこる○七月二〇日、「地方官官制」公布○七月二六日、〔英〕第二次ソールズベリー保守党内閣成立○一〇月二二日、英国船ノルマントン号、紀州沖で沈没（ノルマントン号事件）○一〇月二四日、星亨、中江兆民ら、全国有志大懇親会を東京で開催○一一月三〇日、高等中学校設置区域を定める 四月二〇日、伊藤博文、大仮装舞踏会を、首相官邸で開催○四月二二日、第二六回条約改正会議、裁判管轄に関する英独案を修正の上議定する○四月三〇日、法律顧問ロエスレル、「日本帝国憲法草案」を

着し、師範学校で演説をなす○三月四日、海路横浜を経て帰京する○三月二二日、中学校、師範学校用倫理学教科書の草案を脱稿する○四月二〇日、埼玉県下へ出張視察をなす○五月七日、長女安を横山安克の養女とする○五月九日、華族に列せられ、子爵を授けられる○五月一四日、東京府貫属となる○五月二二日、「学位令」を公布する○五月、小学校修身科授業では、教科書の使用を禁止する旨通牒○六月一六日、福島、宮城両県学事巡視のため、東京を出発する○六月一七日、福島松葉館にて各学校教員に対し訓示をなす○六月二〇日、仙台に着し、師範学校、医学校、小学校等を視察、宮城医学校において演説をなす○六月二一日、宮城県庁において、県官郡区長及び学校長に説示し、のち鎮台、控訴院、林子平墓域を訪う。○六月二二日、福島県議事堂において演説をなす。県下各学校を視察する○六月二六日、塩原を発し、帰京する○この月、岩倉具視の五女寛子と再婚する○七月九日、帝国大学卒業証書授与式に出席し、演説をなす○七月一一日、本籍地を麴町区永田町一丁目一九番地に移す○八月五日、妻寛子と伊香保に遊ぶ○この夏、「閣議案」および「兵式体操に関する上奏案」成る○一〇月一九日、第三

提出○五月一四日、取引所条例公布○五月一八日、私設鉄道条例公布○六月一日、伊藤博文、伊東巳代治、金子堅太郎らと、相州金沢で憲法草案の検討開始（のち、夏島の伊藤別荘に移る）。この日、法律顧問ボアソナード、裁判管轄条約案に反対する意見書を提出○七月二六日、農商務相谷干城、裁判管轄条約案に反対する意見書を提出し、辞職○七月二九日、井上外相、条約改正会議の無期延期を各国公使に通告○八月～一〇月、ボアソナード、谷干城らの意見書、秘密出版で流布される○九月九日、帝国大学の各分科大学学科課程を改正○九月一七日、外相井上馨辞任する○一〇月五日、文部省官制改正（全国を五地方部に分つ）。同日、高等師範学校、高等中学校、高等商業学校の官制改正。図画取調掛を東京美術学校、音楽取調掛を東京音楽学校と改称○一〇月三日、後藤象二郎、丁亥倶楽部を設け、大同団結運動をおこす○一〇月、高知県

地方部内学事巡視のため、東京を出発する○一〇月二一日、福井に到着○一〇月二六日、金沢にて第四高等中学校開校式に臨席し、演説をなす○一〇月二九日、高岡に到着○一一月八日、敦賀を経て、彦根に至る。滋賀県下巡視○一一月二七日、大阪、和歌山、神戸、京都、岐阜、名古屋を経て、三重県津に到着、県会議事堂で演説をなす○一一月二八日、宇治山田に赴き、伊勢神宮を参拝。この時、いわゆる「不敬事件」がおこる○一一月三〇日、帰京する○一二月二九日、「保安条例施行に関する意見書草案」を書く

代表、「三大事件建白書」を元老院に提出○一二月二六日、「保安条例」を公布施行

明治二一　一八八八　四三

一月一一日、伊藤博文に宛てて、「行政改革に関する意見書」を提出する○三月二二日、文部省編輯局より『倫理書』を出版する○四月二五日、文部大臣官邸において帝国大学教官に説示○五月七日、博士号学位授与式において演説する○五月、三男明生まれる。「学科教授法」の草案を誌す○六月一八日、枢密院における憲法制定会議に列席する○六月二〇日、憲法会議で、第五条「認承」の件につき意見を述べる○六月二二日、憲法会議で、第十八条「臣民の権利義務」の件につき、意見を述べ、伊藤と論争する○七月二日、憲法会議で、議会の議決などの件につき、意見を述べる○八月五日、

二月一日、大隈重信、外相に就任○四月五日、伊藤首相、内大臣三条実美に憲法草案の脱稿を報告○四月二五日、「市制・町村制」公布○四月三〇日、「枢密院官制」公布。伊藤博文、枢密院議長に任じられる。同日、黒田清隆を首相に任命、黒田内閣成立する○五月七日、加藤弘之ら二五名に最初の博士号授与○五月八日、枢密院開院式を挙行○六月一八日、枢密院、憲法草案の審議を開始○七月二一日、伊藤議長、憲法草案の再検討を、書記官長

			保養のため、家族と箱根に赴き、底倉の梅屋、ついで宮の下の奈良屋に投宿する○八月六日、木賀温泉の亀屋で箕作麟祥と会う。帰途ドイツ人医師エドウィン＝ベルツを訪ねる○八月七日、平松の別荘で河野敏鎌と会談○八月八日、法科大学教授木下広次、文部次官辻新次と箱根で会談○八月十九日、芦の湯に移る○九月二日、湯本を発し、帰京の途に就く○一〇月四日、福島、宮城、岩手、青森、秋田、山形六県下の学事巡視に出発する○一〇月五日、仙台において警察本部会堂で演説する○一〇月一一日、一ノ関、胆沢を経て盛岡に赴き、杜陵館の懇親会で岩手教育協会員に対し説示をなす○一一月六日、帰京する	井上毅に指示○八月二一日、文部省、「尋常師範学校設備準則」を定める（修学旅行を法制化）○九月一五日、文部省、尋常師範学校教員に執務中制服を着用させる○一〇月二七日、皇居を宮城と改称する○一〇月二九日、(英)スエズ運河条約を九ヵ国間に調印○一一月～一二月、大隈外相、国別交渉の方針に基づき、新条約案を条国公使に通告○一二月二八日、文部省、直轄学校に対し、学生生徒の定期活力検査を訓令(学校身体検査の初め)○この年、「君が代」の制定を、各条約国に通告する
明治二二	一八八九	四三	一月二八日、文部省において、直轄学校長に対し訓示をなす○二月五日、文部省修文館における各府県学務課長会議で説示をなす○二月一一日、午前八時一五分、永田町官邸玄関で山口県士族西野文太郎に刺され重傷を負う○二月一二日、午前六時、臨終、仮死状態に陥り、午後一一時三〇分死去する○二月一四日、正二位を追贈される○二月一六日、葬送、勅使差遣。青山墓地に葬る	一月七日、大隈外相、各国駐在公使に、条約改正交渉開始を訓令○一月一六日、枢密院、憲法修正案に付、再審会議を開く○一月二二日、改正徴兵令公布（国民皆兵主義を実現）○二月一一日、「大日本帝国憲法」発布。「皇室典範」制定。「議員法」、「貴族院令」、「衆議院議員選挙法」公布

主要参考文献

一　史　料

大久保利謙編『森有禮全集』全三巻　宣文堂書店　昭和四七年

『森有礼関係文書』　国立国会図書館憲政資料室所蔵

二　単行本

海門山人著『森有禮』　民友社　明治三〇年

木村匡著『森先生伝』　金港堂書籍　明治三二年

大久保利謙著『森有禮』　文教書院　昭和一九年

原田実著『森有礼』　牧書店　昭和四一年

坂元盛秋著『森有礼の思想』　時事通信社　昭和四四年

犬塚孝明著『若き森有礼』　鹿児島テレビ（星雲社発売）　昭和五八年

Ivan Parker Hall, *Mori Arinori*, Harvard University Press, 1973.

三　論文

海後宗臣「教育家としての森有禮」（『教育』一ノ三）　昭和八年

大久保利謙「廃刀論時代の森有禮」（『明治文化』一三ノ二）　昭和一五年

大久保利謙「森有禮の『航魯紀行』」（『月刊ロシア』七ノ四）　昭和一六年

大久保利謙「森有禮の日記　明治三年」（『伝記』八ノ三）　昭和一六年

大久保利謙「歐米思想と森有禮」（『創元』三ノ九）　昭和一七年

土屋忠雄「森有礼の教育政策」（石川謙博士還暦記念論文集『教育の史的展開』講談社）　昭和二七年

太田紲子・湯田純江「森　有　礼」（『近代文学研究叢書』一　昭和女子大学）　昭和三一年

鈴木　正「明治官僚と近代思想――森有礼をめぐる考察――」（『歴史評論』九〇）　昭和三二年

武田清子「森有礼における教育人間像」（『国際基督教大学　教育研究』四）　昭和三二年

本山幸彦「森有礼の国家主義とその教育思想」（京都大学『人文学報』八）　昭和三三年

関　秀華「森　有　礼　小　論」（福井大学『教育科学』一〇）　昭和三六年

稲生典太郎「明治七年における森有礼の条約試案と外交意見」（『国学院雑誌』六三ノ一〇）　昭和三七年

林　竹二「近代教育構想と森有礼」（『中央公論』七七ノ一〇）　昭和三七年

林　竹二「森有礼とトマス・レーク・ハリス」（『日米フォーラム』九ノ三・四）　昭和三八年

林　竹二「森有礼とナショナリズム」（『日本』八ノ四）　昭和四〇年

勝田守一　「森有礼と国民教育」（『中央公論』八〇ノ一〇）　昭和四〇年

寺崎昌男　「森有礼の思想と教育政策」（『東京大学教育学部紀要』八）　昭和四〇年

林竹二　「国家の形成者」（『経済往来』二八ノ三・四）　昭和四一年

林竹二　「森有礼研究第一　森駐米代理公使の辞任」（『東北大学教育学部研究年報』一五）　昭和四二年

林竹二　「森有礼研究第二　森有礼とキリスト教」（『東北大学教育学部研究年報』一六）　昭和四三年

吉原公一郎　「天皇制国家確立のための教育」（『明治の群像』四　三一書房）　昭和四五年

佐藤紀子　「森有礼の思想とその学政に於ける特徴」（『国学院大学教育学研究室紀要』六）　昭和四五年

神田孝夫　「帝国大学の思想」（『講座比較文学』五　東京大学出版会）　昭和四八年

安岡昭男　「外交家としての森有礼」（『対外関係と政治文化』三　吉川弘文館）　昭和四九年

永井道雄　「森有禮」（『新版日本の思想家』上　朝日新聞社）　昭和五〇年

園田英弘　「森有礼の思想体系における国家主義教育の成立過程」（京都大学『人文学報』三九）　昭和五〇年

小池喜明　「森有礼の思想」（『日本思想史講座』八　雄山閣）　昭和五二年

犬塚孝明　「英国留学時代の森有礼」（武蔵大学『人文学会雑誌』九ノ三）　昭和五三年

上沼八郎　「森有礼の教育思想とその背景」（『明治国家の権力と思想』　吉川弘文館）　昭和五四年

松村憲一　「森有礼の国家主義の構造とその『学政』」（早稲田大学『フィロソフィア』六九）　昭和五六年

久木幸男　「森有礼」（『日本の近代化と人間形成』　法律文化社）　昭和五九年

著者略歴

昭和十九年生れ
昭和四十三年学習院大学経済学部経済学科卒業
武蔵大学人文学部講師を経て
現在　鹿児島県立短期大学地域研究所特別研究員、文学博士

主要著書
薩摩藩英国留学生　若き森有礼　明治維新対外関係史研究　寺島宗則

人物叢書　新装版

森有礼

昭和六十一年七月十日　第一版第一刷発行
平成　四　年一月十日　第一版第二刷発行

著　者　犬塚孝明（いぬづかたかあき）
編集者　日本歴史学会
代表者　児玉幸多
発行者　吉川圭三
発行所　株式会社　吉川弘文館
東京都文京区本郷七丁目二番八号
郵便番号一一三
電話〇三―三八一三―九一五一〈代表〉
振替口座東京〇―二四四
印刷＝平文社　製本＝ナショナル製本

© Takaaki Inuzuka 1986. Printed in Japan

『人物叢書』(新装版)刊行のことば

人物叢書は、個人が埋没された歴史書が盛行した時代に、「歴史を動かすものは人間である。個人の伝記が明らかにされないで、歴史の叙述は完全であり得ない」という信念のもとに、専門学者に執筆を依頼し、日本歴史学会が編集し、吉川弘文館が刊行した一大伝記集である。

幸いに読書界の支持を得て、百冊刊行の折には菊池寛賞を授けられる栄誉に浴した。

しかし発行以来すでに四半世紀を経過し、長期品切れ本が増加し、読書界の要望にそい得ない状態にもなったので、この際既刊本の体裁を一新して再編成し、定期的に配本できるような方策をとることにした。既刊本は一八四冊であるが、まだ未刊である重要人物の伝記についても鋭意刊行を進める方針であり、その体裁も新形式をとることとした。

こうして刊行当初の精神に思いを致し、人物叢書を蘇らせようとするのが、今回の企図である。大方のご支援を得ることができれば幸せである。

昭和六十年五月

日本歴史学会

代表者　坂本太郎

〈オンデマンド版〉
森 有礼

人物叢書 新装版

2021年（令和3）10月1日 発行

著 者 犬塚孝明（いぬづかたかあき）

編集者 日本歴史学会
代表者 藤田 覚

発行者 吉川道郎

発行所 株式会社 吉川弘文館
〒113-0033 東京都文京区本郷7丁目2番8号
TEL 03-3813-9151〈代表〉
URL http://www.yoshikawa-k.co.jp/

印刷・製本 大日本印刷株式会社

犬塚孝明（1944～2020）
© Naoko Inuzuka 2021. Printed in Japan
ISBN978-4-642-75078-3

JCOPY 〈出版者著作権管理機構 委託出版物〉
本書の無断複写は著作権法上での例外を除き禁じられています．複写される場合は，そのつど事前に，出版者著作権管理機構（電話 03-5244-5088，FAX 03-5244-5089，e-mail: info@jcopy.or.jp）の許諾を得てください．